# 幼兒園教保活動 第二版 課程大綱的實踐

## 以臺北市立南海實驗幼兒園方案教學為例

主編／幸曼玲　策劃／張衛族

幸曼玲、張衛族、曾慧蓮
周慧茹、林娟伶、鄭玉玲　　著
陳幼君、廖育霈、王珊斐

# 目錄

## 課綱理論篇

### 1 邁向幼兒教育的新里程  3

## 園務發展經營篇

### 2 臺北市立南海實驗幼兒園課程模式與教學經營  19

**教學實務篇**

主編簡介

 幸曼玲

學歷：國立臺灣大學心理學學士
　　　美國俄亥俄州立大學發展心理學碩士
　　　美國俄亥俄州立大學發展心理學博士
現職：臺北市立大學幼兒教育學系副教授兼系主任
經歷：臺北市立教育大學幼兒教育學系副教授兼幼兒教育學系主任
　　　臺北市立師範學院幼兒教育學系副教授兼兒童發展研究中心主任
　　　臺灣省板橋教師研習會研究室副研究員

 策劃簡介

 張衛族

學歷：臺北市立師範學院國民教育研究所幼教組碩士

現職：臺北市政府教育局聘任督學

經歷：經國管理學院兼任講師

　　　康寧護理管理學院兼任講師

　　　育達技術管理學院兼任講師

　　　臺北市立螢橋國民小學附設幼兒園教師兼任園長

　　　臺北市政府教育局國民教育輔導團幼教輔導員

　　　中國幼稚教育學會理事

　　　臺北市立南海實驗幼兒園園長（2014 年 8 月 1 日退休）

　　　教育部國民及學前教育署公私立幼兒園專業發展輔導員

重要獲獎：

　　　1992 年榮獲臺北市特殊優良教師

　　　1992 年榮獲師鐸獎

　　　2005 年榮獲教育部教學卓越金質獎

　　　2010 年榮獲臺北市政府教育局園長領導特優獎

　　　1992 年、2012 年榮獲臺北市立教育大學傑出校友獎

　　　2012 年榮獲臺北市特殊優良校長

　　　2012 年榮獲師鐸獎

　　　2015 年榮獲總統大授景星勳章

# 作者簡介

（按章節順序排列）

 幸曼玲

（請見主編簡介）

 張衛族

（請見策劃簡介）

 曾慧蓮

學歷：臺北市立教育大學幼兒教育學系幼教組碩士

現職：臺北市立南海實驗幼兒園教師

經歷：臺北市立南海實驗幼兒園教師兼任保育組長

　　　臺北市政府教育局國民教育輔導團幼教輔導員

　　　臺北市政府教育局幼教教保人員專業發展中心輔導員

　　　國教署課綱研習種子講員

重要獲獎：

　　　2005 年榮獲教育部教學卓越金質獎

　　　2010 年榮獲 GreaTeach 2010 全國創意教學獎優選

　　　2011 年榮獲臺北市特殊優良教師

　　　2013 年榮獲師鐸獎

　　　2004 年至 2017 年投稿「教育專業創新與行動研究」屢獲佳績

　　　2018 年獲教育部教學卓越銀質獎

## 周慧茹

學歷：國立臺北教育大學幼兒教育學系學士
　　　國立臺北教育大學幼兒與家庭教育學系教學碩士
現職：臺北市立南海實驗幼兒園教師兼任總務組長
經歷：經國管理學院兼任講師
重要獲獎：

> 2007 年臺北市第八屆「教育專業創新與行動研究」特優
> 2009 年臺北市第十屆「教育專業創新與行動研究」特優
> 2014 年臺北市第十五屆「教育專業創新與行動研究」優選
> 2015 年臺北市第十六屆「教育專業創新與行動研究」特優
> 2016 年榮獲臺北市特殊優良教師
> 2016 年臺北市第十七屆「教育專業創新與行動研究」優選
> 2017 年臺北市第十八屆「教育專業創新與行動研究」特優
> 2018 年獲教育部教學卓越銀質獎

## 林娟伶

學歷：臺北市立大學幼兒教育學系教師在職進修幼教教學碩士
現職：臺北市立信義幼兒園園長
經歷：臺北市立南海實驗幼兒園教師兼任教學組長、總務組長
　　　2013 年教育部教學卓越複選觀察員
　　　國教署課綱研習種子講員
重要獲獎：

> 2005 年榮獲教育部教學卓越金質獎
> 2009 年榮獲臺北市特殊優良教師
> 2010 年榮獲 GreaTeach 2010 全國創意教學獎優選
> 2004 年至 2017 年投稿「教育專業創新與行動研究」屢獲佳績
> 2014 年榮獲師鐸獎

## 鄭玉玲

學歷：臺北市立教育大學國民教育研究所幼教組碩士

現職：臺北市立南海實驗幼兒園園長

經歷：臺北市立南海實驗幼兒園教師兼任總務組長、教務組長

　　　臺北市政府教育局國民教育輔導團幼教輔導員

　　　臺北市能源科技教育種子教師

　　　臺北市政府教育局幼教教保人員專業發展中心輔導員

　　　教育部國教署公私立幼兒園專業發展輔導之輔導員

　　　國教署課綱研習種子講員

重要獲獎：

　　　2005 年榮獲教育部教學卓越金質獎

　　　2007 年榮獲臺北市特殊優良教師

　　　2010 年榮獲 GreaTeach 2010 全國創意教學獎特優

　　　2011 年榮獲師鐸獎

　　　2004 年至 2017 年投稿「教育專業創新與行動研究」屢獲佳績

　　　2016 年榮獲星雲教育獎典範教師

　　　2018 年獲教育部教學卓越銀質獎

## 陳幼君

學歷：臺北市立教育大學幼兒教育學系學士

經歷：臺北市立南海實驗幼兒園教師兼任保育組長

　　　（2015 年 8 月 1 日退休）

重要獲獎：

　　　2005 年榮獲教育部教學卓越金質獎

　　　2005 年榮獲教育部「生命教學策略方法及資源徵稿競賽」幼托
　　　　　教育經驗分享組第二名

　　　2002 年至 2014 年投稿「教育專業創新與行動研究」屢獲佳績

　　　2013 年榮獲幼鐸獎

## 廖育霈

學歷：美國奧勒岡州立大學教育碩士

現職：臺北市立南海實驗幼兒園教師兼任教務組長

經歷：國教署課綱研習種子講員

重要獲獎：

　　　2003 年臺北市第四屆教育創新與行動研究成果佳作

　　　2009 年榮獲教育部教學卓越佳作

　　　2009 年臺北市第十屆教育創新與行動研究成果優選

　　　2010 年臺北市第十一屆教育創新與行動研究成果優選

　　　2014 年榮獲 Great Teach 2014 全國創意教學特優獎

　　　2014 年臺北市第十五屆「教育專業創新與行動研究」特優

　　　2014 年榮獲幼鐸獎

　　　2015 年臺北市第十六屆「教育專業創新與行動研究」特優

　　　2016 年臺北市第十七屆「教育專業創新與行動研究」特優

　　　2018 年獲教育部教學卓越銀質獎

## 王珊斐

學歷：臺北市立師範學院幼兒教育學系學士

　　　臺北市立教育大學幼兒教育學系幼教教學碩士

現職：臺北市立北投幼兒園園長

經歷：教育部國民及學前教育署商借教師

　　　臺北市立南海實驗幼兒園教師兼任保育組長、總務組長

　　　臺北市政府教育局幼教教保人員專業發展中心輔導員

　　　教育部國教署公私立幼兒園專業發展輔導之輔導員

　　　國教署課綱研習種子講員

重要獲獎：

2004 年臺北市第四屆教育創新與行動研究成果佳作

2005 年榮獲教育部教學卓越金質獎

2009 年榮獲教育部教學卓越佳作

2010 年臺北市第十一屆教育創新與行動研究成果優選

2013 年臺北市第十四屆教育創新與行動研究成果佳作

臺北市 103 年度特殊優良教師

2014 年臺北市第十五屆「教育專業創新與行動研究」特優

2015 年臺北市第十六屆「教育專業創新與行動研究」特優

2016 年臺北市第十七屆「教育專業創新與行動研究」特優

策劃序

張衛族

　　2012 年對於我國幼兒教育史來說，是一個震撼的改革年。除了制度面於 2012 年元月創亞洲先舉進行「幼托整合」之外，歷經 14 年的研討、爭議不休的《幼兒教育及照顧法》也於此時拍板定案正式啟動。在此變革之際，有許多法案和配套措施須擬定實施，其中最直接、也是最影響幼兒學習和教師教學的就是「幼兒園教保活動課程暫行大綱」（以下簡稱課綱）的推行，這會是未來幾年幼教共同的話題和要努力的目標。

　　臺北市立南海實驗幼兒園（以下簡稱南海）一向以「教學」為園務經營的主軸，為能精進教學，2006 年即開始邀請臺北市立大學幸曼玲教授到園輔導，採進班觀課和教學研討等方式，給予老師們立即性的支持、解惑與協助，讓南海教學得以穩定持續的發展且績效顯著。2009 年課綱研編小組開始進行教學現場的實驗，因幸教授為課綱的總召集人，再加上南海原本的定位就是教學實驗，自然義不容辭的加入課綱的現場實驗。透過理論與實務的對話，相互檢視課綱的內涵，包括宗旨、領域目標、學習指標、評量指標等與教學之間的關聯性、合宜性及其產生的效益性。

　　2012 年 10 月課綱頒布正式實施，由於和 1987 年頒布的幼教課程標準有很大的區辨度，因此難免造成現場老師的慌亂和不知所措，基於同理及自我專業知能的提升，南海不但承辦也主動自辦課綱學術方面的研習。至於現場教保服務人員最關切、甚至焦慮不知該如何開始著手進行課綱教學實作的部分，南海也秉持經驗傳承交流的態度，接受各縣市的邀請，輪派老師分享、報告，在課綱實驗期間南海課程與教學實施轉變的歷程、做法

及心得。2013 年在臺北市政府教育局的支持下,南海成立了「幼兒園教保專業發展中心」,以專業社群理念推行,和他園策略聯盟,彼此學習與分享實施課綱的心得與斬獲。

　　分享是喜悅的!不但成就他人,也成就自己。南海的課程與教學因課綱的觸動得以更精進卓越,老師對自己在課室的經營也更顯自信,尤其是透過團體教學研討與自我信念深層的對話、省思、釐清到掌握自己教學時引領的深度與拿捏;由增進、培養,到能看見、再看見幼兒能力的展現,都是不可多得的際遇與超越,因此我開始有策劃出書的動念,承蒙幸教授的贊同與支持,擔任本書的主編,帶領南海一群資深優秀的教師加入撰寫的行列,這本書終於在眾志成城及專業分享的立基上,順利產生!

　　「方案教學」是南海的園本核心課程,想當然耳,這也會是南海參與課綱實驗首要通過的考驗,我們很慶幸的在幸教授的帶領下走過茫然、知其然、到知其所以然。老師的鷹架、鋪陳和引導;幼兒的發現、體驗和感受,其所交會的火花,是精彩的章節,見證了南海方案教學的精進與扎實的厚度。本書有三篇共八章,包括由幸曼玲教授主筆的課綱理論篇、我撰寫的南海園務發展經營篇,以及七位老師以方案教學為實例的教學實務篇。

　　「課綱理論篇」顧名思義主要談的即是課綱精神、理念與特色,同時也針對教保服務人員實施課綱時的困境和迷惑,提出精闢的解說,包括課綱為什麼要分領域規劃?為何要以統整的方式實施?什麼樣的課程才是合宜的教保活動課程?教學應如何引導到幼兒能力的陶養等。文中並以基本理念來說明對幼兒的本質、對幼兒的發展與學習、對教保活動課程,以及對教保服務人員的角色所抱持的立場。同時也針對幼兒是主動的、幼兒所處的生活環境、陶養幼兒的心智能力、文化的解釋與再生和課程的意義分別提出說明,是本書精華之所在。

　　「園務發展經營篇」是我以南海園長的身分淺談南海的基本背景、教

育理念、願景、教育目標以及課程模式與教學經營。文中闡述南海以全人教育為宗旨的教育觀、發展觀與任務觀，以及如何經由以人為本的「生命哲學」，發展知、情、意合一的完整教育，包括依循理念、願景、教育目標發展出的園本課程與教學實施方式，如方案教學、學習區、感性活動和一般例行性活動都略做描述。因本書重點為南海方案教學在課綱的實踐，如何建構全園學習型組織，搭建實務與理論對話的平臺，有效提升內部的能量，創造出學術精進研究的風氣與協同合作的組織文化，可供讀者參考。教育實踐最終的目的仍是回歸幼兒為主體，如何奠定幼兒學習的基礎，培養幼兒帶得走的能力，以能成為愛人愛己、關懷環境、面對挑戰、踐行文化的 21 世紀好公民，是本書的核心價值。

「教學實務篇」共有六章，分別是：

〈探索圖畫書的世界〉：文中可以看到老師教學的節奏非常清楚，透過圖畫書賞析、繪者畫風的體驗到故事創作不斷鋪陳、堆疊及循環的歷程，讓幼兒逐漸累積美感的經驗。幼兒除了能賞析回應繪者畫風與感受之外，也能盡情享受創作的樂趣，最後運用表現在他們的圖畫書中。在這一個有節奏的引導歷程當中，老師的引導意圖與幼兒的探索經驗確實交織出一段精彩美好的故事，值得細細品味。

〈進入跳遠的世界〉：從文章的題目來看，會以為著重在課綱的身體動作與健康領域，細讀其內容，發現認知領域比重也不小。例如「測量」活動，當幼兒想要知道誰是全班跳最遠的人，老師提供幼兒大量的探索、觀察、預測、記錄、驗證等實作機會。幼兒從運用非正式工具探測到正式工具的使用，歷經蒐集訊息、整理訊息到解決問題，整個歷程是令人回味無窮的感動，也看到老師如何引導幼兒深入探究的策略。

〈躲。避球〉：是一個由中班幼兒和教師共構的方案，一個看似很普通的運動，但因著重在探究的歷程，讓幼兒透過不斷的嘗試探索、感受、整理、修正、表徵、建構的一個循環歷程，建構屬於他們的學習經驗與學

習脈絡。在此歷程中，所有的規則和躲避技巧並不是由老師告知，而是幼兒透過一次一次的體驗，覺察到各項規則的需要而共同制定。此文所應用的課綱學習指標及培養幼兒的能力如覺知辨識、關懷合作、自主管理、表達溝通等，顯而易見，值得一讀。

〈沙子、貓咪、人〉：貓咪潛入幼兒喜愛的沙池，造成困擾，幼兒以自己的角度嘗試許多方法，想要將貓咪隔離於沙池之外，而貓咪卻依然故我。幼兒怎麼理解貓的需求？怎麼理解餵食者的心態？怎麼將貓視為環境中的一員、接納貓咪、同理餵食者的做法？這是最貼近幼兒生活經驗的話題，是最能與幼兒心理產生共鳴的互動經歷，是老師發展社會領域課程的重要方向，也是幼兒發展人與環境正向關聯的重要契機。

〈和小花小草玩遊戲〉：幼兒是天生的學習者，在校園裡各個角落中不起眼的小花小草，也能引得他們好奇探索，但是如何在保有幼兒學習的主動性之下，又將他們引領至較深層次的探索，是老師所面對的挑戰。本方案涵蓋了課綱身體動作與健康、認知、語文、社會、美感和情緒等六大領域，多元的發展出幼兒自己對於「小花小草」的解釋與理解，讀者品文時，除了了解方案教學與課綱的關聯之外，亦可試著走進孩子的世界，感受他們對自然的禮讚。

〈拓印真有趣〉：只要用心，生活無處不是美。為了豐富幼兒對於美的感受，老師提供了許多體驗的機會，如引領幼兒從觀察、觸摸不同的樹幹，覺察樹皮紋路之美與不同，進而探索教室裡的物品有哪些紋路。幼兒透過不同的素材表現與創作，感受拓印之樂與美，也相互的欣賞、回應自己及他人的作品，包括原創的構思、表現技法及闡述意義。閱讀本文可對課綱美感領域的目標：探索之美、享受創作、展現想像力以及回應對創作的感受與喜好，有進一步的了解與體認。

幼兒園的課程與教學強調生活化、遊戲化以及螺旋性和統整性，本書

介紹的六個方案主題雖然各有其比例較重的領域，但不難觀出老師教學對各領域間的連結、延展及幼兒概念的統整、獲得，是非常獨到的。本書透過課綱理論與教學實務的印證、行政的經營與管理，可提供幼兒教育從事人員了解一個園所實施課綱必須關注的多元面向。教學實務篇老師的引導／幼兒的回應與課綱學習指標的整理表，可協助現場教保服務人員進一步了解課綱在教學上的應用。

　　從策劃到出書整整兩年了，能順利出版此書要感謝幸曼玲教授和心理出版社的促成，更要感謝國立臺灣師範大學簡淑真教授、廖鳳瑞教授及國立臺北教育大學蔡春美教授的推薦、鼓勵與支持。當然，還有南海這群可愛的孩子們，感謝他們活化了我們的心靈，讓我們看到責任，也感受到幸福。教育本是人影響人、感化人的歷程，我們心存感激，願盡綿薄之力回饋社會，將本書版稅酬勞全數捐給財團法人心路社會福利基金會。此拋磚引玉無非是希望大家在嚮往科技生活追求知性的同時，也能慢活感性的看到每個生命的價值與延續的可貴！

鄭玉玲

　　2012 年 10 月 5 日發布的「幼兒園教保活動課程暫行大綱」，經歷四年的修正微調，正式定名為「幼兒園教保活動課程大綱」，並於 2016 年 12 月 1 日發布，接續「幼兒園教保活動課程暫行大綱」之任務，自 2017 年 8 月 1 日起生效。本書係於「幼兒園教保活動課程暫行大綱」的推動期間完成，為完全銜接「幼兒園教保活動課程大綱」的總綱精神，以及各領域課程目標和學習指標編碼與內容的微調，同時便於讀者順利對應「幼兒園教保活動課程大綱」之內容，作者群重新依其內容檢視本書中課程與指標的運用，使讀者能順利閱讀，進一步了解本園特色課程「方案教學與課綱實踐歷程」之關係。

　　本書出版至今已有三年，非常感謝所有讀者，有您們的支持及提供的建議是本書不斷精進的動力。本書如有疏漏之處，敬請不吝指正，感恩不盡！

課綱理論篇

# 1 邁向幼兒教育的新里程

幸曼玲

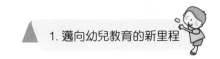

## 壹 前言

　　「幼兒園教保活動課程大綱」是因應幼托整合後的母法——《幼兒教育及照顧法》第 12 條第一項而制定。課程大綱從 2006 年起開始研擬，歷經七年的研究、編擬、實驗、修正和推廣，於 2012 年 10 月以暫行大綱的形式公布，2016 年 12 月發布成為正式大綱；由此可見，教育部對幼托整合後幼兒園課程的規劃與推動謹慎小心，步步為營。然新版課程大綱與 1987 年版幼兒園課程標準相較，新版課程大綱在形式上的改動看似巨大，但類似的理念早在實務現場中生根發芽。新版課程大綱將這些實踐智慧融入，以實徵研究為基礎，加入世界幼兒教育課程發展的理念，形成了這套課程大綱。

　　新版課程大綱強調幼兒核心素養的培養，以及重視在地社會文化的課程實踐。藉由課程的實施，培養幼兒帶得走的能力與在地文化的認同。然課程大綱提供教保服務人員課程規劃時的藍圖，課程的實施仍須以幼兒的生活經驗為基礎，以統整的方式實施，並不是分領域進行。除此之外，幼兒園規劃課程時，仍須本著幼兒園的課程取向，以例行性活動為基礎，將課程大綱的精神落實於多元的學習活動中。本文嘗試說明課程大綱與課程規劃間的關係，課程大綱的理念和特色，最後以教學過程中如何陶養能力做為結束。

 ## 貳 課程大綱是什麼？

　　在幼兒園教學現場，常常迷惑於課程大綱和課程規劃的關係。有人認

為，既然課程要依照課程大綱規劃，那課程設計時為什麼不依照各個領域設計，還要重新思考，以統整的方式進行課程設計？為解答這個問題需要從兩方面來思考。一是課程大綱為何要分領域？二是課程為何要以統整的方式實施？

首先，課程大綱為什麼要分領域規劃呢？課程大綱分領域規劃是為了保持各領域的系統性，以系統的方式呈現各領域的內涵。幼兒園教保活動課程大綱含括了總綱和各領域，總綱包括了課程大綱的宗旨、總目標和實施通則。其中，課綱大綱以基本理念來說明對幼兒的本質、對幼兒的發展與學習、對教保活動課程，以及對教保服務人員的角色所抱持的立場。各領域則是以各領域的領域目標來描繪幼兒在該領域所展現的圖像。以認知領域為例，幼兒須是「擁有主動探索的習慣」、「展現有系統思考的能力」和「樂於與他人溝通並共同合作解決問題」（教育部，2016）；社會領域則是希望幼兒「肯定自己並照顧自己」、「關愛親人」、「樂於與他人相處並展現友愛情懷」、「樂於體驗文化的多元現象」和「親近自然並尊重生命」（教育部，2016）。各領域一方面定位了幼兒圖像，另一方面在領域內涵中以第一句話展現了領域的意義。如情緒是「個體解讀內外刺激而產生生理與心理的整體反應」（教育部，2016）；美感是指「由個體內心深處主動建構的一種感知美好事物的體驗」（教育部，2016）。在此領域內涵下，各領域又細分領域能力和學習面向，最後組成了各領域的課程目標和分齡的學習指標（教育部，2016）。也因此各領域有其架構且系統性的展現出各個年齡層在該領域的課程目標和學習指標。

但是，如果課程大綱是分領域規劃，那課程為什麼又要以統整的方式來設計呢？要解答這個問題應該從學習者所接觸的生活環境來討論。學習者所處的生活環境原是統整不分科的，正因為生活情境是統整的，真實世界所探索的問題也是統整不分科，得到的解答也是跨學科領域的。由此，學習是統整不分科的，習得的結果可直接應用在生活的世界；探索與生活

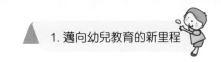

相連,學習也與生活結合。學習者大腦中所形成的意義經由統整而產生。而學科知識是該學科專業社群所建構的系統性知識,這些系統性的知識經過抽象化的歷程往往脫離了真實情境,而對學習者缺乏意義,所以產生了學習的疏離。為了保有學習者的興趣和掌握學習的意義,課程設計者更應該將學習與生活結合,以統整的方式規劃課程。

因此,課程大綱是課程規劃的藍圖,可以協助課程設計者思考課程規劃的方向,選擇合宜的內容進行設計。課程設計者有了課程大綱的協助,在課程設計時不至於惶惶不安,不知提供給學習者的經驗是否足夠。此外,課程大綱也可以是課程設計者檢核的基準,使課程設計不至於因個人的偏好而有領域偏食的現象。

 ## 參 課程大綱的理念和特色

幼兒園教保活動課程大綱的規劃是從互動論的觀點而來,強調「以個體與生活環境互動為基礎,形塑幼兒心智為核心,顧及幼兒全人發展及其所處文化環境的價值體系兩層面,規劃幼兒學習的領域」(教育部,2016)。課程是有計畫的提供幼兒學習機會,是促進幼兒心智成長的來源。以下針對幼兒主動處理訊息的內在歷程、幼兒所處的生活環境、陶養幼兒的心智、課程是有計畫的提供幼兒學習的機會分別說明。

### 一、幼兒主動處理訊息時的內在歷程

幼兒是主動的,幼兒從出生開始就建立了許多經驗。幼兒利用儲存在長期記憶中的舊經驗來連結或解釋新經驗,學習新事物的意義。新事物透

過探索、體驗、覺知與過去經驗整合，儲存在長期記憶中。當有需要時，幼兒嘗試從長期記憶中提取相關經驗，利用肢體動作、圖像或符號等表徵方式，進一步與人溝通。因此，就個體而言，學習包括了三種面向：(1)是透過探索、體驗、覺知的輸入過程；(2)是整合長期記憶中訊息的過程；(3)是運用學習內容解決問題、創造以及與人溝通的輸出過程。透過這三個面向，幼兒不但主動與外界環境互動，同時也整理內在儲存的訊息。

## 二、幼兒所處的生活環境是學習的來源

　　幼兒是主動的，其所處的生活環境是學習的來源。生活環境看似簡單，實則複雜。幼兒與環境互動的過程中，一方面促進個體的發展，另一方面也習得生活環境中的點點滴滴。生活環境可以分成幾個面向：一是物理環境，二是自然環境，三是社會環境，四是人文（文化）環境。物理環境指的是個體生活周遭的設施、建築物等物質系統。自然環境指的是一切以天然狀態（非人為狀態）所呈現的生命或非生命的現象，如樹木、動物和岩石等。社會環境則是由人組成：包含少數人組成的小組、社群，以及多數人組成的大群體；群體中所建立的社會規範和價值體系都屬社會環境的範疇，而幼兒的學習則是其參與與人互動體系的歷程。人文環境是指基於人類的活動不斷演變而形成的象徵體系，是人類智慧的結晶。人文環境是社會環境的延伸，內涵多是人類在演化過程中透過歷史而保存下來的文化產物，這些文化產物包括信念、價值、藝術作品、古蹟文物等。幼兒不但透過參與生活環境點滴的過程建構其心智，也因其形塑的心智解讀文化、建構文化。

## 三、陶養幼兒心智能力是課程大綱的核心

　　課程大綱強調幼兒的主體性，透過參與生活環境的過程，建構其心智，這到底是什麼意思呢？人類心智的發展與其生活文化緊密結合。文化是同屬於一個社群的人因需要所共同創造的符號，這些符號透過演化而得以保存，這些符號的意義與原本創塑的心智密不可分。因此，個體在學習的過程中，透過其現有的心智揣摩文化產物的意義。如：幼兒解讀捷運上「博愛座」的符號（如右圖），孩子學習要讓座的對象有四種人，包括「拄拐杖的老人」、「懷孕的婦女」、「拿拐杖受傷的人」以及「抱小孩的人」。這四種需要被讓座的人，以圖像的方式標示在捷運博愛座旁邊，加上捷運上其他人讓座的動作，孩子充分理解圖像符號在標示意義所扮演的角色；也學習

了運用類似符號來傳遞訊息的能力。因此，學習者的心智發展，體現在對文化訊息中解讀和意義生成的過程。由此可見，文化訊息的重要性和相關的意義有其創塑的根源。這些文化訊息是根植在情境中的，也因而心智的發展需仰賴文化產物的提供。

　　幼兒在參與活動中理解環境，形塑其心智，也可以在參與活動中以其心智建構新文化，這樣的互動是雙向的，也是動態的。幼兒在參與活動的過程發覺意義，也在參與的過程創造新的可能。這樣的學習不但保有以幼兒為主體的角色，也使得文化可持續的創新與再造。幼兒在參與社會的過程中不再是被動的接受社會化，而是主動的解釋社會與文化的意義和價值，更進一步貢獻文化的再生和改變。在參與社會的過程中，由於幼兒與

成人的共同參與，過程中的討論、分享和創造，讓幼兒將來成為社會文化的再生創造者。

## 四、課程是有計畫的提供幼兒學習的機會，是促進幼兒心智成長的來源

　　課程透過有計畫的設計，「課程」在幼兒學習過程中不是外在「灌輸」的內容，而是促使幼兒心智成長的刺激來源。幼兒與教保服務人員提供的素材互動，一方面心智得以成長，一方面也可創造新的文化。而教保服務人員是提供素材及適切環境以及引導幼兒持續學習和深化幼兒能力的重要角色。

　　在此意義下的「課程」是什麼？首先，課程應依學習者的需求以統整性的方式實施。幼兒園的課程實施範圍如以時間軸來看，是從幼兒進園到離開為止；如果以活動的形式來看，包括了例行性活動、多元的學習活動和全園性活動。對幼兒而言，根據固定的作息時間表預估每天事情發生的順序，是其獨立感和成就感的主要來源。多元的學習活動則依各園的課程取向不同而有差異。以單元／主題為主、學習區為輔的課程取向，則先規劃主題計畫。以學習區為主、主題為輔的幼兒園，則先依學習區設置的目的，規劃課程目標及對應的學習指標。如果是蒙特梭利的幼兒園，則先思考各個工作與課程大綱間的關係，決定了要設計的活動範圍，第二步須思考各個活動間的連貫性問題。

　　雖說活動的規劃要顧及幼兒的興趣，讓幼兒有直接參與的機會，但是各個活動不是隨興而起的，也不是發散性的。幼兒學習的活動間要彼此串聯，相互呼應，才得以累積孩子的經驗，深化孩子的能力。現行的幼兒園活動總是熱鬧有餘，連貫不足，教保服務人員每每剛啟動了一個活動，就因著時間關係快速收尾，缺乏讓幼兒實際參與體驗的機會。而第二天的活

動又因別的需求而另起爐灶，重新建構經驗，如此經驗不連貫，在孩子的心中各個活動也是支離破碎。所以，教保服務人員在設計活動時，除了讓孩子有親身參與和體驗的機會，也要因著孩子的需求持續引導，成為多個活動連貫的課程。而課程與教學是相互關聯的過程，活動是執行課程的方式，多個不連貫的活動不足以成為課程，活動執行後的省思則有助於下一階段的課程規劃。

然而，什麼樣的課程才是合宜的教保活動課程呢？幼兒園的課程除依照《幼兒園教保服務實施準則》第 13 條的規定，落實健康教育、生命教育、安全教育、品德教育和性別平等教育外，尤其強調在地文化的認同和孝悌仁愛文化的承續。因此，教保服務人員在規劃課程時不但須從幼兒的生活環境中選材，還須思考在地的節日慶典，以及流傳在社會中的文化資產，做為選材的依據。以臺北市立南海幼兒園圓仔班所進行的方案「阿公阿嬤的下午茶」為例，老師引領的課程重點在於幼兒與家人關係的理解和經營，尤其是針對上一輩的阿公阿嬤。在這個方案中，老師邀請幼兒從了解阿公阿嬤喜歡什麼著手，然後想辦法邀請阿公阿嬤來園內相聚。為了下午茶的聚會，孩子要準備對老人家健康且保健的食物，以及可以讓阿公阿嬤覺得有趣的餘興節目，最後，讓阿公阿嬤在排除萬難參加孫子孫女聚會的歡愉聲中結束。這樣的方案，一方面讓幼兒關心自己的親人，也透過準備食物和節目的過程中了解親人的需求，更重要的是這個方案體現了孝悌仁愛的文化理念。

# 肆 教學如何引導幼兒領域能力及 核心素養的陶養？

　　幼兒園教保活動課程大綱的重點項目之一是六大核心素養的陶養。這六大核心素養是統整每個領域的領域能力而來，分別是覺知辨識、表達溝通、關懷合作、推理賞析、想像創造和自主管理，而新版課程大綱也是以此六大核心素養與 12 年國民基本教育課程綱要相互銜接。雖然領域名稱並不相同，但是核心素養的陶養是接續的。然而，幼兒園現場並不清楚領域能力所代表的意義，以幼兒園經常出現的「葉子」主題為例，主題開始時，老師總會帶領幼兒到校園踏查，急忙於告知幼兒觀察的樹、蒐集到的葉子的正式名稱，因此，榕樹、菩提樹、欖仁樹、椰子樹等名稱快速出現；網狀脈和平行脈的辨認和名稱也是學習的重點，以為知識的獲得與領域能力的陶養無異。可是，新版課程大綱的重點在於「觀察的歷程」、「記錄的歷程」、「比較的歷程」和「分類的歷程」。這些歷程的放大和提醒，讓幼兒有機會用自己的角度去辨認葉子的各種「特徵」——有的葉子尖尖的，有的葉子大大的，可是有的葉子又很小，可是有的葉子乾乾的，是咖啡色。這些葉子有不同的「特徵」，而孩子辨認出「特徵」後，每個人可以依照自己認定的特徵進行分類並命名。因此，有些孩子以形狀分類，有些孩子以大小分類，也有些孩子會以葉子可以弄出的聲音分類，對孩子而言，這些都非常有意義。這樣的歷程也讓孩子有機會以自己的角度關注素材，並進一步習得「釣魚的方法」。

　　但是，目前在現場中的老師並無法覺知自己教學的歷程，仍然以過去的方式教學，然後事後再找對應的課程目標和學習指標。因此，往往苦於無法找到合宜的學習指標而怨聲載道。如果幼兒學習的方向仍然是「認識

校園中各種不同的樹」，那麼活動規劃的方向就要進一步修正了。

　　以本書「探索圖畫書的世界」的方案為例，「幼兒覺察畫裡的表情不對，老師提供書籍參考，並讓幼兒用肢體來展現各種及不同程度情緒，再試著將自己展現情緒的表情與肢體動作畫出來。」所對應的學習指標為「情-大-1-2-2 辨識各種文本中主角的情緒」和「語-大-2-5-1 以圖像表達情緒與情感」，這意味著老師在活動中帶領幼兒去觀察和辨識圖畫書中人物的情緒，並且以圖像表達出人物的情緒和情感。這個過程中，老師並不是讓孩子觀察文本後直接畫出來，而是觀察文本後請幼兒用肢體實際展現觀察到的情緒，讓幼兒體驗後再請幼兒表達。有了這樣的第一手經驗，幼兒不但自己體驗，也觀察別人，最後再以圖畫記錄。

# 伍　教保服務人員的困境和迷思

　　其實，在幼兒園現場實作的過程中，出現了許多大家共有的困擾。以下說明幾個大家經常出現的問題。

## (一) 主題課程是跟著孩子的興趣，不宜事先規劃課程

　　老師事前的規劃是根據孩子的經驗和能力做課程引領方向的預想，是需要預先規劃的。有事先的預想，才有教材教具的準備和資源的提供。老師在課程規劃時預先思考課程目標和學習指標，也是事先設計了方向。但是，課程實施時實際的走向仍是跟著孩子的興趣，然後加入適時的引導，如果老師引導的方向孩子沒興趣，表示孩子的經驗不足，則修正課程的走向。因此，事先的規劃並非不可更改，而是讓老師充分準備。

## (二) 課程規劃是跟著孩子的興趣走，課程目標和學習指標限制了教學的方向

　　新版課程大綱的實施需要同時考慮兩個因素，一是幼兒的興趣，另一則是老師心中的目標；只考慮其中一個因素都只說明了課程大綱實施過程中的一半。新版課程大綱中教保服務人員的重要角色之一是「幼兒學習的引導者」。做為幼兒學習的引導者，老師須觀察幼兒，了解幼兒的舊經驗，搭建適當的鷹架，協助幼兒整合與連結舊經驗，建構新經驗。其中鷹架的搭建就是老師心中預設的目標。在這樣的基礎上，老師是有意圖的進行教學和引導的工作，提供孩子學習的方向。有意圖的教學指的是老師心中有目標，並且有完成目標的設計和思考，是引導式學習的概念。如果課程全然跟著孩子的經驗走，那孩子在學習過程中要有足夠的探索和遊戲時間，在自由操弄教具的過程中，利用原有的舊經驗形成新經驗，讓學習經驗成形並統整。如果遊戲的時間不足，老師又沒有適時的引導，那孩子的經驗將是零碎而片段的。

## (三) 學習指標不是評量指標，那評量如何進行？

　　新版課程大綱的學習指標不是評量指標，是老師課程設計的方向，也是根據研究適合在該年齡層所需搭建的鷹架。然而，老師使用學習指標時常出現幾個現象，一是引導過程不明，以至於看不出如何引導該領域能力的學習。如：「引導幼兒自由選擇遊戲器材遊戲」，使用的指標是「身-中-2-1-1 在合作遊戲的情境中練習動作的協調和敏捷」。在這樣的引導中既看不到如何引導「合作」，也看不到如何引導「協調與控制」的能力。二是引導過於簡要也反映出老師對幼兒的觀察不足，以至於不知如何從幼兒現有的能力出發，逐步帶領其往學習指標的方向學習。例如，老師往往請孩子找自己的夥伴分成四人一組，然後請他們要合作練習遊戲器材，但

是，單是由多人組成一起工作，合作並無法完成。老師須觀察孩子，現在四人一組的狀態是兩人一起玩丟接球遊戲，另外兩人無所事事；還是一人拍球，其他人輪流等待？如果是前者，老師要如何引導才會合作？如果是後者，老師要如何引導才會合作？透過對孩子的觀察，引導才會細緻，才有方向。

幼兒學習評量是以一年三次總結性評量的方式進行。評量指標依據六大核心素養（覺知辨識、表達溝通、關懷合作、推理賞析、想像創造、自主管理）設計。目前若要以主題評量的方式進行形成性評量，則可思考兩個步驟。一是選擇該主題重要的學習指標，二是改寫選擇好的學習指標進行評量。這樣做的理由是，如果該主題的所有學習指標都做為評量指標，則評量項目過多，老師負擔太大，且對幼兒不利。另外，學習指標常常過於籠統抽象而無法評量，因此需要進一步改寫。改寫的方法是先以課程目標定位學習指標的意義，相關的「領域能力」動詞不能改寫；將學習指標的名詞修改為主題的重點。如：以葉子為主題，其中「認-幼-1-2-1 觀察動植物的特徵」，其課程目標是「蒐集自然現象的訊息」。此學習指標的定位是蒐集訊息的能力，因此「觀察」不能修改。如要評量可修改成「觀察葉子的特徵」。

## (四) 混齡班級孩子多，觀察不易，如何確定孩子達到指標？

由於學習指標不是評量指標，因此沒有確定孩子「達成」與否的問題，而是要給孩子足夠的學習方向。課程大綱的優點之一就是將該年齡層可搭建的鷹架以學習指標的方式陳述，讓老師引領的方向更為細緻。如果一班有三個年齡層，老師可視情況在同一個課程目標下以分組的方式進行，每一組以中大混齡，或中小混齡的方式進行。

### (五) 情緒領域不易在正式課程中出現，須等待機會教育嗎？

　　情緒領域是新的領域，老師需要的是先從生活中檢視自己對自己和他人情緒的覺察辨識、表達、理解和調節的能力。例如早上起床後心情如何？是喜悅？是鬱悶？原因為何？找不出原因的話怎麼處理？平常鬱悶時會做什麼事？調節的方法為何？老師覺察自己、分辨他人，也才能找到情緒教育的時機點，而非等到事情發生，才發現情緒教育的機會。平時可觀察孩子出現情緒的時機，如競賽時一定有人高興、有人難過，老師的預先觀察，設想時機，任何可能的情緒發生點都可設計在正式課程中。

# 陸　結語

　　幼托整合後，幼兒園教保服務人員來源多元，課程規劃與實踐以幼教老師和教保員為主，面對的年齡層也由過去的兩個年齡層，擴大到四個年齡層。教保服務人員需要自編課程，但是核心素養的落實與陶養還須仰賴課程大綱的實踐。新版課程大綱的目標是培養擁有主體性又懂得自我控制的幼兒，而幼教品質的提升與落實則有賴大家的努力。

### 參考文獻

教育部（2013）。**幼兒園教保活動課程暫行大綱**。臺北市：作者。

教育部（2016）。**幼兒園教保活動課程大綱**。取自 http://www.ece.moe. edu.tw/? p=7545

幼兒園教保服務實施準則（2013）。

幼兒教育及照顧法（2013）。

園務發展
經營篇

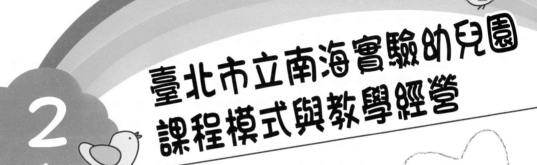

# 2 臺北市立南海實驗幼兒園課程模式與教學經營

張衛族

摘要

　　2012 年臺灣政府進行多項教育改革，在幼教方面亦開創了亞洲之先將「幼兒園」與「托兒所」進行整合，為幼教開啟了新頁。在此之際，「幼兒園教保活動課程暫行大綱」於 2012 年 10 月公布，更於 2016 年 12 月 1 日正名為「幼兒園教保活動課程大綱」；其宗旨立基於我國儒家思想「仁」的觀點，最終的目的是奠定幼兒學習的基礎，培養幼兒帶得走的能力，以能成為愛人愛己、關懷環境、面對挑戰、踐行文化的 21 世紀好公民。

　　幼兒教育是其他學程教育的基礎，理當更應著重幼兒知、情、意全人的發展，臺北市立南海實驗幼兒園（以下簡稱南海）於 2009 年經臺北市立教育大學幸曼玲教授的帶領與指導參與課綱實驗。本文旨在介紹南海課程與教學發展的理念、特色與經營模式，其模式產出是經由南海教師團隊多年來現場實務的運作、學術專業的對話以及內部深層的檢核而形成，包括三個重要的經營要素：理論架構、行政策略及課程與教學。

　　南海的教育理念以全人教育為宗旨，著重仁愛、智慧與創造的實踐，尊重並滿足幼兒發展的需求、維護幼兒主動探索的興趣，以促進其身心各方面均衡的發展。全人教育在南海是愛的教育，不僅是課程的軸心，也影響園內人文的氣息，在行政策略方面秉持著真誠、開放和互信的人際觀，著重教師專業成長，透過學理驗證、研發推廣、內外多方檢核機制、整合資源，以形塑標竿學園。其行政運作模式是依循規準、分層負責，而事前意見的徵詢達成共識後，團隊會以合作方式，解決可能遭遇的問題。

　　南海教師的素養是智慧、行動、自我實現與樂於分享，展現親切、熱忱、真誠與樂群的氣質，顯現的職能是敏覺、開放接納、分析統整、創造變通和善於引導。學生在尊重、支持和有應答的環境中，個性獨立、自信、樂觀和勇於嘗試，在群體中能對他人或異己表示關懷、接納，願意溝

通和合作。贏得家長充分支持、信任與參與,全園形塑出一種積極進取、協同合作、開放創新的文化風格。

為實踐全人教育,南海課程分為:資源探索(含學習區)、感性活動和方案教學三大主軸。資源探索(含學習區)主要在擴展生活經驗、探索幼兒興趣及建構基本的生活知能,是自主學習的基礎;感性活動是培養良好人格教育的促媒,是情感教育的延展;方案教學則是南海教學精緻呈現的一面,是以建構理論為基礎,師生透過探索、體驗、討論、計畫、行動……等過程,一同規劃主題,蒐集素材創造,共構學習歷程,教學型態著重知性與感性的兼顧。

課綱學習指標是教學的指引,教師在教學過程中必須經常性的評估、省思每個環節並做觀察記錄,覺察「教」與幼兒「學」之間的關聯與意義,進而調整、修正教學方向與內容,建構幼兒核心素養,此是南海參與課綱實踐最大的收穫與成長,也是永續研發、精進的目標。

關鍵字:幼兒、南海、幼兒園教保活動課程大綱

# 壹 前言

21世紀是科技資訊轉速變動劇烈的時代,面對無國際、多元知識與文化的交互衝擊下,如何保有本國傳統固有文化及跨越創新,是個深層及全民智慧待解的問題。然而,能否培育出良好適應及勇於創新的人才,傳承與締造未來的社會就須以教育的本質面向來思考。

2012年元月,臺灣為全面提升、保障幼兒受教的權益和品質,頒布了《幼兒教育及照顧法》,全面推展「幼托整合」,將原隸屬不同主管機

關、適用不同法令規定的幼兒園和托兒所整合為一，至此，臺灣學前教育
開展新的史頁。在此變革之際，有許多法案和配套措施須擬定實施，其中
最直接、也是最影響幼兒學習和教師教學的就是「幼兒園教保活動課程大
綱」（以下簡稱課綱）的推行，這會是未來幾年幼教共同的話題和要努力
的目標。

　　目前的教育改革，提倡培養學童帶得走的能力，以應用於生活，幼兒
教育是其他學程教育的基礎，理當更應著重幼兒知、情、意全人的發展。
南海的課程經營模式，是經由現場實務的運作、專業的對話以及內部深層
的檢核而產生，為能永續經營與發展，持續研討，朝向精緻卓越邁進是不
二法門。

　　南海位於臺北市萬華區，於 1987 年開始籌建，占地 3,944 平方公尺，
園區獨立、環境優美、師資優良，目前共有 14 班，園生 346 人，為臺北市
政府教育局單獨設置的第一所公立幼兒園。南海室內面積約 3,302 平方公
尺，室外約 2,761 平方公尺；環境優美、前庭後院花木扶疏、小橋流水、
綠意盎然。活動空間寬敞，設備充實完善、適性適齡且注重安全檢核、維
修和汰舊換新，幼兒徜徉其間遊樂、運動、學習，快樂開懷。

　　園內設置的各項教學及遊樂設備，提供了豐富的教學情境與資源探
索，孩子們在老師的帶領和引導之下學習操作，啟迪了好奇、探索、發

● 象徵協同合作雁行展翅騰飛的大門　　● 校園每個角落都很美

現、創作的慾望與智慧，印證了校園處處皆教室，處處皆學問之說。鄰近社區許多知名休閒公園、博物館、圖書館、醫院等，亦是教學的一環與延伸，人文與自然薈萃的結合，建構了南海優美的環境～一個幼兒快樂學習、築夢的城堡。

課程研發與精進教學是南海園務經營的主軸，每個發展階段都有其脈絡和依循。2009 年，課綱進行現場實驗，南海在設立之初，即經政府定位為教學實驗幼兒園，自然義不容辭，樂於參與，在課綱總召集人——臺北市立大學幸曼玲教授的帶領及指導，進行為期四年的實驗。透過學理與實務的對話，相互檢視「教」與「學」之間交互的關聯性及其產生的效益性。本文茲就南海課程與教學發展的理念、經營模式及特色做一敘明。

 貳 南海課程與教學

 一、教育理念

(一) 全人的教育觀

南海以人為本的全人教育觀，著重開啟每個人生的價值。以「愛」接納個體的不同，以「善」淨化個人的思維，以「仁」規範個人的行為。南海的全人教育就是愛的教育，是幼兒健全發展的基礎，是善的表徵，是仁的表現，是孩童適應環境或追求創新改變時，一個安定的力量和心的依歸。

幼兒是完整獨立的個體（the whole person），不是成人的縮影，有自己的情緒、觀感、思想和行動。幼兒需要時間及個人的空間成長，成長的

動力部分是存在於成熟個體的內在，部分則來自幼兒與環境的互動，誠如一粒黑、小、乾，又不起眼的種子，醞釀著的卻是無限的爆發力與生命力，只要給予適宜的環境和條件，必會萌芽生長。

南海全人教育落實於生活教育，著重仁愛、智慧與創造的實踐，視幼兒為完整獨立的個體，幼兒有自己的情緒、觀感、思想和行動，需要時間及空間成長。因此我們重視幼兒情感教育，重視人格的整體性，重視幼兒人際的拓展和與社會良性的互動，為幼兒自我實現做準備，這些不僅在潛在課程內涵中，也表現於我們的環境設計中。南海營造的環境是安全的、溫暖的、自在和適性的，氣氛是感性的、和諧的、愉悅有活力的，幼兒藉由和外在的接觸以了解自我、開發自我，培養尊重生命、仁人愛物的情懷，建構己我價值觀及促進人際的交往和體驗萬物之美與和諧，進而成為此環境延展的創造者。

## (二) 發展觀

南海全人教育課程發展基由「生命哲學」，重視知、情、意合一的完整教育，以尊重、滿足幼兒發展的需求。教育學家盧梭認為，人生的每一時期皆有其各自的發展性和獨特的成熟性，兒童應有本身存在的意義和價值，因此，尊重其自身的人格與地位，順應其本身的需要和能力，是以兒童為本位的教育原則。只有順應幼兒的本性及發展，藉著自我的探索、活動，方能幫助其身心均衡發展。

皮亞傑（J. Piaget）將人的發展依年齡分成四個階段，學齡前四、五歲幼兒屬於運思預備期，此階段幼兒必須透過感官和實物的操作去探索外在的人事物以建構自己的認知，成人要提供足夠的條件導引幼兒攝取經驗，經由調適和同化以成為幼兒本身內化的經驗。但是我們要強調的是學習必須有主動的意願，才能事半功倍，柏拉圖曾說：「教育的目的就是讓每個人具備做自己必須做的事的意願」，誠如 Vygotsky 的近側發展區（zone of

proximal development, ZPD）論述也是建構在孩子本身學習的經驗和意願上，給予支持性的協助，以提升幼兒的能力。

幼兒並不是無知或迷你小大人，為了生存自有天賦即有的本能外，為了生活，更有主動探索周遭環境的意願，並有自己的步調和方式。成人需給予時間和空間讓其發展，若成人忽略孩童本身內在的需求，而以自己的思維去規劃或干涉幼兒的學習時，幼兒的成熟度若不足以接收外在的訊息時，幼兒會排拒，也會出現情緒性或生理性的抗拒。當然，幼兒年幼，若在反應後仍未受到適當的處理時，也只有選擇順應的屈服。

據 Marcon（1995）研究發現，幼兒時期有機會自主性的去發現與探究，遠比以教師主導學習有更多的受益，例如有較佳的閱讀能力、語言能力和數學技能。更重要的是幼兒在主動探索時，必是經由自我引起的學習動機，是可自我增強和持續的，縱使期間遭逢挫敗也禁得起考驗。幼兒學習承受挫敗，在失誤中試圖找出原因和解決，幼兒學會了自我要求和實踐，學會在失敗中重新出發。幼兒在探索的歷程中，因為發現問題、面臨問題，要解決問題，思考會越來越縝密，心境是平和與樂觀的，態度是積極充滿自信的，這些都是幼兒在成長的過程中，為了面對未來快速轉變的社會所需具備的能力，也是目前應積極培養四到六歲這個發展階段的幼兒一個重要任務。

幼兒發展不是單指個人身體上的成熟而已，還包括語言、認知、情緒、理解……等心理方面能力的具備。若要發展順利，除了自身的能力外，還必須藉由外在文化的力量（如：家庭、學校、社會……），亦即不能排除次文化及人類整體文化的影響力。所以，我們全面考量幼兒需求與身心發展狀況，以尊重幼兒為前提，盡量滿足幼兒在發展上的需求，並維護幼兒主動探索環境、發現與研究的興趣，以促進幼兒從個體經驗出發，將自身與外在環境的互動經驗納入知識架構之中，達成均衡發展的目標。

## 二、願景與教育目標

　　幼兒園要發展優質的園本課程，必須考慮其內、外在的環境因素，包括學校組織和社區文化等。而經由全園達成共識，形塑建構的願景以及教育目標，是為上層概念，也是課程發展的指針，對於園內課程發展及教學走向有重要的影響。以園為本位的課程發展必須和願景及教育目標扣合，為能清楚表達其間的關係（圖1），先從南海的願景談起。

　　南海願景有四：第一個願景是快樂！追求的目標是：滿足個體身心靈的需求；建立良好正確的價值觀；促進身心的健康與成長。我們知道唯有身心健康和快樂的孩子，才有餘力去冒險探索外在的世界，他們學習的動力和能量也較能應付和承受進階性的挑戰。南海提供幼兒適切發展的環境，營造健康的場域，俾使能滿足幼兒身心靈的需求，建立良好的生活習慣和正確價值觀，以促進身心健康與自主管理的能力。

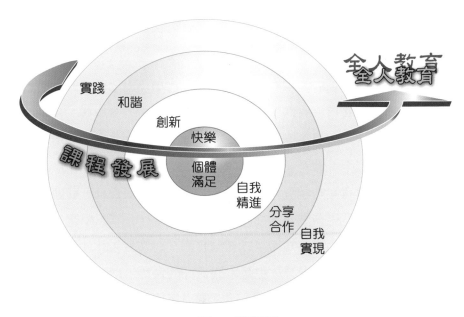

圖 1　願景圖

　　第二個願景是創新！追求的目標是：激發個人優勢的智能；開啟內省與創新的思維；追求自我精進與超越。幼兒有無限想像的空間，透過多元表達溝通的管道，推理賞析增長知能，老師必須要有創新的思維及作為，來激發幼兒優勢的智能，開啟內省與創新的思維，進而追求自我精進與超越。同樣的，家長也需具有開放的、創新的觀點來接受和配合，幼兒才能在創意飛揚之際，找到支持的力量。

　　南海第三個願景是和諧！追求的目標是：培養良好品格與修為；增進人際互動與合作；珍惜資源與尊重生命。南海的親師生關係十分親密、和諧，當家園彼此相互尊重與充分合作時，幼兒是最大贏家，因為從周邊人員良性互動的潛移默化，幼兒人際關係的經營也會有正向發展。

　　第四個願景是實踐！追求的目標是：協助個人目標的設定；追求理想與自我實現；促成全人教育的實踐。每個孩子都是夢想家，對未知的一切有無限憧憬，想要追求，想要完成。為協助幼兒個人目標的設定和勇於實現，我們鼓勵、尊重和支持幼兒表達想法，並提供自由探索、操弄、想像創作、做中學的空間，幼兒啟動表達溝通、推理賞析、覺知辨識等能力，發想得以實現。

　　願景、教育目標對於課程有領導、明示的作用，必須環環相扣，南海依據願景訂定的教育目標有四：滿足個體身心靈需求；激發個人優勢的智能；培養良好品格與習慣；增進創新實踐的能力。而其最高理想與實踐就是促進全人發展之全人教育。

　　南海內在的組織面向涵蓋有行政、教師、幼兒、家長以至社區，行政和教師組成的學習型組織團隊，彼此激勵，相互合作分享、學習和成長，行政全力的支持，教師專業知能得以充分發揮。而家長和社區所組織的外在因素，是為多元文化的根源，也是本園最好的資源，南海的家長熱忱、和諧、樂於付出，將小愛化為大愛，給予園方無比的助力，讓每個孩子都能得到更多、更好的照顧。

　　南海凡事以幼兒為主體考量，孩子來自不同的家庭，有其原始的成長
背景，尊重孩子們的個別差異是教育的基本原則。教師以其專業知能來了
解、發現、評估、引導孩子身心發展需求和興趣，同時也要考量家庭所提
供的先備經驗與能力，也就是園方所提供的學習情境及外在的社會文化情
境和幼兒個別差異產生的立即環境所交會、產出的圓，是形而上的，是必
須優先考量的主力。

　　南海的願景，教育目標以及課程就是由此延伸發展而出的，彼此是呼
應的、交互影響，與息息相關的（圖2）。南海教學強調幼兒本位，以其
生活經驗出發、不分科，注重自主性學習與真實實作表現，是為全方位學
習。為能提供幼兒以不同的探究形式多元學習、整合概念，進而創造，使
學習產生更多層的意義，南海依形塑之願景、教育目標，發展出資源探
索、方案教學、感性活動，是為課程重要主軸。課程以建構論為基礎，以
幼兒為學習主體，由全園學習組織形塑的學習情境及家長、社區資源產生

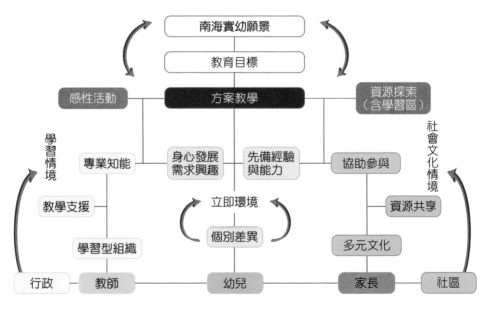

圖2　願景與課程發展構圖

的社會文化情境交織而成，彼此間的關係是交互、連結的，是相輔相成的、是統整具創意的，包括正式課程與潛在課程。

## 三、形塑文化的關鍵

要達成以上願景和教育目標，幼兒園的行政人員、教師、幼兒與家長都是影響成效關鍵性的人物。而學校形塑的文化和社區間的互動關係，對於教育目標是否能圓滿達成都具有相當的影響力，不容忽視。

南海全人教育，著重理性與感性的交會，環境與學習氛圍的形塑就顯得格外重要，行政的真誠、尊重、服務與教師親切、熱忱、樂群的態度，展現教育者所應有的風範，言行舉止禮貌有節度。全園建構的學習型組織，相互激勵並求進步，有效提升內部的能量；成熟的思維與和諧的氛圍，處理問題時，能智慧的溝通與圓滿的解決，創造出學術精進研究的風氣與協同合作的雁行文化。

家長是南海最大的後盾與助力，能以幼吾幼以及人之幼的情操，將小愛化為大愛，熱忱的付出和投入。除了熱烈參與學校的一些大型活動之外，也積極的協助班級和學校志工的工作，展現的風格就是對學校支持、信任與主動參與的態度。家園合作，幼兒是最大的贏家和受益者。

南海位於鄉土文化氣息濃厚的臺北市萬華區，由於課程起需以幼兒生活經驗為基礎，因此我們常與社區互動，如參與社區綠美化活動、關懷社區老人、參觀社教機構、社區巷弄巡禮、回饋服務等，將社區納入教學活動的一環進行交流，以豐富幼兒的文化經驗，建構在地文化的關懷與認同，並欣賞多元文化。南海多年的在地經營讓社區肯定與接納，學校的教學理念和目標也更得以落實，展現多元、開放、服務的精神，認真、積極、進取的教學態度，以及協同、合作、創新的文化風格，處處顯見全園親師生的努力與成效。

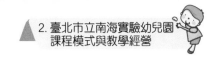

 **參 行政策略**

## 一、理念

在全人教育理念架構下，南海的行政運作在人際觀與任務觀分別發展出不同面向的策略。以下分別從兩大觀點淺談：

### (一) 人際觀

一個人成不了一個社會，社會是由個人與他人所發展出的關係而形成。大社會中的各個社群、團體、組織也如同社會般有秩序，有自己的軌道在運作著。南海與任何有結構的組織一樣，有一套屬於自己組織內部有秩序與規律的運作節奏。

這些節奏的脈動由組織內部每位成員共同合作發展出來。組織內，人與人之間的關係形成維繫組織強弱的重要因素。成員間互動性佳、協調性好，組織當然堅強，反之則否！組織夠堅強，所屬成員才能主動產生向心力，積極投入，不僅個人得到成長，組織更能堅固若磐石，是一種互益、互利相互支持的系統。

在南海，行政運作的人際觀點，就是秉持著能夠讓組織內成員——教職員工、幼兒及家長，達到多贏的局面。也因此，我們在人際觀點上採取的是「真誠」、「開放」、「互享」的態度。

「真」是教育文化傳遞中最顯見的任務，舉凡歷史的記載、國土地理的位置、科技的精準、醫學的報告等都需要準確的紀實，不容虛假。「誠」依宋朝周敦頤之解為「仁、義、禮、智、信」，是待人處事的準則，如果人之相處能以「真誠」為基礎，那必是祥和大同世界。我們常指

導孩子不說假話、要誠實，要說話算話守信用，要見人打招呼有禮貌……，那麼成人的世界呢？我們是不是也可以真心、誠實、有禮相待？老師能否真誠的關注自己，能否真誠的對待他人和工作？答案若「是」！那一定能夠避免許多不必要的猜疑與困惑。雖然真實以告有時難免會傷人，但是加上了誠意，卻能將之改觀。南海夥伴們溝通的基礎就是建立於「真誠」之上進行有效溝通，一旦開放心胸，勇於去面對和接納不同聲音，就能夠從不同的角度發現自己在組織中的缺失與優勢表現。對個人能夠見賢思齊，對組織能夠突破組織內容易固化的藩籬，使組織注入更多活水，引發更強的動力。南海因此免於故步自封的封閉型態，也使南海的行政運作更精進。

在行政策略上除了真誠、開放之外，我們會更進一步的與人分享經驗，交換心得，如著作發表、舉辦研討會、開放參觀等，目的無他，只是想要形塑一個互信互助優質團隊的風格，這對一個自我要求精進、卓越、創新的組織文化，是相當重要的。

## (二) 任務觀

學校行政的運作，主要的功能是協助教學，因此行政措施絕對需與教學理念相呼應，否則容易出現行政凌駕教學之上或背道而馳的現象，也就會形成行政做一套，教學又是另一套。教學為教育的第一線工作，既然要落實，行政任務就是要積極配合和服務教學以有效運作。

南海的行政任務扮演著積極輔助與配合課程的角色，如針對教師需要，規劃專業成長課程，輔助教師在既有的專業上追尋更大的突破與成就。園長不斷促成教師進入學術與實務的對話，產出自己具有深刻意義的風格，如果理論無法落實在實務現場就容易形成空談，只有在實務上印證，理論的意義才能呼之欲出。

而南海在實務現場中，不僅只是單向的實務操作而已，也透過行政策

略的運用，讓實務與學術有對話的平臺。在相互對話當中，南海以現場實務教學印證學術理論，且以學術的基礎解釋實務現場運作的意義，並重新發展出符合南海的課程，例如參與課綱實驗，指導教授從理念、領域目標、內涵、指標到實作和剖析，每一過程都須和教師不斷對話、驗證和釐清，教師方得以將課綱六大領域目標及學習指標了然於心中，並運用在規劃課程和教學活動現場。

當然過程中，檢核教學的功能也發揮了重要的監督角色，當 2007 年，政界、教育界及家長們為教師是否應實施專業評鑑而沸沸揚揚的討論、激辯時，南海於 2004 年就開始實施教師專業自評和互評了。南海真誠、平實的處理教師專業評鑑，並非評斷個人優劣或考績，而是自我理想的追求、成長和檢核，如同南海教師們積極的進行教學行動研究，目的亦非為了參加比賽得獎是同樣道理。此外，每學期進行的家長意見調查及利用每次對外開放參觀、辦研習活動等機會，請參觀及研習者所填寫的回饋表，都是回顧、檢視園務行政和教學實施的每一環節運作是否得當。由此可見，南海實施內在評鑑與外在評鑑的檢核制度，除了可以使組織內部成員相互檢視，也可以透過外人的眼光，檢核出內部的迷失或是固著的盲點，以促進發展。

為求改進，研發和推廣成為必要性和決策性的工作，南海除了配合教育當局推展的教育重點計畫，辦理相關活動外，也鼓勵教師從幼教的大環境或教學的現場去發現問題、找出可行策略和解決問題。南海積極主動和學術、教育界合作，參與研究、推廣和分享實踐課綱的教學經驗，也透過網站將南海定期出版的刊物——《南海傳真》和大眾資源共享，以形塑優質卓越的標竿園。

## 二、策略

　　教育的影響是無遠弗屆的，是感化人、教化人，深耕人心的工作，從事幼教工作者必須自我要求精進、卓越與創新，行政是管理與導引，自應有前瞻的規劃以協助和支援教學現場。南海為形塑優質標竿園，在行政方面我們找出共同努力運作的方針：

### (一) 提升行政效能

　　南海是臺北市第一家由政府單獨設置的公立幼兒園，是為政府重視幼兒教育的一項指標，亦是幼兒教育政策實踐的窗口，有其意義和定位。但因體制不屬義務教育，在行政編制和資源上遠低於同規模的偏遠小學，因此必須扁平組織，簡化行政作業的流程。只是麻雀雖小但五臟俱全，行政事務並不因學校規模小而減少，反而在人手不足的情形下，一人得兼多項工作，為求效率，必須發揮團隊合作的力量，整合資源，系統管理。

　　明確訂立行政組織系統，使成員了解和掌握其執掌工作的性質，在事有人做、人有事做之下，還要加強知識管理以期把事做好和做對。為了促進組織發展資源共享，資訊設備的充實和運用，有利文書檔案等資料的建置，校園網路的通達，助長行政事務的處理，創造組織新競爭價值。為求品質和績效，管理上策略的評估及自我的評鑑和檢核是相當重要的一環。

### (二) 追求教學卓越

　　為提升教師專業素養與知能，南海在教師專業的培訓和成長方面有其專精獨特的模式。除了鼓勵教師回到學術體制進修外，透過園內學習型組織，我們提供教師專業對話的平臺，促成教師間、師生間、親師間，甚至與專家學者間的對話，以期將理論與實務再次印證。透過教學研討及班群教學互動，教師彼此有相互教學觀摩、經驗分享、協商討論和共同合作解

決問題的機會。南海經常性的開放外界參觀教學，藉由參觀者的提問及意見，教師在理答的同時，也能釐清教學主觀性的思維，使得教師有再一次回顧、檢核教學的機會。

　　為求教學的精進，園長鼓勵教師行動研究與發表，除了開辦研習培養教師的研究能力，養成從行動中發現問題、解決問題的敏感度及行動力，也鼓勵教師專業發表分享，藉由教學整理、分享、研討，俾利於教師之間的觀摩學習，更希望以此提升教師專業形象和地位。

## (三) 營造優質環境

　　南海環境設備規劃的信念，是以幼兒需求為優先考量，園內教學設施豐富多元，符合安全性、多樣性、操作性和適齡性，如室內學習區：體能區、圖書室、陶土室、積木區、烹飪區等，是提供幼兒探索學習最佳場所。幼兒不但能在操作過程中訓練及展現自己的能力及所知所學，而且促發積極投入情境脈絡的動力，增強其學習動機，不但符合課綱全人發展的理念，也有效達成教學目標。

　　南海處處是教室，學習的空間延展至戶外，前院遊樂場，除了孩子們最愛的遊戲設施之外，還有一片廣大的草坪，幼兒在草坪上玩耍嬉戲，常有出奇不意的驚喜發現，例如小昆蟲的足跡。大樹下、水池邊，花架與樹

● 美化、綠化、藝術化的校園

● 好大的戲水池盡情體驗水的魔力

● 後院自然生態園是孩子喜歡駐足探遊的
地方

蔭，小橋與流水，將南海點綴得更是浪漫和雅致。加上處處顯見的幼兒作
品，陳述著這是一所重視幼兒藝術美感的幼兒園，環境是會說話的，在潛
移默化中，幼兒的感性被挑起，知性也得以啟迪。

## (四) 促進家園合作

家長是教育的合夥人，只要家園同心，關係和諧，這股力量無疑是園
方最堅實的後盾。幼兒是雙方關注的重心，也是彼此關係的仲介，為了給
孩子更多的照護與啟發，通常家園雙方都會努力經營親密關係。為了了解
幼兒成長的背景，以及讓家長知道孩子在園的學習表現，教師會利用各種
方式和家長互動溝通，如書面文宣、通知單、電話、電子信箱、通訊軟體
等經常性的往返聯繫。

家長非常關心子女的學習與發展，透過定期出版的期刊《南海傳真》
宣揚學校理念，以期和家長達成教養孩子方面的共識，進而支持與配合。
至於每個幼兒園都有的親師聯絡冊，南海非定位為瑣事交代，而是細緻質
性的記錄課程活動的內容及觀察幼兒平日的學習表現和剖析其獲得的素養
為何。家長透過老師的撰述能了解孩子在園學習狀況和能力，對於老師的
專業和辛勞十分的信服與感佩，也因而充分支持、支援與配合園方的各項

措施,家長善意的回應與回饋,讓家園攜手合作的關係更為緊密。

　　每個家庭背景生成不同,面對多元文化的社會,要培養幼兒對在地文化的接納、投入、欣賞和認同,需透過社會文化活動課程。為找出園方和社區連結的脈絡,及妥善利用社區資源(如公園、學校、圖書館、消防隊、劇團、專業人士等),我們結合家庭與社區組織,將社區自然環境與人文融入於教學中,幫助幼兒及家長從探索和參與中了解社區,學校、家庭、社區因而連成交織綿密的流通網絡。值得一提的是,南海設有「幼教資源中心」,為教師、家長及社區,建置了一個小型的圖書、視聽資料庫,方便家長就近查詢、借閱,對於推展親職教育也有加分的效益。

● 家長支援校外教學踏青

● 前進社區環保宣導大家一起出發

● 爸爸團結合作角力賽

● 南海家長成立棉花糖劇團

● 學校活動家長熱情協助布置　　　　　● 親師座談雙向溝通

## 三、規準與指引

　　南海在行動策略的運作規程上，依循政府相關規定制定規準，分層負責。重視組織成員的意見，透過徵詢謀得共識再行動，使得效率提升。若意見不易凝聚時，園長宣導與協商角色便會介入，再次溝通釐清問題所在，建立共識，促進組織內團隊合作的氣氛與工作效益。

　　一個組織中的人事物經營是需要有動力和鞭策的，近年因政府將權力下放，鼓勵學校組織再造、建立學習型組織、研發課程等，將更多自主權交給學校自行發展。政府督導的角色改為協助的角色，內部檢核績效的機制就更為重要，南海透過內、外在的評鑑和考核制度，會嚴謹的為行政策略和教學實務運作把關。

　　我們行政運作的方針，皆以落實全人教育為中心思想，專業對話、理性溝通的方式，代表著我們處事的成熟度。為了解決問題，大家對事不對人開誠布公的討論，不帶情緒的自省與反思，齊心為目標的達成努力付出，協同合作，南海高效率的團隊默契與勇於創新的組織動力，使得園務穩健成長。

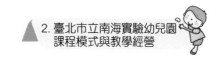

 課程與教學

 一、教學現場關鍵人物

## (一) 教師

　　教師是教育理念的實踐者，是承先啟後優質文化的推展者，這些時代所賦予的使命，自當責無旁貸。雖然幼教老師在目前學制體系中的定位未清，但其展現出來的優質表現和影響力，是絕不容小覷的。

　　哲學家曾說：「教師和孩子互動的呈現，是教師內在實踐的產物」，這句話確實可印證於南海教師的實力，南海教師皆為大學畢業合格教師，六成擁有碩士學歷，具有高素質的教學知能。在方案教學實施中，教師能以敏銳的覺察力，觀察、了解孩子行為表徵的意義，進而找出教學和輔導的方向，給予幼兒適宜的指引和協助。教師能充分了解和掌握幼兒在日常生活中先備累積的經驗，進而引領探究和建構新的經驗。在帶領幼兒從發現問題、尋求解決問題的過程中，孩子會主動發展出他們想要了解和研究的議題。而老師將議題重點的分析、歸納及統整，能協助幼兒在學習的歷程中，脈絡分明、淺顯易懂、概念清晰。

　　教學現場情境的展現，不僅是傳遞著幼兒學習的歷程，也是教師創意教學與自我實現的智慧結晶。透過操作、體驗、戲劇、遊戲等活動化的課程，滿足了不同需求的幼兒，高度參與的行動力，往往能將師生帶往較高的成就中，而班級經營的默契，更顯見一個班級兩位老師的協同合作與實力。南海提供教師很多發表的機會，這不僅是一種分享、傳承，也是老師自己重新再一次的審視及回顧，更是教師專業形象的展現。美國人文心理

學家弗洛姆（E. Fromm）強調人存在的高貴情操是付出、共享與犧牲，南海的老師確實做到了。

## (二) 幼兒

臺灣家庭結構隨著時代變遷，除了有嚴重的少子化問題之外，單親、跨國聯姻、隔代教養等衍生的問題也不少，政府除了要從政策面來努力解決之外，尚需靠教育來協助改善。

人是共生的群體世界，要顧及群我及倫理關係，以締造理想個人及建設完美社會。少子化讓孩子容易養成自我獨大或孤立的個性；單親家庭少了另一親情的互動與關愛，易讓孩子冷漠缺乏安全感；而外配或隔代教養最常見的是文化刺激與模仿學習的不足，南海透過課程及教學，將理性和感性結合，以落實教育的真諦及蘊涵人與人之間良性和諧的互動。除個人情感的抒發、價值觀的澄清、認知學習的內化之外，更重要的是能以同理心去感受他人的需要，進而關懷周遭的人事物。

南海提供開放、自由、有尊嚴的環境，孩子的感覺是安全的、信任的，支持的和有應答的。在與他人良好互動中，幼兒感受到成長與充實，間接培養出獨立、自信、樂觀、勇於嘗試的個性，也發展出關懷、接納，善於溝通和合作的群性。

## 二、園本課程與教學實施

課程是實現教育目標的工具，是學校經營的核心重點，要根據學校背景、教師專長、兒童需求和興趣、社區資源等設計、發展，以符合學生現實生活的需要，包括正式和非正式課程。依據課綱課程規劃，園內先行制定年度計畫、月計畫及週計畫，南海依循理念、願景、教育目標發展出的園本課程為一種教育實踐，是教師統合教育理論、課程詮釋和教學實施與

檢核的歷程。教師在課程與教學實施過程
中，需營造合宜的教學情境，將教育理念轉
化為行動與實踐，並不斷的反思、發現和解
決現場教學問題，改進教學策略，以引導學
生學習和心智發展。

南海教學行事以幼兒本位思考，為顧及
幼兒初次入學獨立面對陌生環境和團體群處
的心境及適應力，開學的第一個月，老師並
不會急著進行正式課程。老師主要任務是注
意觀察和了解每個孩子言行表現的差異，布
置豐富溫馨的學習情境，讓幼兒依自己的意
願、興趣探遊周遭的環境，以轉移幼兒和家
人分離的焦慮；設計有趣又具意義的活動和
遊戲，讓幼兒自然的融入和同儕、老師互
動，以培養感情與默契，使之身心安適。老
師尚需智慧的藉由幼兒和環境及同儕互動所
產生的問題，引領幼兒學習如何進行、參與
團體討論，自訂屬於班級共同需遵守的常
規，此有助於幼兒安全感、認同感的建立，
喜歡上學和主動學習，以及日後正式課程的
進行。

南海的課程，包含了資源探索（含學習
區活動）、感性活動及方案教學等，其教學
型態是多元的、創新的和具教育前瞻性的，
分述如下：

● 如何保持身體協調與平衡

● 校園探遊──找找春天在哪裡

● 幼兒盡情彩繪，美化校園

## (一) 資源探索

● 師生在地文化踏查──龍山寺

● 都市孩子也有機會體驗稻草屋

● 觀察探索生態池裡有什麼？

### 1. 文化環境探索

南海位於人文薈萃的萬華區，鄰近的萬華龍山寺、祖師廟等都是臺灣在地著名的古蹟，廟宇香火鼎盛，年節廟寺慶典活動、神明過境，煙炮響徹街頭。此外附近也有許多知名的勝地，如大稻埕碼頭、剝皮寮鄉土中心、植物園、青年公園、甘蔗公園、河濱公園等。

在探索在地文化時，老師會先透過多媒體介紹或圖片展出，引起探索動機，或安排校外實地參訪活動，如探索龍山寺的廟宇建築樑宇、門飾、窗花、圖騰、敬拜的神明，甚至觀看香客拜拜等；又如到鄰近的植物園看荷花、觀賞各類植物，比較不同；到青年公園追逐跑跳放風箏，體驗空氣和風力的關係；到河濱公園騎腳踏車、觀賞雁鴨，探索水源生態等。這些探索體驗增長了幼兒日後探究課題的先備經驗與知能，是課程發展與延伸的主要立基。

南海會依各個不同的月主題而設計多元、多樣的資源探索活動，例如在課程中彈性融入的環境教育、性平教育、品格教育、安全教育以及生活教育等，透過故事探討、戲劇角色扮演、實際演練等媒介，在潛移默

● 安全教育消防演習　　● 地震演習安全逃生　　● 滾元宵慶元宵

化中擴展生活經驗與建構基本的能力。

### 2. 學習區活動

　　「學習區」也是園內資源探索的一部分，是刻意布置的場景，為的是幼兒興趣的培養和基本能力的建構，也是方案教學的另一種補強。因為方案教學的主題雖是經由全班討論而定，但難免會因幼兒的個別差異而需調整，因此，設計適合幼兒、可實際操作又具引導作用的學習區活動，開放幼兒自我選擇、參與是有其必要的。

　　學習區的規劃及設施依功能性而有所不同，如體能區有固定式的體能設備，如攀岩牆、攀繩網、球池等，非固定的體能設備如大籠球、氣球傘、鑽籠、妞妞車、水谷式遊具等，還有一些訓練孩子感覺統合的器材，如跳墊、滑板、吊馬座、平衡臺等，可促進感官與肌肉運動的聯合，增進身體的協調性、平衡性、敏捷性、柔軟性，亦可培養團隊合作、積極進取等良好品格。積木區培養孩子建構的能力，在堆疊中建立空間、邏輯、數、量、形等的概念。操作區是透過圖示自行依步驟完成工作，除了培養孩子視圖的能力，也養成按部就班程序的概念，如摺紙工或製作一個會動的玩具風車，作品完成時孩子除了非常有成就感之外，從中的操作與發現是科學態度養成與建立的基礎。諸如此類，娃娃家、木工區、益智區等都有其特定操作性的目標，幼兒學習的效果是十分顯著。

　　幼兒每次選區都是興致勃勃、自動自發、樂在其中，他們有時會將班

上進行的方案和學習區活動做相互結合，如將高速公路、商店街等議題帶入，利用大小各式積木堆疊建構出一個未來城市的街景。從孩子架構的作品也可看出學習能力層次的高低，老師從旁觀察、記錄和引導，孩子快樂的探索，盡興的玩索，學習對他們來說真是輕鬆又有趣的事。由此可見，學習區活動不但受幼兒歡迎，自學和教學延伸的效益也十分顯著。

## (二) 感性活動

　　為了落實人格教育與情感教育，感性活動中包含了自我的探索、情緒的認識、人際關係、價值澄清等，進行方式則有團體及小組的肢體互動、角色扮演、討論及分享、戲劇創作及演出……等。例如每月舉辦的慶生會，由小壽星提出他想要的願望或禮物，前提是不用金錢，同儕動動腦想辦法，相互合作協助完成。例如孩子想坐飛機，大家合作用肢體搭成一架大飛機，有人當機頭，機身、機尾、座椅，左右翅膀，甚至連空服員和餐飲都有，讓孩子搭乘超級無敵獨一無二的飛機，夢想起飛。

● 明亮寬廣的學習區

● 體能區有攀岩設備

● 自然觀察與操作區

● 幼兒在沙坑區玩得不亦樂乎

● 舒適溫馨的幼兒圖書區

或是利用遊戲讓孩子體驗換穿到別人
鞋子時的感覺，太大？太小？為什麼大家
都是五歲，腳會不一樣大？穿錯別人的鞋
或自己的鞋被別人穿走了有什麼感覺等，
透過角色異位或轉換的空間，讓孩子探索
人己的不同、自我的感覺及內心更多的想
法和情緒感受。因此，感性活動之後的分
享與討論之目的就是協助幼兒發展良好的
人際互動，以及建立正確的價值觀和自我
觀點。

● 觀察小腳丫，感受成長的喜悅

此外，感性活動亦可與大自然結合，
培養愛物的情操，如透過飼養和種植活
動，培養孩子對生命的尊重，如何照顧小
動物吃、如何處理小動物的排便、如何輕
抱和觸摸等，我們會討論街上流浪的小動
物為什麼會被拋棄？可憐的小動物會面臨
到什麼事？我們又應該怎麼幫助牠呢？對
於動物飼養的基本要求，我們會讓孩子了
解並設身處地的感受，例如以戲劇角色扮
演，讓孩子當一隻被主人丟棄的流浪狗，
沒有人愛、沒有食物、沒有住的地方。孩
子天性善良，本來就是愛的天使，很有同
情心，會說出不應該養牠又不要牠，但為
何大街小巷仍會有流浪的人或小動物？看
來成人最該檢討。社會問題即是成人造
成，孩子無力也無從抵抗，只好無奈接

● 學習照顧兔子，了解生命的課題

● 同儕相處互助合作和樂融融

● 幼兒熱情參與社區文化節回饋社區

● 動手包水餃，和大家一起分享

● 我們都是好朋友——尊重和諧的性
　別教育

● 透過種菜及整理苗圃學習負責任的
　態度

受，我們不能強調社會的負向，也只有婉轉告知孩子，幫助孩子去學習判別。例如改編七隻小羊的故事，讓大野狼也有善良的一面，成為小羊的好朋友，主要是藉由故事情節讓孩子了解每個人都有善良的心，要去看別人的優點，對別人好就會讓人更好，自己也會有更多的朋友。

　　園內後院有幾塊畦土，孩子們用小鏟輕挖著土，然後每個人小心翼翼的放下一顆小種子，他們用很神聖的舉動來看待這件事，眼光中充滿對生命的期待。孩子們會討論小樹苗要如何照顧才會長大，也會傷腦筋小蟲來了怎麼辦？會好奇小花開了，誰會來和它做朋友等。藉由此，孩子對大自然的生物有更多的尊重和體認，也知道自己在這自然環境中扮演的是舉足輕重的角色。

### (三) 方案教學

　　南海的「方案教學」，是建構理論的實踐，屬南海全人教育的軸心課程。方案是以一個議題為中心，經由一連串探索、體驗、計畫、討論、行動的歷程去發現問題、解決問題，而這個議題皆來自於幼兒生活，和他們的經驗是相結合的、串連的，可以應用的。根據專家學者研究報告，這種以幼兒興趣為本位的自發性主題式課程，能開發幼兒更多的思維與創意。

● 方案的探索與體驗

　　方案進行過程中有許多團體互動與合作的機會，但個人的需求及想法也會同時獲得重視，是幼兒體驗人際互動和個人自由的範圍與空間。幼兒在研究議題及探索體驗的過程，運用理性的概念與感性的態度，使得主題方案能更深入的將各個領域的學習需求統整起來，包括了人際關係、自我觀念與人文層面的探索等。

● 小組討論和解決問題

　　方案重視幼兒學習歷程的轉變，對老師的挑戰性極高，因為進行方案教學有許多不確定性、偶發性和生成性，要抓得住孩子們的興趣點和問題的關鍵點，並做立即性的處理和回應，老師的應變性要很強。對於孩子的問話及回話要具備高度的團討對話技巧，南海對於

● 認真專注觀察菜蟲的動態

● 方案強調協同合作

● 觀察記錄我們的發現

教師這項能力的培訓，一直是被強調和重視的。教師會在過程中不斷的進行評估和專業判斷以掌握及引發孩子學習的心流（flow），並盡可能的提供真實可探索的情境和學習的氛圍。教學流程是交互而非單行線的呈現，就在「發現問題→確定問題性質→提出假設→推演假設→接受或排斥假設」這樣高層次思考教學的歷程中不斷的整合經驗去做歸納及探討，期間班級中兩位教師的協同默契，師生之間的信任關係，幼兒同儕間的合作互動等，是影響方案進行的重要因素。過程中幼兒學會思考、評估，判斷創造力不斷的湧現，建構帶得走的能力，讓幼兒充分獲得學習的快樂、自信與滿足（南海方案教學實例分享見本書三至八章，在此不舉例說明）。

統而言之，南海方案教學其歷程大致可分為「問題」、「探索」和「經驗」三個階段。老師會引導或協助幼兒在真實世界的社會文化情境中，主動去探究，發現生活周遭可預見或已存在的問題，以此「問題」為核心，幼兒的「學」和老師的「教」就有了方向，方案主題亦隨之確定和產出。當此之際，老師們先整體規劃設計主體預設網，並列出可能會運用和連結的課綱指標有哪些，其目的是老師們要清楚自己是如何經營班級和教學，這也是幸曼玲教授指導教學研討時最常拋問的一句話：「老師，你是如何經營的？孩子有哪些經驗？教學中，你做了什麼事？這件事對孩子有何意義？」。

老師們不是簡單回應教授的問題即可，他們要經常的自我檢核、反思

與評估，以能在教學的歷程中，看見幼兒的能力和自己輔佐的角色。幼兒在進行操作探索時，老師要敏銳的觀察、記錄和引導，清晰掌握幼兒經驗和學習鷹架的起始點，鋪陳、堆疊和擴展幼兒的經驗，並彈性的配合幼兒學習提供適當的資源及內容來經營情境，引導幼兒去發現、體驗、感受、探索與人及事物進行互動，並進而學習溝通、調適與表達，運用已知建構新知，以解決問題（南海方案課程發展體系請見圖3）。

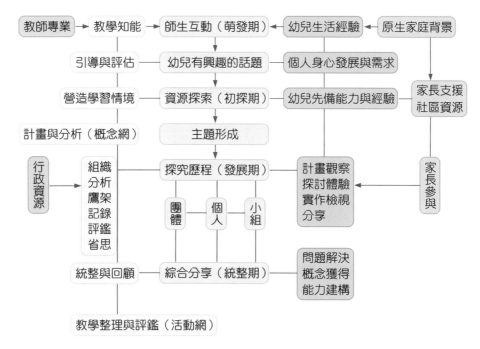

**圖3 南海實驗幼兒園方案課程發展體系**

若將探索階段視為學習的高峰，那麼經驗階段應是學習統整的重要階段，幼兒有系統的整理、反思並重整問題，有系統的將學習獲得的概念建構在自己的認知體系中，成為自己真正的「知」與「能」。當然，在方案中除了理性的認知學習，也著重於情意的培養和表達。透過體驗、感受、探索等管道，覺知人與自己、人與他人、人與社會、人與自然的關係，進

而會表現愛己、愛人、愛物、感恩、尊重、關懷、分享等利他社會行為。課綱的宗旨就是要培養「仁」的思想和作為，就是要透過在地社會文化陶冶幼兒好性情，培養幼兒終身受用帶得走的能力，南海有幸參與課綱的實驗並結合課綱的精神，繼續發展理論與實務的對話，見證了南海方案教學的精進與扎實的厚度。

## 伍 結語

南海如為苗園，那麼幼兒心智的啟迪有如播下的種子，總是讓人充滿著希望和期待，但重點是：如何耕耘，才會開花結果？這些孩子不僅是個人前途的創造者，更是未來社會的主事者，他們的思想、行為甚至會關係著全人類的福祉。因此，啟迪心智，開發潛能，培養優質的新新人類，當前最重要的就是必須深耕幼教，培養幼兒具備更多的能力，以面對未來的挑戰！

在實踐課綱的教學歷程中，我們不斷研討、改進與創新，使其深度化、精緻化及展現生命力！師生在許多挑戰、驚喜和成就中，激起更多樂於嘗試、勇於探索和快樂學習的火花！從孩子的參與投入和成長表現，我們知道孩子已建構了自主管理、關懷合作、推理賞析、想像創作、表達溝通、覺知辨識等帶得走的核心素養，增強了孩子的自信和學習的慾望，我們深信這是孩子未來面臨學習挑戰和開創美麗人生的活水源頭！

我們感動孩子有這樣的表現，也珍惜這樣的成果，但絕不會因此自滿，因為沒有一個教學會是完美無缺的，教師應有虛心檢討之心，誠實面對自己、審視教學，有失誤則改，無則繼續努力，教育就是要精進，好還要更好，因為……精緻、卓越、創新永遠是我們共同的信念和追求的目標。

教學實務篇

# 3 探索圖畫書的世界

曾慧蓮

壹 方案緣起

　　學校推動繪本的閱讀已經行之有年，幼兒總是喜歡聽大人朗讀故事的內容，老師會讓幼兒隨著故事情節的起伏進入故事內容當中，但是卻很少引導幼兒觀賞故事中的圖畫。而在唸故事之前，我們也經常會指著繪本封面跟幼兒說明繪者是誰，但是卻很少讓幼兒仔細欣賞繪者的畫風。從「課綱」進駐南海老師們的心中之後，我們覺察到語文領域中讓幼兒欣賞與辨識創作者的圖像風格與細節，是提供幼兒理解圖畫書的一個重要經驗。

　　因此隨著課綱的導引，老師在角落中提供了一系列李歐里奧尼（Leo Lionni）的繪本，希望引起孩子的共鳴。而老師的意圖是讓幼兒從賞析繪者的畫風後能夠感受插畫在故事中的意義，並試著體驗繪者的創作風格，享受創作的樂趣。

　　從賞析的歷程中，可以感受到幼兒似乎是第一次關注到圖畫書的插畫。幼兒除了欣賞畫中角色的特色之外，也有談論到創作的方式，有人提出圖畫書的插畫是用剪貼的方式創作的；但有人認為是用水彩畫的，因為這些書摸起來沒有凸凸的感覺。也有人發現圖畫的顏色不像色紙的顏色那麼均勻；更有人提出所有的插畫應該都是用水彩創作的。

　　第一次的圖畫賞析經驗帶給他們很多的衝擊，也激起我們想繼續探究的動力與興趣，因此賞析繪本的圖畫與創作故事成為我們探索的兩個目標。有了明確的目標後，方案要如何延伸與提升幼兒在此方面的能力，老師則扮演著穿針引線的角色。

　　本章將會看到老師根據幼兒的舊經驗，提供了什麼活動讓幼兒探索，幼兒的反應又是如何，老師又根據幼兒的反應，做了什麼，以及為什麼要這麼做。在這一個循環的歷程中，老師引導的意圖和 26 位大班生與一位中

班生探索的經驗，將交織出一段精彩美妙的故事。

 學習目標

1. 賞析與辨識不同形式圖畫書創作的風格。
2. 學習創作圖畫書。
3. 體驗創作的樂趣。

 主題概念網

　　根據幼兒的興趣與引發的問題，老師預先規劃方案可能的探究方向，因此規劃了下頁之概念網。

語-1-5　理解圖畫書的內容與功能
語-1-6　熟悉閱讀華文的方式
語-2-2　以口語參與互動
語-2-6　回應敘事文本
美-1-2　運用五官感受生活環境中各種形式的美
美-2-2　運用各種形式的藝術媒介進行創作
美-3-1　樂於接觸多元的藝術創作，回應個人的感受

如何創作圖畫書　　插畫欣賞　　圖畫書怎麼做出來的

探索圖畫書的世界　　認-1-3　蒐集文化產物的訊息

身-2-2　熟悉各種用具的操作
語-1-4　理解生活環境中的圖像與符號
語-1-5　理解圖畫書的內容與功能
語-1-6　熟悉閱讀華文的方式
語-2-2　以口語參與互動
語-2-4　看圖敘說
語-2-5　運用圖像符號
語-2-6　回應敘事文本
語-2-7　編創與演出敘事文本
社-2-1　發展自我概念
社-2-2　同理他人，並與他人互動
美-1-2　運用五官感受生活環境中各種形式的美
美-2-1　發揮想像並進行個人獨特的創作
美-2-2　運用各種形式的藝術媒介進行創作
美-3-1　樂於接觸多元的藝術創作，回應個人的感受
美-3-2　欣賞藝術創作或展演活動，回應個人的看法
情-1-2　覺察與辨識生活環境中他人和擬人化物件的情緒
認-3-1　與他人合作解決生活環境中的問題
語-2-3　敘說生活經驗

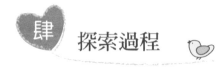
# 肆 探索過程

　　在整個歷程中，幼兒經歷了繪本插畫的賞析與辨識，及體驗插畫的創作；並運用圖畫進行故事的編創。以下將歷程統整為**插畫風格的賞析與辨識**及**圖畫書的創作**與**經驗的整合**三部分：

## 一、插畫風格的賞析與辨識

　　在這部分，幼兒進行了兩個系列作品的賞析，分別是李歐里奧尼與艾瑞卡爾。這兩位繪者的作品都是屬於剪貼或撕貼的風格，顏色也比較豐富鮮豔。接著老師提供了有對比色的黑白圖畫賞析，及使用多元素材創作的圖畫書，如布、生活用品、真實照片、廢物利用、黏土、水墨畫……等畫風的賞析。

### (一) 李歐里奧尼的作品賞析

　　李歐里奧尼的作品是幼兒最先接觸到的圖畫書。老師挑選此作者的原因是，創作者運用剪貼的方式呈現，不但畫風鮮明，容易辨識，內容也相當可愛；所以想要藉由這本書的分享，讓幼兒欣賞不同插畫的風格。接下來幾次都會運用他的繪本跟幼兒分享，找出創作者的特色，比較繪本之間共同之處。

### 1.【這是我的】

　　第一次老師介紹了《這是我的》這本書。在說故事之前，老師先介紹作者與繪者是誰（皆為同一人），然後分享故事內容，最後請幼兒欣賞插

畫內容時，請他們將欣賞的重點放在作者如何創作故事書的圖畫。大部分的幼兒說他們喜歡裡面有笑笑臉的青蛙，感覺很可愛；如果他們是裡面的青蛙他們會相互分享，因為吵架是不能解決問題的。接著有人覺得裡面的插畫是用色紙之類的紙剪貼完成的，但是有人提出不同的看法，認為應該是用水彩畫的，因為色紙的顏色比較均勻，但是這個圖畫不是很均勻。此時又引起另一個想法是所有的插畫都是用水彩畫的，不可能用剪貼的，因為剪貼的圖畫摸起來會有凸凸的感覺，但是圖畫書摸起來卻是光滑的。由此可見，幼兒對於從創作的原稿到做成圖畫書的歷程是沒有概念的。

　　這是幼兒第一次經驗這樣的賞析活動，其實還談不上欣賞辨識創作者的圖像風格與細節。不過從這次經驗中，他們在閱讀圖畫書時，已經開始關注到圖畫書的插畫，而非只有故事的內容。

## 2.【一吋蟲】

　　接下來繼續介紹李歐里奧尼同一系列的書籍，老師沒有介紹作者的名字，只是說故事給幼兒聽，然後讓他們欣賞插畫。後來請幼兒比較《**這是我的**》與《**一吋蟲**》兩本書的畫風，他們覺得這兩本書的顏色與草的呈現樣子很雷同，此時已經有人猜出這是李歐里奧尼的作品了。

● 李歐里奧尼的草都很相像

## 3.【鱷魚柯尼列斯】

　　這是第三次介紹李歐里奧尼的作品，老師這時也沒有說出作者的名字，但是書一拿出來，幼兒立刻猜測是李歐里奧尼的作品，反應比上次還快。在說故事時，也有幼兒說這本書的插畫也是用剪貼的方式，所以應該是李歐里奧尼的書。

　　老師再將之前介紹過的書籍拿出來讓他們做比較，另外又介紹了好幾

本李歐里奧尼的作品，並請幼兒分組觀察比較李歐里奧尼的書有什麼共同之處，或者是創作方式有什麼特色。在賞析歷程中，透過觀察、比較，這次幼兒除了可以辨識作者的畫風之外，也開始注意到圖畫中的細節。有人注意到李歐里奧尼的作品都是用剪貼或撕貼的方式創作圖案。還有人注意到創作的素材會用到包裝紙；更特別的是有人注意到李歐里奧尼喜歡用青蛙、鱷魚和老鼠當主角，但是有時候也有例外，例如《小黑魚》這本書就運用蓋印章的方式創作，跟剪貼完全不同。

● 分組比較李歐里奧尼的書　　　　　● 各組分享比較的結果

幼兒在第三次接觸類似的圖畫書時，老師不用特別的介紹，他們就可以辨識出李歐里奧尼的作品，並歸納出作品特色。為什麼幼兒可以這麼快就辨識出來，其實跟老師所選擇的書籍有很大關係。老師會盡量挑選有類似關係的內容，目的都是讓幼兒可以很快的覺察到相同的風格，讓幼兒有成功的經驗。這是老師在經營課程，鋪陳幼兒經驗時需要特別注意的地方。

雖然在這三次活動當中，運用的學習指標都是辨認與欣賞創作者的圖像細節與風格，但是第一次的圖畫賞析和第三次的圖畫賞析，幼兒經驗到的內容與深度是不同的。第一次，老師有意圖的引導他們賞析繪本的圖畫，讓他們開始能注意到插畫的部分。第二次，老師再加入的策略是比

較，讓幼兒發現雷同之處，從這次活動中老師發現大家已經可以藉由舊經驗辨識出作者的風格。因此最後一次，老師提供更多相同風格的繪本，利用小組分享的方式，透過比較及歸納，讓幼兒有更深入的體驗。所以指標並非只使用一次就可以達到學習的效果，也不要期待只使用一次活動就可以提升幼兒的能力。反而是要透過不同的活動，提供不同的經驗，在新舊經驗不斷堆疊之下，逐漸建立幼兒的能力。

語-中-1-5-3　　知道書籍封面有書名，創作者和譯者的名字

語-大-1-5-2　　理解故事的角色、情節與主題

語-大-2-6-2　　說出、畫出或演出自己是敘事文本中的某個角色會有哪些感覺與行動

語-大-1-5-3　　辨認與欣賞創作者的圖像細節與風格

## (二) 是李歐里奧尼還是艾瑞卡爾

經過一段時間探索李歐里奧尼的作品之後，幼兒已經可以辨識他的畫風，接著老師思索要如何延續擴充他們的經驗，因此找了另一個創作方法雷同，但是又有些區隔的作者——艾瑞卡爾（Eric Carle）。透過兩者的比較，可以看看幼兒是否真的可以辨識出李歐里奧尼的作品，也可以繼續延續賞析與創作的經驗。

老師的做法是影印了李歐里奧尼及艾瑞卡爾書本中的畫面並排在地上，請幼兒將同一個作者的圖片放在一起，並說說為什麼。後來發現，幼兒大部分可以分辨出李歐里奧尼的作品，但是有一兩張會跟艾瑞卡爾的作品混在一起。因為他們都會用剪貼或撕貼的方式創作。

像小耕就是如此，他將圖片分類之後，指著其中一堆說這些李歐里奧尼的，因為它們都是用剪貼的方式；可是其中有一張不是，被其他幼兒指認出來。接下來老師又放了不同的圖片，另外一位幼兒是從作者創作風格的角度來區分，他說因為李歐里奧尼的葉子都是長這個樣子的。但是小和

● 幼兒依自己的想法將圖畫做歸類

的歸類方法又是另外一種,他說李歐里奧尼會用老鼠、青蛙等動物來當故事的主角,所以他會將這些作品放在一起。小含則說因為他覺得這些都和李歐里奧尼的畫法很像。

　　大多數幼兒可以從不同的角度去判別李歐里奧尼的作品,但是還是有人會搞混了,這兩個作者到底有哪些差別呢?老師將兩位作者有相同情境的圖片放在一起讓幼兒比較,例如他們都喜歡畫樹和葉子。有趣的是,放在一起之後,更容易突顯兩位作者在創作相同物件時的不同。小宏說他們的顏色有差別,他的意思是說深淺不一樣,小赫說另一個作者,樹的顏色比較豐富,小銨補充是顏色比較鮮豔。

　　從以上這個活動老師更可以確認,幼兒已經可以從不同角度歸納出同一作者的畫風與特色。這代表幼兒除了可以辨認作者的風格之外,也已經可以注意到圖像的細節。

　　語-大-1-5-3　辨認與欣賞創作者的圖像細節與風格

　　語-大-2-2-3　在團體互動情境中參與討論

● 將相同情境的畫作放一起比較
（左為李歐里奧尼，右為艾瑞卡爾）

● 幼兒比較後有所發現

## (三) 艾瑞卡爾的畫風賞析

### 1. 圖畫書欣賞

　　老師接著介紹一系列艾瑞卡爾的書籍，每次都會介紹書名，已經有幼兒發現他的書名也很特別，都是「好……的……」。如：**《好餓的毛毛蟲》**、**《好忙的蜘蛛》**、**《好安靜的蟋蟀》**、**《好慢好慢的樹獺》**。另外我們又介紹了**《拼拼湊湊的變色龍》**、**《畫一個星星給我》**、**《小種籽》**、**《小羊和蝴蝶》**、**《爸爸，我要月亮》**、**《袋鼠也有媽媽嗎？》**……等經典作品。

　　陸續欣賞了一系列艾瑞卡爾的書籍後，請幼兒說說他們的感受。有人說：艾瑞卡爾的畫顏色很鮮豔，感覺很漂亮，看了覺得很開心，感覺世界變漂亮了。也有人說他看到艾瑞卡爾的畫有很多太陽，感覺很溫暖。也有人說，他看完了《好安靜的蟋蟀》這本書，覺得好像蟋蟀就在他身邊。看見書裡面用了很多藍色，讓人感覺很清涼。感覺也是用剪貼的方式創作，和李歐里奧尼一樣。星星的顏色是彩色的很豐富，很特別。更多人說看了艾瑞卡爾的畫，也想學他的創作方式做一本圖畫書呢！老師覺得他們都形容的很貼切，可見他們體會得很深刻喔！

從這一系列的介紹中，幼兒覺得艾瑞卡爾的畫顏色很特別，好像混色，不是只有一個顏色，有些圖畫上面還要噴上小點點，他們開始好奇這是怎麼做的。因此老師提供了下列經驗：

美-大-3-2-1　欣賞視覺藝術創作，依個人偏好說明作品的內容與特色

● 幼兒正在欣賞艾瑞卡爾的作品　　　● 好奇上面的小點點是怎麼做的

### 2. 專家介紹艾瑞卡爾

對於艾瑞卡爾的創作技巧，老師是真的被考倒了，因此決定請專家來跟幼兒分享這方面的知識，補充老師在專業上的不足。在請專家之前，老師先和幼兒討論想要了解什麼問題，要請專家介紹什麼，也就是說要有清楚的學習目標與方向。幼兒想要探究的焦點是艾瑞卡爾的畫是怎麼創作的，怎麼把圖畫變成一本書，他的創作都是用剪貼的方式嗎？是不是有用刮的方式？

專家介紹了艾瑞卡爾作畫時用的紙張，但是這種紙不容易找，因此他分享了另一種替代材料——博士膜，並用壓克力顏料來創作，博士膜可以撕下來直接貼在紙上，效果非常好。專家用博士膜創作出紙讓幼兒觀察，並說明作畫時可以用刮的，另外還可以重複塗上不同的顏料，創造出不同色彩的色紙。

另外專家也介紹原稿如何變成書，這也正是幼兒之前所不了解的。專

家拿了整本書的原稿創作讓幼兒用手去觸摸。幼兒發現手會沾上顏料，汙染了原稿，而且摸起來凸凸的，但是摸完成的書本就是光滑的。所以幼兒發現原稿不可以直接用來做成一本書；如果原稿變成書不但很容易髒而且容易壞掉。專家說做書前要把原稿用電腦掃描，再排版列印；如果跟之前的經驗連結，就是要透過印刷才能將原稿變成一本書。

認-大-1-3-1　觀察生活物件的特徵

● 專家介紹紙是怎麼做的

● 摸摸艾瑞卡爾創作的紙

● 圖畫是怎麼變成書的

## 3. 艾瑞卡爾影片欣賞

既然幼兒對於艾瑞卡爾的創作很有興趣，因此老師也提供了相關影片，增加他們對艾瑞卡爾的了解。從影片中，幼兒發現了以下兩個重點：

(1) 紙的創作方式

幼兒看到艾瑞卡爾做紙的方式有好多種。一種是在紙上用水彩筆甩，所以紙上會有很多的小點點；如果用筆的尾端或者牙刷或手在紙上創造出不同的線條，就會有刮的痕跡，而且想要刮出什麼線條都可以，有波浪、捲捲的線、或是交錯的直線；另外，也可以用手沾顏料直接塗抹在圖畫紙上，將顏料一層一層的堆疊上去，創造出不同層次的美；也可以用類似菜瓜布的東西在紙上蓋印。用這些方法，每一張創造出來的紙都不一樣，而且每一張都有豐富的顏色，各具特色，也很漂亮。老師請幼兒比較自己的色紙與艾瑞卡爾創作出來的色紙，幼兒說我們的紙，一張只有一種顏色，顏色很均勻，但是艾瑞卡爾的紙，色彩很豐富，也有很多線條圖案在裡

面，感覺漂亮多了。

> 美-大-1-2-1　探索生活環境中事物的色彩、形體、質地的美，覺察其
> 　　　　　　　中的差異

**(2) 創作的特色**

　　欣賞完影片，老師試著讓幼兒在艾瑞卡爾的書中找找看，是否有看到這些創作方法，並說說看感覺像什麼。幼兒看到了《小種籽》這本書就是運用小點點的方式來創作，這些小點點感覺像是風，這樣讓小種籽有飛起來的感覺！老師問幼兒如果只是用一張塗滿顏料的紙的感覺是什麼？他們說這樣會不太像風，種子就飛不起來了。孩子也發現《小羊和蝴蝶》的創作中，小羊的身上有出很多小圈圈，所以很像綿羊的毛一樣捲捲的。老師問幼兒捲捲的線條還像什麼，幼兒說像是捲捲的泡麵，還有捲捲頭髮。而在另一本書看到藍藍的顏料上有著彎彎曲曲的線條，感覺就像是海浪滾動的樣子。

> 語-大-2-2-4　使用簡單的比喻

　　我們也從看到艾瑞卡爾運用剪貼的方法，實際創作**《好餓的毛毛蟲》**的經過。但是艾瑞卡爾說，剪貼的方法不是他發明的，有很多人也用這個方式創作，如：畢卡索、馬諦斯還有李歐里奧尼；大家聽到李歐里奧尼的名字都很有親切感喔！！另外艾瑞卡爾也喜歡用「太陽」的圖騰，因為他喜歡故事發生在白天到晚上之間。老師請大家在艾瑞卡爾的作品中找出有太陽的書籍，結果幾乎每一本書都有太陽。我們將書本一一排好，欣賞了所有的太陽。幼兒說艾瑞卡爾的太陽大部分是橘色或黃色，而且都是笑瞇瞇地，感覺很可愛也有溫暖的感覺。

　　在這部分，老師覺得提供幼兒大量閱讀的經驗是必須的。因為坊間出版了許多艾瑞卡爾的作品，因此幼兒很容易歸納出他的畫作特色與風格；再透過專家的介紹及影片和書籍的欣賞，多種經驗結合起來，大家對艾瑞卡爾的創作就更加深刻了。

● 這些書中都有捲捲的線條

● 艾瑞卡爾的書中有好多太陽

　　這次仍然有運用到辨認與欣賞創作者的圖像細節與風格的指標，既然在前面欣賞李歐里奧尼的作品時，已經朝這個方向進行了，為什麼還要再一次進行雷同的活動呢？因為老師覺得還可以讓幼兒精熟這方面的經驗，尤其是針對圖畫書細節的體會上面。

## (四)黑白色調的繪本欣賞

### 1. 賞析與感受

　　之前老師提供的都是色彩鮮豔的繪本，因此這次給幼兒的是一系列簡單的黑白色調的繪本，如：《狼來了》和《小丑、兔子、魔術師》，讓大家體驗黑白顏色所創造出來的不同感受。幼兒一開始看到黑白色調的繪本，覺得很驚訝與不可思議，因為他們的認知當中，圖畫書都是色彩繽紛的，有了兩次的經驗，幼兒將黑白色調跟之前艾瑞卡爾的作品相比較，有了下列的感受：

　　艾瑞卡爾的顏色很豐富、很活潑、很漂亮，黑白的圖畫雖然沒有顏色，也是很漂亮。他們說《狼來了》的故事中，用黑色表現狼的樣子，會讓人感覺狼很兇猛，但是用白色呈現狼的時候，又發現牠變善良了。在黑黑的森林裡面，黑色會讓人感覺很緊張。而樹的呈現，有時用白色，有時

候用黑色的，跟底色都剛好是相反的顏色，讓人家可以看得更清楚。老師又引導孩子去注意其他特別的地方，所以他們發現了《狼來了》這本書有一個特別的地方，就是圖案有跨頁，他們說就是兩面都是同一個畫面，讓畫面更清楚更明顯。

美-大-3-2-1　欣賞視覺藝術創作，依個人偏好說明作品的內容與特色

● 欣賞黑白色調繪本，說說自己的感受

## 2. 經驗的延伸與連結～參觀美術館

老師為了要增進幼兒欣賞創作的經驗，所以進一步安排參觀美術館。參觀時，幼兒發現館中有很多運用不要的免洗碗盤、回收物、布等物品所創作的作品非常漂亮；另外也體驗到運用水果的形狀排出不同面貌的臉譜非常有趣。此外幼兒還參加了一個水墨撕貼畫的體驗活動，這個活動跟我們之前的經驗相當符合。兩者相同的是，創作歷程中都要都是先創作一張紙，然後再用撕貼的方式創作；不同的是，一個是有色彩的，一個是沒有色彩的，也剛好與我們正在分享沒有色彩的圖畫書相符合。這是老師的想法，並沒有特別告訴幼兒，可是聽到他們的分享，老師很感動呢！！

美-大-3-1-1　樂於接觸視覺藝術、音樂或戲劇等創作表現，回應個人的感受

老師問大家，在創作水墨撕貼畫當中讓你想到了什麼，**幼兒說跟李歐**

里奧尼還有艾瑞卡爾一樣，都是用撕貼的方式。還有想到這次水墨畫，也是要先創作一張紙。但是這兩個又有什麼不同呢？幼兒說一個是彩色的紙，還有一個是沒有顏色的紙。真的沒有顏色嗎？幼兒說其實有三種不同的黑色，因為水加的不一樣，所以顏色深淺不同。沒想到幼兒體驗後的想法跟老師當初的意圖是相謀合的，可見他們真的將在教室的體驗和這次的活動相連結。從他們的分享可以發現，學校的經驗確實深植他們心中，因此戶外教學並非走馬看花，到底要讓幼兒經驗什麼，重點是什麼，老師心中要相當清楚。

美-大-2-1-1　玩索各種藝術媒介，發揮想像並享受自我表現的樂趣

美-大-2-2-2　運用線條、形狀或色彩，進行創作

● 不要的碗創作成一朵朵美麗的花

● 用水果的形狀拼成一個臉

● 水墨畫體驗

● 水墨畫作品

## (五) 其他不同形式的插畫欣賞

　　前面比較有系統的讓幼兒賞析了三種不同風格的畫風，接下來為了讓幼兒能經驗更多不同的插畫風格，因此老師選擇了創作素材比較特別的繪本讓幼兒欣賞，並請他們出來分享。其中包括了真實的圖片，是用拍照的方式，所以幼兒覺得有真實感，這也是他們覺得很特別的一種方式。同時幼兒也認為，並不是什麼主題都適合用這個方式創作，如果是介紹一個地方，或者是介紹吃的東西，要讓人覺得很像，用這樣的方式是最合適的了。布的拼貼風格，他們說覺得很柔軟很舒服，會想要用手去摸它。水墨的畫風，讓他們想起過年時也曾經有過的經驗，很有古時候的感覺；還有生活中的物品與其他多種素材的混合創作，也讓他們發現生活中到處都充滿創作的素材。另外還有不同的語言所呈現的圖畫書，如：拼布的插畫風格是日文書，艾瑞卡爾的是英文繪本。老師將畫風與文字結合提供給幼兒欣賞，是希望他們可以覺察各種文化有不同的書面文字。透過這樣的賞析活動，老師發現或許是現在的幼兒生活經驗都相當豐富，他們很快就可以覺察到並說出這些書面文字的不同，並很快從中辨識出自己生活中最熟悉的華文。老師問他們曾經在哪些地方也看過這些文字，幼兒說他們家的餅乾包裝上面有日本的字，是在賣日本東西的店買的。玩具盒上面有英文的字，但是也有我們的字，他說的是華文，老師問為什麼兩種字都有呢？幼兒推測說如果美國人要買東西才看得懂。

　　美-大-3-2-1　欣賞視覺藝術創作，依個人偏好說明作品的內容與特色

　　語-大-1-6-1　知道各種文化有不同的書面文字

　　語-大-1-6-4　從不同語文的書面文字中辨認出華文

● 拼布畫風

● 真實照片畫風

　　以上是讓幼兒能賞析與辨識不同形式圖畫書創作的風格，及不同素材所創造出來的特色。他們經驗了兩個系列創作風格雷同的作品，還有顏色對比的黑白色調及各種不同素材所創作的圖畫書風格。每一個都各具特色，幼兒從賞析的歷程中，可以辨識出同一作者的系列作品，並歸納統整出作品的特色。黑白色調圖畫書的體驗，啟發他們對此色調在圖畫中表現出來的不同感受。當然不同素材創作出來的圖畫書也拓展他們對創作素材的想法。

| 老師的引導／幼兒的表現 | 學習指標 |
| --- | --- |
| (一) 李歐里奧尼的作品賞析<br>老師在角落中提供了一系列李歐里奧尼的繪本，引發幼兒的興趣與討論，總共分享了三次。<br>第一次，介紹了作者、繪者的名字，分享內容，然後欣賞圖畫。幼兒開始專注到插畫，對於插畫產生了很多疑問與興趣。<br>第二次，繼續提供同一作者的書籍，讓他們比較《這是我的》與《一吋蟲》兩本書的畫風。他們覺得這兩本書的顏色與草的呈現樣子很雷同，此時已經有人猜出這是李歐里奧尼的作品了，不需介紹作者，就已經可以猜測出作者是誰。 | 語-中-1-5-3　知道書籍封面有書名，創作者和譯者的名字<br>語-大-1-5-2　理解故事的角色、情節與主題<br>語-大-2-6-2　說出、畫出或演出自己是敘事文本中的某個角色會有哪些感覺與行動<br>語-大-1-5-3　辨認與欣賞創作者的圖像細節與風格 |

| 老師的引導／幼兒的表現 | 學習指標 |
|---|---|
| 第三次，介紹了更多作品，讓他們分組觀察、比較這些作品的共同之處及創作方式與特色。<br>在賞析歷程中，幼兒開始注意到細節。除了創作的風格，也統整出李歐里奧尼喜歡用青蛙、鱷魚和老鼠當主角！ | |
| (二) 是李歐里奧尼還是艾瑞卡爾<br>幼兒已經可以辨識李歐里奧尼的畫風，老師思索要如何延續擴充他們的經驗。因此找了另一個創作方法雷同，但是又有些區隔的作者──艾瑞卡爾。透過兩者的比較，也可以繼續延續賞析與創作的經驗。<br>欣賞辨識當中，幼兒會從色彩、內容、或者是創作的特色中，說出自己對李歐里奧尼畫風的細節與風格之體會。<br>但是因為太相似所以還是有人搞混，透過進一步的比較，幼兒說兩個作家都喜歡畫樹和葉子，只是他們的顏色有差別，艾瑞卡爾的顏色比較豐富與鮮豔。 | 語-大-1-5-3　辨認與欣賞創作者的圖像細節與風格<br>語-大-2-2-3　在團體互動情境中參與討論 |
| (三)艾瑞卡爾的畫風賞析<br>老師提供了以下經驗，讓幼兒賞析辨識艾瑞卡爾畫風<br>1.圖畫書欣賞<br>老師提供大量的相關圖畫書，請幼兒 說說賞析之後的感覺，幼兒說出感受後，對於創作方式感到好奇。<br>2.專家介紹艾瑞卡爾<br>幼兒提出想要了解關於艾瑞卡爾畫風問題，老師聘請專家跟幼兒做互動，解決幼兒的問題。<br>3.艾瑞卡爾影片欣賞<br>幼兒對於艾瑞卡爾的創作很有興趣，因此老師也提供了相關影片，增加他們對艾瑞卡爾的了解。幼兒從影片中看到了紙的創作方式，跟我們的紙有很大差別，艾瑞卡爾的紙顏色豐富，有層次感，還有線條與圖案很漂亮，也很特別。另外也從書上找尋到作者的特色，並說出感覺像什麼。如小種子的書，小點點的感覺好像風在吹，讓小種子有輕飄飄的感覺。捲捲的線條在綿羊身上，感覺像是捲捲的毛髮。 | 美-大-3-2-1　欣賞視覺藝術創作，依個人偏好說明作品的內容與特色<br>認-大-1-3-1　觀察生活物件的特徵<br>美-大-1-2-1　探索生活環境中事物的色彩、形體、質地的美，覺察其中的差異<br>語-大-2-2-4　使用簡單的比喻 |

| 老師的引導／幼兒的表現 | 學習指標 |
|---|---|
| (四)黑白色調的繪本欣賞<br>1.賞析與感受<br>之前幼兒欣賞的都是色彩鮮豔的繪本，因此這次提供一系列簡單的黑白色調的繪本，讓大家體驗黑白顏色所創造出來的不同感受。幼兒說黑色讓人感覺緊張恐怖，黑色的狼感覺很兇，白色的狼感覺比較善良。幼兒也感受了當底色與圖畫顏色互補時，整個畫面會更清楚。<br>2.經驗的延伸與連結～參觀美術館<br>老師提供了美術館參觀及水墨撕貼畫活動，主要是為了拓展幼兒的創作經驗。他們看到了很多不同素材創作的藝術品，感覺很漂亮有趣。體驗水墨畫活動中，幼兒製作了三種不同層次的黑色，也運用了撕貼方式將紙撕成不同形狀，並用蘆葦筆增加細節的部分。且覺察到與艾瑞卡爾、李歐里奧尼的相同之處。 | 美-大-3-2-1　欣賞視覺藝術創作，依個人偏好說明作品的內容與特色<br>美-大-3-1-1　樂於接觸視覺藝術、音樂或戲劇等創作表現，回應個人的感受<br>美-大-2-1-1　玩索各種藝術媒介，發揮想像並享受自我表現的樂趣<br>美-大-2-2-2　運用線條、形狀或色彩，進行創作 |
| (五)其他不同形式的插畫欣賞<br>前面比較有系統的讓幼兒賞析了三種不同風格的畫風，接下來為了讓幼兒能經驗更多不同的插畫風格，因此老師選擇了創作素材比較特別的繪本讓幼兒欣賞。其中包括真實圖片，這是讓他們覺得最特別的，還有拼布風格，讓他們覺得柔軟舒服……等。另外老師也將畫風與文字結合提供給幼兒欣賞，幼兒可以辨識出這些字的不同，並分享自己在生活中所看到不同的書面文字。 | 美-大-3-2-1　欣賞視覺藝術，依個人偏好說明作品的內容與特色<br>語-大-1-6-1　知道各種文化有不同的書面文字<br>語-大-1-6-4　從不同語文的書面文字中辨認出華文 |

## 二、圖畫書的創作

　　創作圖畫書是幼兒在這個方案想要探究的方向之一，但是**圖畫書的創作包含了圖畫和文字**。所以在這歷程中，幼兒經驗了繪者的創作方法，並以故事創作方式賦予圖畫最具有意義的內容。從圖文交錯創作的經驗之中

累積故事創作的經驗，也體會圖畫在故事中的意義。

## (一) 圖畫創作

### 1. 體驗李歐里奧尼的創作風格

(1) 撕與剪的不同感受

在賞析繪本圖畫中，幼兒發現李歐里奧尼喜歡用撕與剪的方式來創作，但是幼兒對於撕與剪的方法分不清楚，因此讓幼兒試著用剪及撕的方法創作一個小圖案，然後觀察比較其中的不同。他們發現用撕的方式，紙的邊邊會毛毛刺刺的比較不平整，而用剪的邊則是平平的。

有了這樣的經驗之後，我們再次回去賞析圖畫，幼兒就可以說出這兩種方式在圖畫書中呈現出來的不同感覺。例如他們說書上的老鼠是用撕的，因為感覺毛毛的，而毛毛的感覺也適合創作毛毛蟲還有刺蝟喔！！樹幹彎彎曲曲不整齊，也是用撕的方式所創造出來的感覺。

美-中大-1-2-1　探索生活環境中事物的色彩、形體、質地的美，覺察
其中的差異

(2) 創作一張紙

接著我們開始實際體驗操作，幼兒想要先做一張色紙，因為他們覺得李歐里奧尼的作品中，葉子的顏色有很多層次，所以並不是用一般的色紙

做出來的。

在過程中，他們享受了混色的樂趣，發現同樣一個顏色可以有很多不同的層次感，那是因為某一個顏色加了多寡而有所影響，例如小安就可以區辨出兩張橘色的紙，一張紅色加的多，另一張黃色加的多，所以會不一樣。不過不管怎麼混色，他們都覺得很漂亮。其實這樣的現象在生活中隨處可見，因此老師請幼兒觀察大家的衣服，他們才發現雖然都是藍色，但是卻有很多不同的藍，不是只有深淺而已。

接著從課綱美感領域的學習指標中，引發老師想到大自然的顏色更是豐富與多變化，因此有了新的延伸方向。於是老師帶領幼兒去校園欣賞大自然呈現出來的豐富色彩與變化。光是一個綠色，孩子就發現了葉子的顏色有深有淺，深的葉子比較粗比較老，淺的顏色是剛長出來嫩葉，而枯掉的葉子顏色是黃色及咖啡色。樹幹的顏色也非只是我們平常使用的咖啡色，也有灰灰或者是黑黑的感覺，跟李歐里奧尼的圖畫顏色一樣有多層次的變化。

最後請他們說說體驗大自然顏色的感受，他們說紅色的葉子很漂亮；綠色的檸檬看起來口水會流下來，很想咬一口；葉子會變顏色好像魔術師；秋天的樹葉會有變化，看了覺得很幸福。

從創作一張紙到後來延伸出其他體驗活動，讓幼兒有機會去經驗覺察

● 我們的身上都有不同的藍色

● 葉子也有很多不同的顏色

周遭環境美的事物，使幼兒的美感經驗更加豐富了。

美-大-1-2-1　探索生活環境中事物的色彩、形體、質地的美，覺察其
　　　　　　　中的差異

(3) 撕貼與剪貼的創作

　　接著，老師讓幼兒合作討論創作的內容，之後運用自己做的紙當素
材，體驗李歐里奧尼剪貼或撕貼的創作風格。他們創作的主題很豐富，有
海底世界、花園、動物坐火車……等，每一組都很投入在工作中。

　　在創作當中還出現了一個有趣的現象，幼兒在實際執行時，會把圖案
畫在色紙的背面，然後塗上顏色再剪下來。完全忘記這張是色紙，已經有
顏色不用再上色了。原本以為撕貼或剪貼是個簡單的技巧，但是問題卻出
現在他們把色紙當成是白紙來使用，因此造成在白色部分畫上圖像的輪廓
之後，他們還是繼續著色，而非思考紙的另一面已經有顏色了。這是之前
所沒有想到的，雖然一開始有引導，但是他們還是有迷思。或許是他們這
樣的經驗比較少，這將可以成為老師下次引導的經驗。

身-大-2-2-2　熟練手眼協調的精細動作

美-大-2-2-2　運用線條、形狀或色彩，進行創作

(4) 賞析與分享

　　經歷了「表現與創作」之後，開始要讓幼兒經驗「回應與賞析」，通
常我們會讓幼兒說說自己創作的內容，但是比較少讓幼兒表達感受。而美
感指標當中提醒老師可以引導他們依照自己的喜好，說說最喜歡圖畫中的
哪一個部分，特別的地方是什麼。

　　有人分享他最喜歡大象坐火車的圖畫，因為大象的耳朵向後飛起來，
感覺風從牠的前面吹過來，火車快速向下衝，很刺激。而另一張黑夜的青
蛙，幼兒分享這張創作特別的地方，是用不同的暗暗的顏色拼貼出黑夜的
感覺。

　　另外分享圖畫內容時，每一組都可以把一張圖畫編成一個故事，此時

讓老師想到，可以讓他們運用這些圖畫來創作故事，這樣就可以滿足幼兒想要創作圖畫書的想法了！

美-大-3-2-1　欣賞視覺藝術創作，依個人偏好說明作品的內容與特色

● 大象坐火車　　　　　　　　　　● 黑夜的青蛙

## 2. 體驗艾瑞卡爾的創作風格

之前我們賞析完了艾瑞卡爾的圖畫書之後，幼兒已經迫不及待想要創作一本像艾瑞卡爾的圖畫書，接著我們透過專家介紹及影片欣賞所獲得的經驗，試著創作艾瑞卡爾風格的圖畫。

(1) 創作一張紙

由於艾瑞卡爾也是先創作一張紙，因此我們依照專家所說，讓幼兒在博士膜的素材上面任意的塗上顏料，時而將顏色不斷重疊，運用手去抹，或者運用牙刷、梳子、菜瓜布、筆等物品的特性在紙上刮出不同的線條，將紙妝點得很漂亮，每一張紙都像是一個藝術品，真的很有艾瑞卡爾的風格。

(2) 圖畫創作內容

但是在這個階段，僅是創作出不同的紙張，最後還要將這些紙張變成一張一張的圖畫。但是要創作什麼內容呢？艾瑞卡爾的影片給了我們很好的想法，有人問艾瑞卡爾爺爺創作的構想是先有故事還是先有圖，他說兩

者皆可。

　　第一次我們體驗完李歐里奧尼的圖畫創作風格後，已經經驗了先有圖才有故事的創作方式。所以這次他們想要試試先編好故事內容，再做插畫的製作。

　　詳細的創作故事內容與過程，及運用艾瑞卡爾創作風格所呈現的故事書圖畫，將在 p. 82「**第四次編創故事～故事計畫圖**」內容中一起呈現。

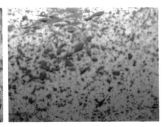

● 用噴的、刮的、抹的方式，創作艾瑞卡爾風格的紙

　　美-大-2-2-2　　運用線條、形狀或色彩，進行創作

## (二) 編創故事

　　先後體驗了李歐里奧尼與艾瑞卡爾的創作風格之後，幼兒將利用他們所創作的圖畫進行故事的編創。

### Ⅰ. 第一次編創故事～情節連貫的經驗

　　這是他們在方案中第一次創作故事，幼兒雖然在中班有創作故事的舊經驗，但是他們對於組織故事的結構與元素是不清楚的。所以老師引導大家運用故事接龍的方式創作故事，提供的經驗重點是讓幼兒能編創情節連貫的故事，注意到圖畫與圖畫之間的連結與延續。

　　一開始老師故意示範了一次兩張不連貫的故事內容，讓他們聽聽看這樣的故事有什麼奇怪的地方。小蓁說這樣沒有情節，小含接著說前面一張和後面一張的故事要連在一起才可以。因此，我們就循著這樣的概念創作

故事。

　　幼兒創作的故事下如下：

(1)　　　　　　(2)　　　　　　(3)　　　　　　(4)　　　　　　(5)

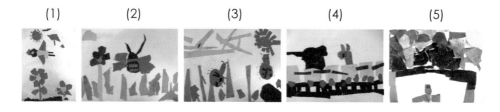

　　(1) 蝴蝶在天空飛來飛去，牠看到了一處花園，就想要去吸花蜜。

　　(2) 後來遇到了小鳥，牠問鳥要去哪裡，小鳥說要去休息。

　　老師問大家除了休息，小鳥還可以做什麼？有人說想要吃昆蟲。大家覺得吃昆蟲這個想法很不錯，比較有趣好玩，因此我們的故事有了比較不一樣的發展。

　　(3) 蝴蝶聽到就很害怕的逃走了，牠趕快跑到花園去告訴瓢蟲。牠們一直飛，飛的好累。

　　(4) 後來看見一輛火車，上面有大象和長頸鹿，蝴蝶問大象和長頸鹿可不可以坐牠們的火車，牠們說可以。小鳥在後面一直追，也追的很累就在樹上休息一下，火車就越開越遠了。

第一種結局

　　(5) 火車開到了晚上，遇到了一隻青蛙，大象和長頸鹿問青蛙要不要坐牠們的火車，最後大象和長頸鹿就先送青蛙再送瓢蟲和蝴蝶回家了。

　　這樣的結局有點可惜，老師清楚知道編創故事時，結局是個重點，可以引導幼兒創造不同的結局。因此引導幼兒對於結局可以有不一樣的想法，如果他們遇到的是一隻壞青蛙呢？於是他們的結局就有點變化了。

第二種結局

　　(5) 火車開到了晚上，遇到了一隻青蛙，大象和長頸鹿問青蛙要不要坐牠們的火車，青蛙說好啊！青蛙吐了舌頭想要把牠們吃掉，蝴蝶發現青蛙

的眼神怪怪的，想要把牠們吃掉的樣子，所以就又趕快逃走了。

幼兒比較了兩種結局，覺得第二次比較好玩，不是只有回家而已。

在這次的活動中運用到了編創情節連貫的故事的指標，它並非符合班上大班年齡層的指標，但是從幼兒的舊經驗中，老師認為需要再確認與增進大家在這部分的經驗，因此選擇了前一個年齡層的指標。所以並非班上是大班年齡層的幼兒，就不能選擇中班年齡層的學習指標，如果班上幼兒在大班年齡的經驗還不足夠的時候，是可以回到前一個年齡層的指標，等經驗足夠之後，再往下一個年齡層的指標引導。

語-中-2-7-1　編創情節連貫的故事

語-大-2-6-1　說出、畫出或演出敘事文本的不同結局

語-大-1-5-2　理解故事的角色、情節與主題

## 2. 第二次編創故事～營造刺激有趣的情節

第一次創作故事的經驗，幼兒已經有圖畫與圖畫中間要有相關和連結的概念，只是編出的故事劇情不夠豐富。循著幼兒的舊經驗，老師第二次讓大家運用分組合作方式，再選擇其中四張圖畫創作故事，除了讓他們再精熟故事的連貫性之外，也因此發展出一個好聽的故事。所謂故事要好聽，情節當中就要刺激有趣，讓之前沒有起伏的故事內容更加豐富。

其中一組的故事如下：

| (1) | (2) | (3) | (4) |

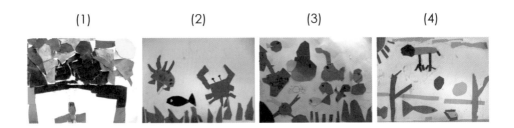

(1)有一隻青蛙，晚上想要出去兜風，爸爸說不可以，明天再去，青蛙

說好。

(2) 隔天爸爸帶他去海邊,牠看到了很多魚和螃蟹還有海龜。

(3) 也看到了美人魚,這些可愛的小魚都是在大海裡自由的小魚。

(4) 有一隻鳥從天上飛過,看到小魚覺得很好吃想要吃,但是肚子有沒有那麼餓,所以又不想吃,最後牠們就快樂的自己過日子了。

這篇故事分享完了之後,大家覺得這個故事不好聽,因為沒有刺激有趣的地方。這時候,有人建議可以讓青蛙變成是一隻不聽話的青蛙。幼兒會有這個想法,老師推測或許是第一次創作故事時,在結局部分老師引導大家遇到了一隻壞青蛙,因此讓結局產生不一樣的變化。所以幼兒將之前的經驗運用在此,也讓這個故事有了不同的情節變化。

(1) 有一隻青蛙在晚上想要出去兜風,但是爸爸說不可以,牠就偷偷地跑出去探險。

(2) 到了大海,看見好多魚還有海龜和螃蟹。

(3) 這個時候,有一隻燈籠魚想要攻擊青蛙,小魚看見了,就咬住了燈籠魚,救了青蛙。

(4) 小魚還送青蛙到沙灘上面。後來飛來了一隻小鳥,小鳥問青蛙要不要載他回家,青蛙說好,小鳥請牠坐在背上,就送牠回家了。

老師問大家,這兩個故事有什麼差別呢?哪一個比較好聽呢?小愷覺得第二個故事比較好聽,因為比較刺激,他們覺得刺激的部分有兩個,一個是小青蛙不聽話,自己跑出去探險。第二個部分是燈籠魚要攻擊青蛙的部分,而第一個故事就沒有什麼刺激的部分了。

第二次的創作故事經驗,幼兒除了可以運用故事接龍的方式來創作之外,進而可以體會故事中的轉折之處,並指出什麼樣的情節是刺激、有趣、好聽的。幼兒有這樣的轉變,原因是老師清楚故事創作引導的重點與方向。老師的概念除了來自以前的舊經驗之外,課綱語文領域中的學習指標也提供了課程引導的方向。所以老師在引導幼兒編創故事之前,應先瀏

覽指標當中有哪些是引導故事創作的重要學習指標，或者是已經能將指標熟讀並放在心中，隨時可以提取，做為課程引導的方向。

語-大-1-5-2　理解故事的角色、情節與主題

語-大-2-6-1　說出、畫出或演出敘事文本的不同結局

### 3. 第三次編創故事～主角及結局元素出現

第三次編創故事，除了要讓幼兒運用舊經驗之外，我們還要加上新的經驗喔！因此老師帶領大家回顧前面兩次編故事的經驗，他們還記得什麼是好聽的故事，就是要有刺激，有人說可怕、有趣、好玩的情節；除此之外還有什麼呢？小燊說是角色。為了讓大家清楚什麼是角色，老師舉例：像龜兔賽跑的主角是誰～幼兒說是兔子和烏龜，什麼是主角，幼兒說是最常出現，還有常常會有他說的話的人物就是主角。

小媜說故事最後還有結局，但什麼是結局，為了讓幼兒明白故事要有始有終，老師故意將故事講到中間就沒了，大家覺得這樣會奇怪，沒有結束。

所以在統整歸納之後，我們的概念是要編一個好聽的故事，很重要的是，故事當中要有角色、有趣好玩刺激的情節、最後還要有結局。

語-大-1-5-2　理解故事的角色、情節與主題

語-大-2-6-1　說出、畫出或演出敘事文本的不同結局

### 4. 第四次編創故事～故事計畫圖和圖畫創作

老師請幼兒兩人一組，並給予四張紙，依據第三次統整編故事的重點來編故事，但是因為幼兒不會書寫文字，因此老師請幼兒用圖畫來規劃故事的內容。主要是讓幼兒清楚他想要編創的故事內容與主題為何，才能依據故事內容，用艾瑞卡爾的圖畫紙創作圖畫。

● 分享創作的故事並做修正

● 合作將創作的故事用圖像符號記錄下來

(1) 故事分享與修正

　　在故事分享時老師發現，大家雖然都知道故事情節要刺激、有趣、可怕、緊張，但是他們編出來的故事卻不是如此，只有幾組的幼兒能掌握這個原則，而幼兒在給別組建議的時候，卻又可以說得非常好，所以老師藉由每一組的故事分享，讓大家再去思考別人的故事當中，哪些部分是有趣、刺激的故事情節，哪些故事又欠缺了這些元素。如有一組的內容如下：

　　今天天氣很好，小峯和小楷到公園玩，他們玩了盪鞦韆、溜滑梯和翹翹板，後來天黑了，他們就回家去了。

　　分享的時候，大家覺得沒有刺激的地方，並建議他們可以在公園的部分加上遇到了壞人，就會比較刺激。

　　另外結局的部分，大家都把結局變成回家了，但是有幾組的結局是最後主角死掉，讓大家有不同的思維。結局不一定都是好的，也有可憐或可怕的結局。

　　語-大-2-5-3　運用圖像符號規劃行動

　　社-大-2-2-3　考量自己與他人的能力和興趣，和他人分工合作

　　語-大-2-2-3　在團體互動情境中參與討論

從這一個歷程中，老師看見幼兒雖然可以清楚的說出創作故事的概念，但是在實際執行當中，卻容易遺忘其中的元素。或許是要經驗的元素太多，他們無法一次兼顧，因此老師除了要提供幼兒閱讀其他故事，讓大家更清楚故事中的轉折部分及結局，也希望幼兒可以將此經驗運用在故事創作中。除此之外，老師也幫幼兒將編故事時遇到的問題經驗整理成架構圖，運用架構圖當鷹架，可以回溯經驗，也可以有提醒的作用。

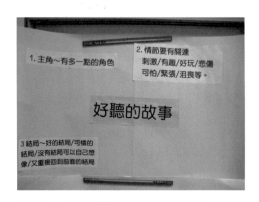
● 創作一個好聽的故事經驗架構圖

(2) 艾瑞卡爾畫風創作圖畫內容

故事內容修正完之後，接下來幼兒根據設計圖，運用艾瑞卡爾的創作方式繪製插畫內容。他們會從自己的構圖想法中，找尋適合的紙來創作。如：呈現海的感覺時，會挑選藍色系上面有波浪線條的紙。每一組的創作都很有特色，顏色繽紛，相當活潑，頗有艾瑞卡爾的風格。

　　身-大-2-2-2　熟練手眼協調的精細動作
　　美-大-2-2-2　運用線條、形狀或色彩，進行創作

5. 圖畫與故事交織的問題與解決

幼兒根據內容並創作完圖畫後，我們進行了圖畫書的賞析，但是在欣賞畫作與故事的連結時卻發現了一些問題，我們也針對每一個問題做了討

論與修正。

(1) 問題一：內容說得很多，但是在圖畫上面都沒有看見

　　其中一組在分享時，有幾位幼兒發現他們故事內容說得很多，但是在圖畫上面都沒有看見。因此我們討論到圖畫在故事中的意義是什麼，幼兒說因為我們還小不認識字，所以要看圖案才知道故事在說什麼。也有人說媽媽都會叫他們看圖案自己說故事給她聽。所以他們能理解故事中的圖畫，是幫助他們知道圖畫書內容的一個重要橋樑。接著老師也提供了故事書，讓幼兒閱讀時實際將文字與圖畫做搭配，所以我們將大家對圖畫的概念對應到這一組的創作上，幼兒則更清楚知道自己要修正的部分。

　　圖畫書的插畫是輔助幼兒了解文字的意義，因此圖畫與文字應該可以相互搭配，因為一開始並沒有遇到這樣的問題，所以這樣的概念其實之前並沒有引導過。但是藉由這次的活動，將這個問題與概念凸顯出來，幼兒因為遇到了問題，有解決的需求，因此讓這個概念更顯得有意義，也讓他們印象更深刻。

　　語-大-1-5-2　理解故事的角色、情節與主題

　　語-大-2-4-1　看圖片或圖畫書敘說有主題的故事

　　認-大-3-1-1　與同伴討論解決問題的方法，並與他人合作實際執行

(2) 問題二：人物前後長的不一樣，會不清楚到底是不是同一個人

　　有一組分享的時候，大家發現，明明是同一個人物，但是前後卻長的不一樣，因此自己也搞混了故事情節。所以有人提出人物前後長的不一樣，我們也會不清楚那到底是不是同一個人。

　　所以有這樣問題的幼兒，便要修正所有的角色，讓人物是一致的。

● 兩張黃色的人物是同一個，但是卻長得不一樣

(3) 問題三：設計圖與事後創作內容不一

　　請幼兒先做設計圖，是要他們有做計畫的概念，但是其中一組創作出來的故事卻和之前設想的故事內容不一樣。老師問大家設計圖的意義是什麼。

　　小凱說這樣才不會忘記內容，還有也比較不會做錯。大家對於設計圖的概念還滿清楚的，他們知道如果不依照設計圖的內容來做的話，那為什麼要先有設計圖呢？不過之後也引導幼兒計畫與設計，還是可以適時做修正，但不是全部不同喔！！

(4) 問題四：角色太少

　　有很多故事的角色只有一人，因此從頭到尾的畫面，幾乎都差不多，因此跟幼兒探討這樣的故事跟以前聽過有很多角色的故事有什麼差別呢？老師舉了他們很熟悉的白雪公主故事，他們數一數有十幾個角色。幼兒說只有一個角色的故事會很無聊，而且故事也不能說得很長，所以應該要加入其他角色，這樣故事才會比較精彩。

(5) 問題五：顏色相近的都疊在一起會不清楚

　　這個部分之前也曾經出現過，就像顏色比較深的魚，他們又用了黑色當眼睛，因此眼睛很不明顯。

根據幼兒發現插圖顏色太相近的
問題，所以老師運用色紙各剪了深淺
不一的魚，讓幼兒在上面配色，看哪
一種顏色比較清楚。幼兒發現淺色的
魚，要配上顏色比較深的底色，相反
的如果是深色的魚，就要配上顏色淺
的紙。因此幼兒根據這個概念在圖畫
上面做了修正，大家發現綠色的烏龜

● 魚的眼睛看不清楚

身體配上黃色的眼睛，果然比黑色清楚多了。

美-大-1-2-1 　探索生活環境中事物的色彩、形體、質地的美，覺察其
　　　　　　　中的差異

(6) 問題六：裝飾東西太多，看不清楚主要內容

有一組的創作，圖畫的顏色和內
容都很豐富，但是感覺畫面很擠，有
幼兒反應圖畫四周一塊一塊的東西太
多了，所以主角反而看不清楚了。老
師問他們旁邊這些色塊是什麼，他們
說只是裝飾，因此從這個賞析當中，
幼兒發現主角要清楚比較重要。

● 旁邊裝飾東西太多

(7) 問題七：表情不對

他們也發現人物的表情很奇怪，明明要被妖怪吃掉，但卻是笑嘻嘻
的，也就是說人物的表情沒有配合內容，從頭到尾都是同一個表情，肢體
動作也都一樣，沒有變化。

關於這個問題，老師的引導是先提供了一本書叫做 "Look"，讓幼兒
欣賞書裡面人物的臉部表情，先辨識他的表情代表哪一種情緒，並讓幼兒
用肢體來展現各種情緒。同樣是生氣，不過老師要求幼兒的表情與肢體要

呈現出不同程度的生氣，接著讓他們試著將自己展現情緒的表情與肢體動作畫出來，然後再將肢體與圖畫做比對。希望未來他們在製作圖畫書當中，能將角色的情緒表徵得更恰當。

● 不同程度的生氣情緒　　● 用肢體表現生氣　　　　● 用圖畫表現生氣

語-大-2-5-1　以圖像表達情緒與情感

情-大-1-2-2　辨識各種文本中主角的情緒

以上這些問題，有些幼兒可以馬上修正，例如人物前後不一樣，有些問題我們將陸續解決，並在下次創作故事圖畫時，做為我們修正的方向與目標。但是這些項目不少，根據之前的經驗，幼兒無法一次注意到這麼多，所以老師也將這些問題統整成一個架構圖，就跟編故事遇到的問題架構圖一樣，可以有檢視與提醒的作用。

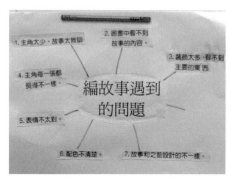

● 創作圖畫書遇到的問題經驗架構圖

## 6. 繼續提供創作故事的經驗

### (1) 覺察故事情節轉折

由於幼兒對於刺激、有趣、好玩的部分經驗還不足，所以在他們編創的故事當中，有許多組沒有發現到這個部分。因此老師陸續又說了《超神

奇糖果舖》、《蝌蚪的諾言》……等故事，請幼兒述說故事書裡面有哪些情節是刺激或是重要的轉折之處。希望藉由經驗的提供，讓他們可以清楚情節轉折及刺激點，未來再運用到他們的故事當中。

　　語-大-1-5-2　理解故事的角色、情節與主題

(2) 覺察結局的形式～經驗整理與閱讀

　　關於結局的經驗提供，老師運用的方法是幫助幼兒回溯以往讀過故事的方式，整理歸納結局的形式有哪些。如：之前在《小種籽》的書中體驗過最後的結局又回到故事的前面，成為一個循環。另外一個就是《桃花源記》的故事，它是沒有結局的，留給大家一個想像的空間。老師問大家有聽過什麼可憐的結局，《賣火柴的小女孩》是他們耳熟能詳的，小赫也提到自己曾經看過主角最後死掉了的經驗，是可憐的結局。還有從幼兒創作故事當中，也有編了一個**可憐的結局**。但是也有**好的結局**，他們認為《三隻小豬》還有《小紅帽》這些故事，大野狼最後都死掉了，所以壞人如果最後死掉了，就是好的結局。另外也有人覺得公主和王子的故事最後都會結婚，所以是好的結局。

　　而另一個讓幼兒有更多故事結局的經驗，就是提供幼兒大量閱讀的經驗，因此老師介紹了一本《四個朋友》的故事，內容敘述四隻小動物要搶一顆蘋果，他們用了很多方法想要公平的吃蘋果，最後想到要切成四份，當刀子切下去之後，一隻毛毛蟲跑出來了，故事就結束了。幼兒體會到這個結局是可以自由想像的，我們也依據想像，延續了很多種不同的結局。

　　**最後我們統整了所有結局的形式，有可憐的、好的、可以自由想像的結局。**

　　語-大-2-6-1　說出、畫出或演出敘事文本的不同結局

(3) 重複情節的出現

　　老師教唱「**小胖小**」兒歌時，幼兒發現了一個秘密，就是會有重複的句型。這是一個經驗連結的好時機，我們開始回憶以前聽過的故事中，有

哪些故事也有重複情節，例如《三隻小豬》、《棕色的熊、棕色的熊，你在看什麼？》、《袋鼠也有媽媽嗎？》、《好忙的蜘蛛》、《爺爺一定有辦法》、《拔蘿蔔》……等。同時老師再分享了《和甘伯伯去遊河》這本書，在說故事中，幼兒已經可以跟著不斷重複的情節，預測下面的故事發展。最後請幼兒分享聽了重複情節的故事有什麼感覺，他們說故事會一直重複，所以我們可以知道下面的故事會怎麼樣；也有人說一直重複好像在繞圈圈；重複很有趣，我們喜歡聽有重複的故事，後續老師又分享了很多有重複情節的故事，幼兒也都可以覺察得出來喔！

　　重複的情節是幼兒圖畫書中一個很重要的特色，但是幼兒並沒有覺察，最後藉由老師的提醒，將他們的經驗連結起來。以上這些重點也都繼續納入我們編一個好聽故事的經驗架構圖中，希望讓我們的故事編創更加豐富。

### 7. 圖畫書創作經驗的運用

　　方案探索期間適逢聖誕節，幼兒提到要創作聖誕節的故事，老師心想剛好可以將之前創作故事的元素，還有圖畫創作的要素都運用在這次的故事創作當中。在以前的舊經驗中，一個好聽的故事要刺激、好玩、有趣，就會產生可憐、緊張或是可怕這些情緒性的字眼，因此老師利用他們的表情圖畫挑幾張不同的情緒排列出來，讓他們依照這樣的邏輯來編故事，這個故事就會有開心、可怕、緊張或者是傷心情節了。接著我們也運用經驗架構圖提醒幼兒注意之前我們所提到的問題，這次他們特別注意角色的問題，他們說這次要編長一點的故事，所以角色要多一點，故事如下：

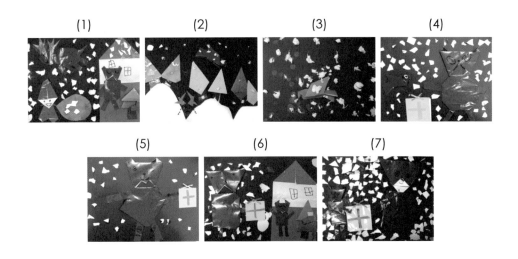

(1)                     (2)                (3)                (4)

(5)                (6)                (7)

(1) 從前有一個聖誕老公公和一隻馴鹿開心的要去小熊家送禮物，到了小熊家之後，聖誕老公公發現禮物袋裡面已經沒有禮物了，他很「緊張」，怕小熊會「傷心」，就請馴鹿回去拿禮物。

(2) 馴鹿走到一半，被大風吹到山谷受傷了，牠沒有辦法回去拿禮物，覺得很「難過」。

(3) 這時候飛來了一隻貓頭鷹，馴鹿把經過告訴貓頭鷹，請貓頭鷹幫牠回去拿禮物。貓頭鷹在路上遇到了大風雪，結果翅膀淋濕沒有辦法飛了。

(4) 這時候牠「驚訝」，因為發現旁邊有一個禮物，牠想把這個禮物送給小熊，就在要拿走的時候，出現了一隻大熊，牠很「生氣」的說：這是牠的禮物，不可以拿走。

(5) 貓頭鷹就把事情的經過告訴大熊，大熊同意幫牠把禮物送給小熊。並請大熊在卡片裡面把事情的經過寫下來，讓小熊知道。

(6) 大熊把禮物送到小熊家，就悄悄地離開了。

(7) 小熊醒來看到禮物很「開心」，看到卡片之後，小熊知道了這件事，又做了一個禮物送給大熊，感謝大熊幫牠送禮物。

而圖畫創作的方式，因為賞析摺紙的圖畫書，引起幼兒迷上摺紙，因

此我們採用了摺紙的方式來創作圖畫內容,從主角前後要一致概念下,這次我們特別注意這個細節,因此同一角色我們讓同一個人設計,背景方面也因為配色的概念,所以我們選擇了黑色做底,這樣雪景才容易表現出來。

故事結束之後,我們請大家說說故事的角色有哪些,以及哪些部分是刺激有趣好玩的。而那些沒有參與編故事的幼兒,也都可以說出故事轉折的部分喔!

另外我們也用經驗架構圖,一一檢視之前創作故事所遇到的問題,是否還出現在這次的創作當中,最後發現大家已經可以注意到之前創作時所遇到的問題,而且可以做修正了。

這又是一次全班創作故事與圖畫的經驗,但是跟第一次的創作經驗來比較,進步了很多。一方面他們逐漸累積經驗,提升了能力,而另一方面老師協助他們將故事的結構整理出來,及將遇到的問題歸納出來,讓他們在創作時不斷的回顧這些經驗,時時提醒自己,也是影響他們創作經驗提升的重要關鍵,所以時時運用經驗的架構圖,幫助幼兒整理經驗是重要的。

美-大-2-2-1　運用各種視覺藝術素材與工具的特性,進行創作

語-大-2-5-1　以圖像表達情緒與情感

語-大-2-7-2　創作圖畫書

## (三) 創作的體驗與感受

### 1. 編故事時遇到困難～故事編不出來

第一次的小組編故事時發現,有些孩子不會編故事,不知道怎麼編,因為不知道用誰當主角,讓他們感到困頓。因此老師先用過去大家欣賞圖畫書的經驗,透過共同知道李歐里奧尼喜歡用青蛙、鱷魚和老鼠等做主角;艾瑞卡爾則喜歡用動物和大自然等做為故事角色等經驗,請幼兒思索

自己喜歡什麼動物，也可用牠們來做角色。小升說他用「老鼠」當主角，就是因為先想到李歐里奧尼的那三隻老鼠喔！另外老師也請其他人分享，他們是如何思考到這個主題，或者為什麼用這些人物當主角。會這麼做，除了給其他人知道創作的來源有哪些之外，也可以了解他們對故事創作的想法。小赫說「人」是很好的主題，因為人可以做很多的事情，想到故事情節之後就很好編故事了。小銨說想到「噴泉」故事，是因為在電視中看到新聞報導。小娟想到用「公主」做為主角，是因為家裡有很多公主的書，她也喜歡公主。

藉由這樣的分享，遇到困難的幼兒，好像豁然開朗，馬上想到自己喜歡海底世界，因此以它做為創作的題材。之後創作之路暢通無比，沒有聽說遇到創作主題的困難。

其實從這次老師也發現，很多幼兒都會以「人」當主角，而發生的故事地點及內容，其實都跟自己的生活經驗相關，因此很容易成為他們編故事的主題與內容。其實李歐里奧尼也說過自己的創作題材，多半是生活周遭的事情，可見生活經驗的重要性，所以生活經驗豐富的幼兒，或許對於創作題材的思考是比較容易掌握的。

● 討論故事內容

● 討論時要相互發表想法

語-大-2-2-3　在團體互動情境中參與討論

### 2. 合作上的問題

　　在這次的方案中，我們都是運用小組合作方式進行創作，因此在編創故事與賞析圖畫書當中，難免遇到合作上的問題。在兩人合作編創艾瑞卡爾圖畫書的時候，就有一組一直無法分享他們的故事內容。

● 協商調整想法，完成故事

從老師的觀察中，他們兩個在合作時，好像沒有什麼互動，因此請其他組的幼兒先分享他們是如何進行協商討論。

　　其中有一組幼兒說：因為討論的時候，有不同的意見，所以他們最後是用投票的方式決定主題。老師問大家投票是最好的方法嗎？小赫說投票不是最好的方法，應該要用商量的，而且可以問他們為什麼要用這個主題當故事內容。小燊接著說，可以問他這個主題可以創作出什麼樣的故事內容。

　　他們的意思是說在討論故事內容時應該也要相互商量，一人講一句，輪流說故事，大家再合作把故事內容畫下來。如果都是一個人說故事，就不是討論了。

　　這個事件中，幼兒體會到，表決雖然是最方便的方法，但是要考慮別人的心裡是什麼感受，運用商量的方式是最好的。問題回到有困難的那一組幼兒，他們分享自己是各畫一個圖，沒有相互討論內容，所以故事連不起來。經由討論之後，有問題的這組幼兒終於克服了困難，順利解決問題。

　　社-大-2-2-3　考量自己與他人的能力和興趣，和他人分工合作

　　社-大-2-1-3　適時調整自己的想法與行動，嘗試完成規劃的目標

　　社-大-2-2-1　聆聽他人並正向回應

### 3. 創作的心情

　　幼兒這次從故事內容設計到圖畫創作與修正，歷經的時間相當長久，老師相信他們的心中一定有很深的感受，因此請他們針對創作這件事情做分享。他們說：

　　創作一個故事真的不是一件很簡單的事情，因為我們一直修改，才會更好。

　　創作的過程是累的，但是看到自己創作的作品是很開心的。

　　創作雖然有點累，可以讓大家欣賞自己的作品是很開心的。

　　創作有辛苦也有開心，創作給別人聽是開心的、有意義的，做那件事是辛苦的。

　　創作覺得很快樂，因為自己像是艾瑞卡爾還有李歐里奧尼一樣厲害。

　　創作圖畫是開心的，因為是自己的創作。

　　創作的時候是很累的，可以為了作書要忍住，作完很開心。

　　作圖畫的時候是開心的，因為可以跟別人合作，還有看到自己完成的作品很好也很開心。

　　我覺得先創作圖再編故事比較簡單，因為有圖可以看，我喜歡這樣的創作方法。

　　我覺得過程中要不斷修改，很累，所以後來我們相互合作，我比較會撕，所以我幫忙撕，另外一個人就幫忙剪。

　　我覺得要剪撕還有貼很累。

　　我覺得創作有一點點麻煩，有點累，因為要剪要貼還要撕，又要拿工具，但是一起合作就比較簡單了。

　　有了以上的創作心情分享，最後他們一致認為艾瑞卡爾爺爺應該也不是一次就會創作，也是要經過很多次的練習，所以他們覺得自己經過這兩次的練習，下次再創作時會更快，就不用再花這麼多的時間了，也可以做

得更好。

情-大-1-1-3　辨識自己在同一事件中存在著多種情緒

語-大-2-3-1　建構包含事件開端、過程、結局與個人觀點的經驗敘說

## 4. 當析圖畫的感受

最後讓大家相互欣賞彼此的圖畫，老師引導他們從圖畫內容、色彩、圖畫的表現等方面做回應：

如欣賞「柯博文」的故事當中，會從人物的造型與表情，猜測他的個性。欣賞「泥漿噴泉」作品時，他們說看到圖片中的主角踩到泥漿快要往下掉時，會替主角感到緊張。有一組幼兒會用"ZZZ"的符號表示睡著的感覺，讓人看了可以感覺他睡得很熟。

幼兒在賞析過程中會說出他們喜歡的畫，是因為顏色豐富或者是故事內容，也能感受到作者要表現的意義。

●主角掉進泥漿噴泉裡面　　　●會用 ZZZ 表示睡著的感覺

美-大-3-2-1　欣賞視覺藝術創作，依個人偏好說明作品的內容與特色

以上是創作圖畫書的部分，幼兒體驗了編創故事所需要具備的元素，這些元素是幼兒在創作過程中，透過一次又一次的經驗逐漸發展出來的，也經由不斷的嘗試探索、感受、整理、修正、表徵，因此也漸漸能熟悉與運用。而在圖畫創作的部分，會發現圖文交織的問

● 欣賞彼此的圖畫書

題，其實非老師所預期，但是卻導引出圖文應該要對應及覺察到圖畫角色前後要一致及表情等問題，為幼兒下次的創作，訂定出更具體的目標。

| 老師的引導／幼兒的表現 | 學習指標 |
| --- | --- |
| (一) 圖畫創作<br>1. 體驗李歐里奧尼的創作風格<br>(1) 撕與剪的不同感受<br>幼兒在賞析時，對於撕與剪分不清楚，因此實際讓幼兒體驗，他們發現撕的方式，紙的邊邊會毛毛刺刺的，比較不平整，剪的比較整齊。老師引導他們賞析這兩種方式在圖畫書中呈現出來的不同感覺。他們說書上的老鼠是用撕的，因為感覺毛毛的，而毛毛的感覺也適合創作毛毛蟲還有刺蝟。<br>(2) 創作一張紙<br>幼兒認為李歐里奧尼的紙是很特別的，因此運用不同的顏色創作一張特別的紙，體驗了混色的樂趣、發現了顏色的層次感。<br>(3) 撕貼與剪貼的創作<br>幼兒運用自行創作的紙，與他人合作討論要創作的主題，並進行撕貼與剪貼創作，體驗李歐里奧尼的創作方式。<br>(4) 賞析與分享<br>創作完之後，老師引導大家依照自己的喜好，說說自己最喜歡圖畫中的哪一個部分，以及特別的地方是什麼？ | 美-中大-1-2-1　探索生活環境中事物的色彩、形體、質地的美，覺察其中的差異<br>身-大-2-2-2　熟練手眼協調的精細動作<br>美-大-2-2-2　運用線條、形狀或色彩，進行創作<br>美-大-3-2-1　欣賞視覺藝術，依個人偏好說明作品的內容與特色<br>美-大-2-2-2　運用線條、形狀或色彩，進行創作 |

| 老師的引導／幼兒的表現 | 學習指標 |
|---|---|
| 2.體驗艾瑞卡爾的創作風格<br><br>經過前面的賞析經驗，幼兒清楚艾瑞卡爾創作紙的過程，因此運用牙刷、梳子、菜瓜布、筆等不同工具，並運用工具的特色在紙上刮出不同的線條，或者用手塗抹堆疊顏色，創作出一張與眾不同的紙，接著再運用這些紙來創作圖畫書。 | |
| (二) 編創故事<br>1.第一次編創故事～情節連貫的經驗<br>第一次全班運用故事接龍的方式創作故事，一開始老師故意示範了一次兩張不連貫的故事內容。幼兒提出了情結中間要有連貫的概念，成為我們第一次編故事的重點與方向。<br>2.第二次編創故事～營造刺激有趣的情節<br>第一次創作故事已經有圖畫與圖畫中間要有相關和連結的概念，但是劇情不夠豐富。因此第二次讓大家分組再選擇其中四張圖畫創作故事，歷程中發展出情節刺激有趣會讓故事更好聽。<br>3.第三次編創故事～主角及結局元素出現<br>故事編到結局時，老師發現幼兒的故事結局很無趣，所以提供了編創不同結局的想法，引發幼兒編創出比較有趣的結局，同時還將這樣的概念運用在下一個編故事的經驗中。<br>4.第四次編創故事～故事計畫圖和圖畫創作<br>請幼兒自行選擇合作的人，並運用圖畫規劃及討論故事內容。編創完故事之後，運用艾瑞卡爾的創作風格，進行插畫的設計。<br>(1) 故事分享與修正<br>藉由每一組的故事分享，讓大家再去思考別人的故事當中哪些部分是有趣、刺激的故事情節。哪些故事又欠缺了這些元素，並修正。<br>(2) 艾瑞卡爾畫風創作圖畫內容<br>根據故事設計圖，運用艾瑞卡爾的創作方式，繪製插畫內容。<br>5.圖畫與故事交織的問題與解決<br>欣賞圖畫書與故事的內容時，幼兒陸續發現了七個問題，並針對分享者提出自己的疑問和看法，透過討論與體驗解決遇到的問題。 | 語-中-2-7-1　編創情節連貫的故事<br>語-大-2-6-1　說出、畫出或演出敘事文本的不同結局<br>語-大-1-5-2　理解故事的角色、情節與主題<br>語-大-2-5-3　運用圖像符號規劃行動<br>社-大-2-2-3　考量自己與他人的能力和興趣，和他人分工合作<br>語-大-2-2-3　在團體互動情境中參與討論<br>美-大-2-2-2　運用線條、形狀或色彩，進行創作<br>認-大-3-1-1　與同伴討論解決問題的方法，並與他人合作實際執行<br>語-大-2-2-2　針對談話內容表達疑問或看法<br>語-大-2-2-3　在團體互動情境中參與討論 |

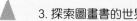

| 老師的引導／幼兒的表現 | 學習指標 |
|---|---|
| (1) 問題一：內容說得很多，但是在圖畫上面都沒有看見<br>在分享時，有幾位幼兒發現他們故事內容說得很多，但是在圖畫上面都沒有看見。因此我們討論到圖畫在故事中的意義是什麼，老師引導幼兒討論圖畫與故事的關係，幼兒清楚圖畫是輔助對文字的說明，讓他們能更理解故事的內容。<br>(2) 問題二：人物前後長得不一樣，不清楚到底是不是同一人<br>(3) 問題三：設計圖與事後創作內容不一<br>(4) 問題四：角色太少<br>(5) 問題五：顏色相近的都疊在一起會不清楚<br>老師運用色紙各剪了深淺不一的魚，讓幼兒在上面配色，看哪一種顏色比較清楚，幼兒發現顏色相反最清楚。<br>(6) 問題六：裝飾東西太多，看不清楚主要內容<br>(7) 問題七：表情不對<br>幼兒覺察畫裡的表情不對，老師提供書籍，並讓幼兒用肢體來展現各種及不同程度情緒，再試著將自己展現情緒的表情與肢體動作畫出來。<br>6. 繼續提供創作故事的經驗<br>(1)覺察故事情節轉折<br>老師繼續分享故事，並讓幼兒覺察故事中轉折的情節。<br>(2)覺察結局的形式～經驗整理與閱讀<br>老師運用的方法是幫助幼兒回溯以往讀過的故事的方式，整理歸納結局的形式有哪些。最後幼兒統整了所有結局的形式，有可憐的、好的、回到故事前面重新開始的、還有沒有結局充滿想像的。<br>(3)重複情節的出現<br>故事編到結局時，老師發現幼兒的故事結局很無趣，提供了編創不同結局的想法，引發幼兒編創出比較有趣的結局，同時還將這樣的概念運用在下一個編故事的經驗中。<br>7. 圖畫書創作經驗的運用<br>以前的舊經驗中，一個好聽的故事要刺激、好玩、有趣，就會產生可憐、緊張或是可怕這些情緒性的字眼，因此老師利用他們的表情圖畫，挑幾張不同的情緒排列出來，讓他們依照這樣的邏輯來編故事，編完故事之後，運用摺紙的方式創 | 語-大-1-5-2　理解故事的角色、情節與主題<br>語-大-2-4-1　看圖片或圖畫書敘說有主題的故事<br>美-大-1-2-1　探索生活環境中事物的色彩、形體、質地的美，覺察其中的差異<br>情-大-1-2-2　辨識各種文本中主角的情緒<br>語-大-2-5-1　以圖像表達情緒與情感<br>語-大-1-5-2　理解故事的角色、情節與主題<br>語-大-2-6-1　說出、畫出或演出敘事文本的不同結局<br>美-大-2-2-1　運用各種視覺藝術素材與工具的特性，進行創作<br>語-大-2-5-1　以圖像表達情緒與情感<br>語-大-2-7-2　創作圖畫書 |

| 老師的引導／幼兒的表現 | 學習指標 |
|---|---|
| 作圖畫內容，最後運用經驗架構圖，檢視我們的故事創作，發現所有的元素都有兼顧到。 | |
| (三) 創作的體驗與感受<br>1. 編故事時遇到困難～故事編不出來<br>透過彼此的經驗分享討論，幼兒發現可以用人或者是自己喜歡的動物當主角，協助有困難的幼兒解決了故事編不出來的問題。<br>2. 合作上的問題<br>創作圖畫書過程中，有幼兒遇到合作上的困難，請幼兒分享如何與別人合作，提供有困難的幼兒做參考。幼兒回應要顧及他人的感受，並要相互回應才是討論。<br>3. 創作的心情<br>經過很長一段時間的圖畫與故事的創作，老師請幼兒試著說說整個創作歷程的感受，他們說有辛苦也有開心，但是創作完很開心、很快樂。並體驗到合作可以依照不同的能力做事，減少困難。<br>4. 賞析圖畫的感受<br>讓大家相互欣賞彼此的圖畫，老師引導他們從圖畫內容、色彩、圖畫的表現等方面做回應，幼兒在賞析過程中會說出他們喜歡的畫，是因為顏色豐富或者是故事內容，也能感受到作者要表現的意義。 | 語-大-2-2-3 在團體互動情境中參與討論<br>社-大-2-2-3 考量自己與他人的能力與興趣，和他人分工合作<br>社-大-2-1-3 適時調整自己的想法與行動，嘗試完成規劃的目標<br>社-大-2-2-1 聆聽他人並正向回應<br>情-大-1-1-3 辨識自己在同一事件中存在著多種情緒<br>語-大-2-3-1 建構包含事件開端、過程、結局與個人觀點的經驗敘說<br>美-大-3-2-1 欣賞視覺藝術創作，依個人偏好說明作品的內容與特色 |

## 三、經驗的整合

　　方案已經走到尾聲，在探究歷程中，我們已經累積了說故事的經驗，及圖畫賞析與創作的能力，但是幼兒要運用這些經驗做什麼，老師試著讓幼兒可以將這些經驗統整與運用。

## (一) 分享不同創作元素的故事

老師請幼兒找尋一本有下列元素的故事來園跟大家分享。如：有重複情節，或者是情結當中有刺激、有趣、好玩的地方，或者是結局比較特別，或者是有特殊插畫的書籍。老師的想法是藉由幼兒的找尋與跟大家的分享討論，一來可以看出幼兒找尋這本書的理由為何，他是否清楚這些元素。二來大家藉由聽的經驗，也可以再次累積經驗。從幼兒陸續的分享中，老師發現他們的能力確實提升了不少。以下舉一個例子做說明：

● 幼兒輪流分享故事

小孟分享了**《彎彎的生日會》**這本書。幼兒聽完之後能夠回應因為彎彎生日，而動物不斷來拜訪，所以會有重複的故事情節。而插畫的呈現方式是利用不同大小挖空的窗戶向外看，看到的動物與原來真正的動物是不一樣的。他們覺得這樣可以創造很多驚喜。另外他們也會注意到動物的表情很豐富，驚訝的時候眼睛都瞪得很大，開心的時候眼睛都笑咪咪的。

不過其中班上唯一的中班幼兒帶來了恐龍的圖鑑介紹書籍，他說恐龍一直出現，所以有重複情節。這也為我們帶來了討論，大家進一步澄清這種書不是故事書，是讓我們知道很多事情變聰明的書，不是故事書。他們可以舉例說明例如教室的「小百科」也是讓我們得到知識的書，還有之前我們研究小黃瓜的書也不是故事書，在此我們也針對不同的文本做澄清。

從每位幼兒進行故事分享過程中，老師發現幼兒已經可以漸漸的從自己的經驗中去發現探討與分析故事。不論是從情節或是畫裡的表情，都可以說出自己的發現與感受喔！

語-中大-1-5-1　知道各種訊息類文本的功能

## (二) 融合各種經驗創作故事

老師讓幼兒回溯之前創作故事圖畫的方式有哪些？有李歐里奧尼與艾瑞卡爾的撕貼創作，還有最近分享的黑白色調繪本、水墨畫，還有照片式的，還有用布拼貼的。也回顧了創作故事的經驗架構，因此最後要讓大家整合這些經驗，自由運用這些方法，創作一個故事跟大家分享。

我們還是運用小組創作的方式進行，先做計畫討論想要用什麼方式創作故事圖畫，如：要不要有文字，還有翻閱的方式。圖畫創作的方式要使用剪貼、黑白色調、拓印、黏土、真實的圖片、色紙撕貼、布塊拼貼、水墨……等。最後我們將趁著期末聚餐的時候，辦一個新書發表會，將大家創作的故事跟爸爸媽媽分享。

## (三) 創作與發表

每一組選擇的創作方式都不太一樣，有兩組是黑白色調，分別用剪貼與拓印的方式創作，另外也有兩組是用布塊拼貼，一組是用真實照片，他們想要介紹「南海實驗幼兒園」，所以拿著相機到處拍攝。還有一組運用的是黏土的創作很有立體感，當老師將他們的畫作拍攝下來，再用電腦輸出的時候，他們親自參與整個歷程，更加解除了為什麼圖畫書摸起來不會有凸凸感覺的疑惑了。另外也有人用撕貼的方式，每一組都很有特色，也都能將經驗運用的很恰當，所以在發表的時候深受家長的好評。

經驗的整合部分，是讓幼兒有機會運用賞析圖畫及創作故事的經驗，與他人合作創作一本圖畫書。在這次的活動中，老師看到了幼兒可以注意到之前創作所遇到的問題，如主角前後不一樣的問題。我們拿出了這次小楷這一組所創作的圖畫內容，他們用布拼貼大象的時候，會注意到身體的花色、頭部和鼻子以及腳的花色前後都要一致，這樣才是同一個主角。至於配色方面，他們也能注意到做鱷魚的時候要運用黑色的布，因為這樣感

● 用拍照方式創作　　　● 分享圖畫書創作　　　● 圖畫書發表

覺比較兇；而創作小貓咪時，會用粉紅色，因為覺得比較可愛。而且可以看到重複情節或者是充滿刺激有趣的情節，以及精彩的結局，在在都顯示幼兒累積了足夠的經驗，能力自然能提升與展現。

| 老師的引導／幼兒的表現 | 學習指標 |
|---|---|
| (一) 分享不同創作元素的故事<br>老師請幼兒找尋一本有下列元素的故事來園跟大家分享。如：有重複情節，或者是情結當中有刺激、有趣、好玩的地方，或者是結局比較特別，或者是有特殊插畫的書籍。老師的想法是藉由幼兒的找尋與大家的分享討論，一來可以看出幼兒找尋這本書的理由為何，他是否清楚這些元素。二來大家也可以再次累積經驗。<br>但是有幼兒帶來了恐龍的圖鑑介紹書籍，他說恐龍一直出現，所以有重複情節。因此大家進一步澄清這種書不是故事書，是讓我們知道很多事情變聰明的書。他們可以舉例說明例如教室的「小百科」也是讓我們得到知識的書，在此我們也針對不同的文本做澄清。 | 語-中大-1-5-1　知道各種訊息類文本的功能 |
| (二) 融合各種經驗創作故事<br>老師讓幼兒回溯之前創作故事圖畫的方式有哪些？如：剪貼、黑白色調、拓印、黏土、真實的圖片、色紙撕貼、布塊拼貼、水墨……等。也回顧了創作故事的經驗架構，因此最後要讓大家整合這些經驗，自由運用這些方法，創作圖畫書跟大家分享。 | 經驗的整合部分，是讓幼兒有機會運用賞析圖畫及創作故事的經驗，與他人合作創作一本圖畫書。因此指標與前面重複，所 |

| 老師的引導／幼兒的表現 | 學習指標 |
|---|---|
| (三) 創作與發表<br>每一組運用了不同的素材創作了不同的圖畫書，最後請每一組出來發表。 | 以在此不再列出。 |

## 四、方案的回響

　　方案進入最後的回顧時段，除了回顧我們曾經做過的活動之外，也請幼兒分享自己在探究歷程中的感想與獲得。他們說：

　　雖然作書很辛苦，但是很開心。

　　我本來以為，先有字才可以作圖畫書，後來發現先有圖畫也可以編故事。

　　我發現除了撕貼之外，我還學到了圖畫書也可以用水墨蓋印還有布來創作。

　　我學到如果圖畫太複雜，就看不出主角了……。

　　我本來以為只有彩色的圖畫書，原來還有黑白，雖然比較少顏色，但是還是很漂亮。

　　我發現翻書的樣式有很多種，有上下左右翻還有故事有重複的情節。

　　我本來以為圖畫書只有畫的，但是後來發現還有水墨布還有剪貼的方法。

　　我覺得做計畫很重要，這樣才知道要怎麼做不會忘記。

　　以前我沒有發現結局有這麼多種，研究了之後才發現到的（老師接著問他，你覺得知道了之後，對你有什麼用處？），我以後可以運用在創作故事中。

　　哇！這個答案很有哲理呢！

　　以下為幼兒經驗整合階段創作的圖畫書。

【故事名稱～自私的鱷魚／創作方式～拼布】

【故事名稱～龍、兔子和小熊／創作方式～黑白色調】

【故事名稱～兔子的媽媽／創作方式～黏土】

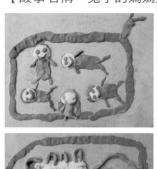  

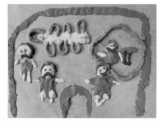  

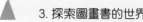

# 五、結語

　　這一連串的欣賞圖畫，創作故事，發現問題，再欣賞圖畫，再根據之前的經驗修正創作故事的歷程中，幼兒終於實現了創作一本屬於自己畫風的圖畫書。創作過程雖然繁瑣辛苦，但是他們總是努力突破，最後終於有甜美豐碩的結局。孩子所創作的內容不論是文字或者是插畫，都深獲家長及其他老師與來園參訪客人的好評，老師當然也覺得很榮幸，但是希望這個結局不會因此畫下句點，而是可以繼續延伸無限的可能……。

# 伍　流程圖

　　幼兒在整個方案中主要探究的問題（插畫是怎麼創作的、如何創作一本圖畫書），最後統整在下頁的流程圖當中：

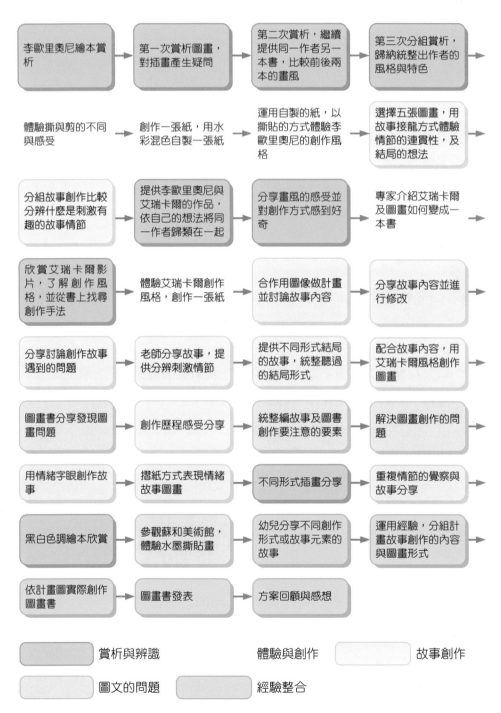

李歐里奧尼繪本賞析 → 第一次賞析圖畫，對插畫產生疑問 → 第二次賞析，繼續提供同一作者另一本書，比較前後兩本的畫風 → 第三次分組賞析，歸納統整出作者的風格與特色 →

體驗撕與剪的不同與感受 → 創作一張紙，用水彩混色自製一張紙 → 運用自製的紙，以撕貼的方式體驗李歐里奧尼的創作風格 → 選擇五張圖畫，用故事接龍方式體驗情節的連貫性，及結局的想法 →

分組故事創作比較分辨什麼是刺激有趣的故事情節 → 提供李歐里奧尼與艾瑞卡爾的作品，依自己的想法將同一作者歸類在一起 → 分享畫風的感受並對創作方式感到好奇 → 專家介紹艾瑞卡爾及圖畫如何變成一本書 →

欣賞艾瑞卡爾影片，了解創作風格，並從書上找尋創作手法 → 體驗艾瑞卡爾創作風格，創作一張紙 → 合作用圖像做計畫並討論故事內容 → 分享故事內容並進行修改 →

分享討論創作故事遇到的問題 → 老師分享故事，提供分辨刺激情節 → 提供不同形式結局的故事，統整聽過的結局形式 → 配合故事內容，用艾瑞卡爾風格創作圖畫 →

圖畫書分享發現圖畫問題 → 創作歷程感受分享 → 統整編故事及圖書創作要注意的要素 → 解決圖畫創作的問題

用情緒字眼創作故事 → 摺紙方式表現情緒故事圖畫 → 不同形式插畫分享 → 重複情節的覺察與故事分享

黑白色調繪本欣賞 → 參觀蘇和美術館，體驗水墨撕貼畫 → 幼兒分享不同創作形式或故事元素的故事 → 運用經驗，分組計畫故事創作的內容與圖畫形式

依計畫圖實際創作圖畫書 → 圖畫書發表 → 方案回顧與感想

賞析與辨識　　　　體驗與創作　　　　故事創作

圖文的問題　　　　經驗整合

108

陸 主題事後網

語-大-1-5-2　理解故事的角色、情節與主題
語-中-1-5-3　知道書籍封面有書名，創作者和譯者的名字
語-大-1-5-3　辨認與欣賞創作者的圖像細節與風格
語-大-1-6-1　知道各種文化有不同的書面文字
語-大-1-6-4　從不同語文的書面文字中辨認出華文
語-大-2-2-3　在團體互動情境中參與討論
語-大-2-2-4　使用簡單的比喻
語-大-2-6-2　說出、畫出或演出自己是敘事文本中的某個角色會有哪些感覺與行動
美-大-1-2-1　探索生活環境中事物的色彩、形體、質地的美，覺察其中的差異
美-大-2-2-1　運用各種視覺藝術素材與工具的特性，進行創作
美-大-2-2-2　運用線條、形狀或色彩，進行創作
美-大-3-1-1　樂於接觸視覺藝術、音樂或戲劇等創作表現，回應個人的感受
美-大-3-2-1　欣賞視覺藝術創作，依個人偏好說明作品的內容與特色
認-大-1-3-1　觀察生活物件的特徵

插畫欣賞 - - - - - 探索圖畫書的世界 - - - - - 如何創作圖畫書

身-大-2-2-2　熟練手眼協調的精細動作
語-大-1-5-1　知道各種訊息類文本的功能
語-大-1-5-2　理解故事的角色、情節與主題
語-大-2-4-1　看圖片或圖畫書敘說有主題的故事
語-大-2-5-1　以圖像表達情緒與情感
語-大-2-5-3　運用圖像符號規劃行動
語-大-2-6-1　說出、畫出或演出敘事文本的不同結局
語-中-2-7-1　編創情節連貫的故事
語-大-2-7-2　創作圖畫書
語-大-2-2-2　針對談話內容表達疑問或看法
語-大-2-2-3　在團體互動情境中參與討論
社-大-2-1-3　適時調整自己的想法與行動，嘗試完成規劃的目標
社-大-2-2-3　考量自己與他人的能力和興趣，和他人分工合作
美-大-1-2-1　探索生活環境中事物的色彩、形體、質地的美，覺察其中的差異
美-大-2-1-1　玩索各種藝術媒介，發揮想像並享受自我表現的樂趣
美-大-2-2-1　運用各種視覺藝術素材與工具的特性，進行創作
美-大-2-2-2　運用線條、形狀或色彩，進行創作
美-大-3-2-1　欣賞視覺藝術創作，依個人偏好說明作品的內容與特色
情-大-1-1-1　辨認自己常出現的複雜情緒
情-大-1-2-2　辨識各種文本中主角的情緒
認-大-3-1-1　與同伴討論解決問題的方法，並與他人合作實際執行
語-大-2-3-1　建構包含事件開端、過程、結局與個人觀點的經驗敘說

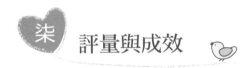
## 柒 評量與成效

整個歷程，經過老師的引導與幼兒經驗的交織，我們看見了幼兒在六大核心素養的展現如下：

### 一、覺知辨識

幼兒從創作故事的主題當中，能覺察自己與他人的興趣與想法，並能比較異同。因此能說出自己會創作公主的主題故事，是因為喜歡公主。也能說出別人因為喜歡柯博文，所以創作了柯博文的相關故事內容。

另外大量閱讀了不同的書籍之後，幼兒能注意且理解書中的文化訊息，覺察到書中的人物如果是穿古代的衣服，故事的內容就是古代的事情，像桃花源記還有賣香屁都是。

跟以前比較起來，幼兒在角落進行閱讀活動時，更能主動注意插畫，也能理解敘事文本的意義。因此每次說完故事，跟幼兒討論故事內容時都能具體說出故事中的主角是誰、故事的轉折部分，以及圖畫書所要傳達的意義。

### 二、表達溝通

幼兒在體驗不同繪者的畫風之後，最後在創作圖畫書時，能應用視覺藝術媒介表達想法或情感，且使用的素材豐富，有運用布、黏土、摺紙、拓印……等，想法豐富、技巧也很細膩。另外，幼兒在創作故事之前已經有做計畫的概念，會先用圖像或符號計畫故事的內容，這表示他們能應用

圖像表達想法或情感。除此之外，幼兒也能使用口語表達想法與情感，如分享創作故事的感受時，他們除了能完整表達創作的歷程，也能豐富的表徵自己對於創作的不同感受。

　　最後在對話情境中，他們能相互表達、傾聽、協商並調整自己的想法與情感，如小組進行故事及圖畫的討論時，原本只是遵循某一個人的想法，或者單純只用猜拳解決問題，但是經過澄清引導之後，之後的討論幼兒就能你一言我一句透過來回不斷的相互討論，達成協議。

## 三、關懷合作

　　在這次的方案中，我們都是運用小組合作方式進行創作，因此在編創故事與賞析圖畫書當中，難免會遇到合作上的問題，但也就是因為有摩擦，才會有謀合的機會，最後才能與他人合作完成工作或解決問題。例如有一組幼兒分享他們合作時，為了如何分工而有不同的意見；也有小組各做各的，因此內容連貫不起來，問題提出來討論之後，後來在創作艾瑞卡爾風格的圖畫時，就發現幼兒能覺察到自己撕紙比較厲害，而另一位夥伴剪圖案比較厲害，所以他們相互協調分工的內容，順利的完成工作。最後一次的圖畫書創作，也看到他們主動商量與分工，連發表故事時，也都協商好每一個人說的段落呢！

　　因為合作的關係漸漸融洽，幼兒發展出能理解他人之需求表現關懷的行為，雖然自己分配到的工作已經完成，但是看到小組裡面其他幼兒尚未完成，會主動詢問是否要幫忙，也確實符合他人的需求，展現同理之心。

## 四、推理賞析

　　一開始幼兒對於作者的畫風是沒有意識的，有了幾次經驗之後，他們

能依據作者畫風的特徵整理相關的訊息並找出特徵間的關係。如幼兒能從多本的故事當中，整理出李歐里奧尼與艾瑞卡爾的創作風格，並從艾瑞卡爾與李歐里奧尼的作品當中，比較歸納出異同。

另外從賞析畫風當中，他們能分析已知的訊息，找出形成現象的原因。例如從艾瑞卡爾的創作當中，看到了圖片上面的痕跡，推論是用刮的方式創作出來的，後來在創作中也得到了驗證。聆聽故事當中，會從情節的發展，預測下面的故事內容。

而每次創作完，老師都會讓幼兒彼此欣賞畫作，還有欣賞不同作者的畫風，並讓幼兒說說自己的想法，幼兒不但能肯定自己的作品並具體說出特色之處，也可以正向回應別人作品的特色與內容。

## 五、想像創造

幼兒運用視覺藝術媒介進行想像創作，一開始只能運用單一視覺藝術媒介進行想像創作，但是當經驗越來越豐富之後，最後可以使用多樣視覺藝術媒介，如會用布、紙、黏土等不同媒材，及運用拓印、剪貼或拍照等不同方法創作圖畫書。進行敘事文本的想像創作時，會運用體驗出來編創故事的元素，並且透過口語與圖像符號進行創作，例如連貫刺激有趣的情節、豐富的角色、多元的結局、創作出來的故事主題也都很清楚，並能解釋主題的創作來源是個人的生活經驗或是興趣與喜好。

## 六、自主管理

幼兒經常會運用剪貼、撕貼與揉捏等方式進行圖畫書的創作，進行創作時，幼兒皆能協調與控制小肌肉，運用揉、捏、抓、握、扭轉等複雜性的動作完成工作。

　　在探索這個方案之前，幼兒的目標是想要創作圖畫書，雖然在創作過程中遇到了不同的困難，但是在目標的支持之下，他們嘗試調整自己的想法或行為，最後實現了自己的想法。

## 省思

　　省思有兩個部分，一個是針對此方案的省思，另一個是對課綱的體會。

### 一、方案的省思

#### (一) 教學意圖的覺察能力

　　許多現場教師經常認為以兒童為本位，就是要用開放的態度去接納孩子的想法，要隨著幼兒的想法走，深怕太多的介入，會顯得主導性太強，因此往往教學變得沒有目標。所以老師在教學前要很清楚每一次的學習目標為何，如此才能引導幼兒朝學習目標前進，進而提升幼兒的能力。

　　因此一位有教學效能的老師，應該要具備教學的意識，要清楚自己要做什麼，為什麼這麼做，看到幼兒什麼能力與經驗，提供什麼樣的經驗與活動讓幼兒探索。在這篇的教學分享當中，經常可以看到老師不斷的省思，不斷的跟自己對話，清楚自己引導的意圖與歷程。例如在這麼多的繪本創作當中，為什麼要選擇李歐里奧尼，而在之後為什麼又選擇了艾瑞卡爾的作品，是因為老師清楚運用剪貼的方式，畫風鮮明，容易辨識，內容也相當可愛，很貼近幼兒的經驗。

　　老師清楚知道運用經驗架構可以提供幼兒回溯經驗，與做問題修正的提醒，但是老師的意圖絕對是建立在幼兒的需求與要探究的問題之上，如幼兒對於結局的認知只有回家了，因此老師提供閱讀、經驗回溯與整理等方法，協助幼兒提升對結局的認知及創作故事的能力，而非主觀或是無相關性的加入自己的想法，這是需要注意的地方。

　　因此要如何培養這樣的能力呢？最重要還是要透過教學日誌的省思，但是日誌要記錄什麼、省思什麼，是非常重要的。日誌中要記錄的重點是今天的目標與方向。幼兒的舊經驗是什麼？老師提供了什麼活動與經驗？幼兒的反應如何？接下來老師又要如何延伸？目標達到了沒？如何達到的？為什麼沒有達到？遇到什麼問題？要如何解決等？如果每天都可以這樣的記錄與省思，不斷與自己對話，細細分析自己的想法與幼兒經驗是如何堆疊交織的，相信你絕對會是個思維清楚、教學脈絡清晰的老師。

## (二) 方案的延伸

　　隨著幼兒的經驗越來越豐富，想法就越來越多，可以延伸的內容也越多，如幼兒從聖誕節賞析卡片過程中，聯想到要用立體卡片的翻閱方式來呈現故事。還有他們閱讀的經驗增加之後，覺察到有些圖畫是用格子呈現，就像漫畫一樣，也覺察到無字圖畫書的有趣，以上都是可以繼續延伸之處，但是卻礙於時間關係無法繼續延伸，這是老師覺得最可惜的地方。

　　但是回想一開始進行這個方案時，因為幼兒沒有任何經驗，當時老師引導的比較辛苦，要給予幼兒相當多的經驗，所以提供幼兒經驗探索是相當重要的，經驗累積多了，幼兒經驗與經驗之間的連結會更多，當從點到線再組織成網的時候，也就是幼兒能力穩固的時候了。

## 二、課綱的體會

　　課綱強調的是領域平衡，但是在這個方案中，涉略到的領域較多在美感還有語文及社會領域，相對的身體動作與健康、情緒及認知就比較少，老師有覺察到這個現象，因此會在下一個方案或者是在其他的多元活動當中，提供給幼兒在這些領域的經驗，補足此方案不足之處。

### (一) 美感領域著重在美的感受

　　在經歷了這次使用美感指標的歷程之後，發現美感領域主要還是要引發幼兒注重美的感受，例如幼兒在體驗李歐里奧尼的創作一張紙活動中，老師引導的意圖是要讓他們發現顏色會有不同深淺的變化，所以選擇了「**美-大-1-2-1 探索生活環境中事物的色彩、形體、質地的美，覺察其中的差異**」。但是在引導時，卻把重點放在「**覺察其中的差異**」，忽略了幼兒是在經驗美的活動，因此應該要著重在指標中的「美」字的意義。

　　也就是說，讓幼兒探索發現顏色層次的多元與變化時，更應該要進一步讓他們表達出對這些現象的感受，如果只有重在覺察差異，美感會變得很認知，一點都不美了。另外，如果是在經驗美感的活動，指標應該要朝美感領域的來選擇，例如在進行體驗撕與剪的感受，幼兒因為不清楚什麼是撕什麼是剪，因此老師提供活動讓他們去比較歸納出兩者不同，感覺就是很認知，所以一開始老師會落入「**認-大-1-3-1 觀察生活物件的特徵**」的指標中。但是後來思考這是個美感的活動，應該要朝美感領域思考，才選擇了「**美-大-1-2-1 探索生活環境中事物的色彩、形體、質地的美，覺察其中的差異**」。

### (二) 學習指標非評量指標

　　學習指標是引導課程發展的方向，而非是幼兒的學習評量指標，這是

課綱實驗之後，老師們一直想要澄清的概念，其實有時候自己也會陷入這個迷思當中。為什麼學習指標會容易變成評量指標，筆者的經驗與想法是因為課程結束了之後，再用幼兒學習的成果找尋指標對應上去，例如幼兒欣賞完圖畫書之後，請幼兒說說自己的感受，幼兒說小點點的感覺很像風在吹，讓小種籽輕飄飄的。如果老師依照幼兒的話，選擇指標「**語-大-2-2-4 使用簡單的比喻**」，這樣的程序就會落入學習指標是評量指標的錯誤觀點。如果指標是引導課程的方向，老師會先選擇好指標，要引發幼兒能用簡單的比喻來說出自己的感受，在活動進行中就會問幼兒：「你覺得小點點像什麼，捲捲線條像什麼，給你什麼感覺？」

美感領域對我來說真的是一個新的挑戰，對於喜歡而且習慣認知思考模式的我而言，美感好像變得有點認知，不過有了這一次的經驗，美感的經驗也漸漸在我心中散發開來，這次的經驗，也帶給我對美感更多的理會與領悟。

## (三) 其他

實驗課綱中還遇到的其他問題是「不理解指標的意義」，一個活動會選擇很多指標，沒有思考到核心目標，而這些困難我們該如何克服，除了有人指導之外，也透過專業對話和社群的相互探究與學習，及透過省思日誌，逐漸讓我們體會到課綱的精神。所以體驗課綱就猶如孩子探究方案的歷程，必須不斷的嘗試探索、感受、整理、修正、表徵，才能提升對課綱的認知能力。

玖 可參考的資源

 一、書籍方面

　　書籍的提供可以從繪者的畫風還有不同的故事結構與元素方面思考。如：畫風方面可提供鮮明活潑可愛、辨識度高的書籍，像是李歐里奧尼、艾瑞卡爾、五味太郎、宮西達也、朱里安諾……等。但是數量一定要夠多，要提供幼兒大量的書籍閱讀，幼兒才能比較及辨識出繪者的風格。在這次的方案中，老師提供給幼兒李歐里奧尼及艾瑞卡爾的繪本都超過20本以上，其中也包括了外文書。

　　另外也可以提供不同的創作素材繪本，或許不是系列書籍。例如：《狼來了》、《小丑、兔子、魔術師》，以上這兩本是黑白系列；《門》這本書是用布塊拼貼；《查理與蘿拉》的系列，是用很多生活中不要的物品呈現畫風，《巨龍與芒果》是色彩豐富的撕貼和彩色筆的結合、《小尚的巴黎》是用真實照片呈現的書籍、《小黑魚》是蓋印方式、《亂七八糟》是不要的廢紙做剪貼、《小紙船看海》是摺紙的畫風……等；另外也可以提供不同的語言與無字書，讓幼兒經驗這些圖畫書的不同。

　　如果要朝故事的結構與元素，便可以找有重複情節，或者是有不同結局的書籍。如：《蝌蚪的諾言》、《雪地裡的腳印》、《四個朋友》……等，當然有時候可以從一本書中找到很多不同的元素，就可以綜合運用。

　　除了提供幼兒書籍，老師也要增加自己在這方面的專業知識，因此提供下列書籍做參考：

1. 郭妙芳譯（2003）。創造學習的色彩 —— 視覺藝術幼教課程的統整。臺北：光佑。

2. 方淑貞（2010）。FUN 的教學：圖畫書與語文教學。臺北：心理。

3. 郝廣才（2006）。好繪本如何好。臺北：格林。

# 4 進入跳遠的世界

周慧茹

方案緣起

　　體適能的檢測對大班幼兒而言是一件大事，首先是幼兒的身體質量指數計算，也就是身高體重的BMI質，是體適能檢測中的基本要素，再搭配四項施測項目：坐姿體前彎、立定跳遠、一分鐘屈膝仰臥起坐、閉眼單足立。透過已建立的幼兒園體適能常模，可了解幼兒體適能的優劣，做為幼兒體育的依據，設計出適合幼兒的體適能活動。

　　在大班施測體適能的同時，「立定跳遠」成為人氣最旺的項目，施測的過程中，幼兒覺得好好玩，可以比一比看誰跳得最遠，也可以說幼兒對「跳遠」的興趣來自於體適能的施測。受了大班的影響，中班孩子也都顯得躍躍欲試，經過幾次的體驗，孩子對於跳遠接受度頗高，每天都想要一次跳得比一次遠，而且還相互比賽，看誰跳得比較遠。但是要怎麼做才可以跳得很遠，又要如何比較出誰是班上跳最遠的人，這些問題就在跳遠活動進行當中逐漸地浮現。

　　於是，「跳遠」成了班上的全民運動，老師將帶領 19 名大班和 8 名中班的幼兒，展開對跳遠的探究。

 學習目標

1. 協商合作制定跳遠的安全規則並共同遵守。
2. 使用圖像符號及數字記錄跳遠記錄。
3. 覺察與運用協調性的身體動作。
4. 培養測量概念與能力。

參 主題概念網

身-1-1　模仿身體操控活動
認-2-1　整理生活環境中的數學訊息
語-1-4　理解生活環境中的圖像符號
語-2-2　以口語參與互動
語-2-3　敘說生活經驗
語-2-5　運用圖像符號
社-2-3　調整自己的行動，遵守生活
　　　　規範與活動規則

身-1-1　模仿身體操控活動
認-2-1　整理生活環境中的數學訊息
語-2-2　以口語參與互動
語-2-3　敘說生活經驗
語-2-5　運用圖像符號
社-2-2　同理他人，並與他人互動
語-2-1　以肢體語言表達

跳遠的規則　　　　　　怎麼跳才會遠？

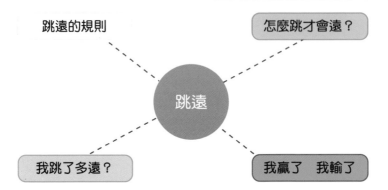

跳遠

我跳了多遠？　　　　　我贏了　我輸了

認-1-1　蒐集生活環境中的數學訊息
認-2-1　整理生活環境中的數學訊息
語-1-1　理解互動對象的意圖
語-2-2　以口語參與互動
語-2-5　運用圖像符號
社-1-3　覺察生活規範與活動規則

情-1-1　覺察與辨識自己的情緒
情-2-2　適當地表達生活環境中他人
　　　　和擬人化物件的情緒
情-3-1　理解自己情緒出現的原因
情-4-1　運用策略調節自己的情緒
社-2-3　調整自己的行動，遵守生活
　　　　規範與活動規則

## 肆 探索過程

在這整個歷程當中，我們將跳遠分成**安全與規則的建立**及身**體動作的協調與覺察**，並從**跳遠比賽**中引發了**記錄及測量方法與工具**及**情緒方面**的問題。

### 一、安全與規則的建立

#### (一) 怎麼跳遠才安全

自從幼兒發現「跳遠」是一項好玩的活動後，老師們便常帶著孩子在前院體驗跳遠。一開始老師並沒有特別引導幼兒要如何跳，雖然他們都經歷了體適能跳遠測驗，應該對跳遠有點概念。但是老師還是看到很多五花八門的跳遠方式，有一群人相互面對面跳，也有人像袋鼠一直重複跳，也有人邊跑又邊跳，就在這麼多有趣的跳遠方式之下，出現很多的問題。其中一個最大的問題就是跳的時候「**會和別人相撞**」，因此我們**決定先解決這個「安全性」問題**。

● 大家來跳遠，幼兒在前院隨意跳

為了讓大家都清楚這個問題的內容，老師請兩位幼兒實際將問題的情

● 會和別人撞在一起，好危險！！

● 大家站在同一邊一起跳

● 排隊，一個接著一個跳，才安全

境演出來。原來是兩個人面對面要進行跳遠活動，但是誰也不讓誰，因此就會撞在一起。問題一演出來，就有人提出可以面對面，但是要分開，經過實際演練，發現還是不行，因為幼兒還沒有辦法控制自己的身體，雖然分開但是還是容易撞在一起。

這個時候有人提出可以「大家站在同一邊一起跳」，我們嘗試了幾次，左右撞在一起的情況還是會發生。再來又有人提出可以先看看人家有沒有做「預備動作」就不能再往那邊跳。但是什麼叫做預備動作呢？他們說就是要準備開始跳的樣子，但是因為形容得太抽象，大家也不懂為什麼要做預備動作，在大家對於跳遠動作都還沒有經驗的時候，老師決定暫時不討論「預備動作」的這個問題。

其實老師是想要引導幼兒建立排隊的規則，因此，老師故意將跳遠的場地縮小，所以他們無論如何分開跳，都還是會撞在一起。這時他們體會到應該要排隊輪流，一個接著一個跳，而不是一長排的人同時跳，相撞

的情形果然減少了許多。

除了撞在一起的問題，還有哪些安全的問題要注意呢？我們提出來一

併討論。幼兒想到要穿布鞋，還有在跳遠之前要先做暖身運動，還有場地的問題，不可以在教室跳，因為這樣才不會受傷。

　　排隊看起來是一個很簡單的概念，在生活中，我們經常要求幼兒要排隊，但是或許他們不清楚為什麼要這樣做，透過這樣一個問題的解決歷程，幼兒體會到排隊的重要性，因此規則的建立，應該都要經過協商討論與體會，這樣才會深植在幼兒的心中。

　　身-中大-1-3-3　覺察身體活動安全的距離

　　身-中-1-3-4　覺察與辨別危險，保護自己的安全

　　身-大-1-3-4　覺察與辨別危險，保護自己及他人的安全

　　社-大-2-3-3　與他人共同訂定活動規則，遵守共同協議

　　社-大-1-3-1　辨認生活規範和活動規則的理由

| 老師的引導／幼兒的表現 | 學習指標 |
| --- | --- |
| (一) 怎麼跳才安全<br>幼兒在這麼多有趣的跳遠方式之下，出現一個最大的問題，就是跳的時候「會和別人相撞」，因此先解決這個「安全性」問題。<br>為了讓大家都清楚這個問題的內容，老師請兩位幼兒實際將問題的情境演出來。原來是兩個人面對面要進行跳遠活動，但是誰也不讓誰，因此就會撞在一起。大家討論出可以都站在同一邊一起跳，或是排成一排輪流跳。 | 身-中大-1-3-3　覺察身體活動安全的距離<br>身-中-1-3-4　覺察與辨別危險，保護自己的安全<br>身-大-1-3-4　覺察與辨別危險，保護自己及他人的安全<br>社-大-2-3-3　與他人共同訂定活動規則，遵守共同協議<br>社-大-1-3-1　辨認生活規範和活動規則的理由 |

## 二、怎麼樣才跳得比較遠？

### (一) 分享自己怎麼跳

　　有了排隊的規則之後，老師發現袋鼠跳及亂跳的樣態沒有再出現了。

老師判斷是因為場地比較固定，還有他們從旁觀察那些跳遠跳得比較好的孩子的動作所影響。另外老師也觀察到他們每天不斷的在比較誰跳得比較遠，因此決定先跟幼兒討論要怎麼樣才能跳得比較遠。每個幼兒都說自己可以跳得很遠，我們先請每位幼兒分享，並且示範他們跳遠的動作給大家看。老師從中觀察到他們跳遠的樣態：有一些幼兒跳得很好，肢體很協調，會先前後擺動雙手，雙腳合併向前跳，因此跳得很遠。但是也有幼兒想跳就跳了，或者雙腳無法併攏同時落地，當然就沒有跳得很遠。幼兒發現什麼呢？他們發現有幾個人可以跳得很遠，大家對他們的動作產生了興趣，也要覺察到自己身體動作的協調與否。

語-中大-2-1-1　運用肢體動作表達經驗或故事

## (二) 觀察別人怎麼跳

要怎麼才跳得遠呢？老師特別邀請這些跳得比較好的幼兒出來示範。這次老師要求幼兒的觀察要更細膩，因此大家討論觀察時要有具體的方向。有的幼兒說要看預備動作，有的幼兒說要看跳的動作，於是「預備動作」這個名詞又再度被提起，雖然前面討論規則時有提到，但那時不是引導的時機，但現在時機成熟，所以可以針對預備動作做較深入的探討。什麼是預

● 觀察別人是怎麼跳遠的

備動作？有人說就是在跳出去之前要做的動作，還出來示範給大家看；就是膝蓋有點彎曲雙手前後擺動。或許是經過一段時間有了跳遠的體驗與模仿觀察，此時幼兒比較可以體會預備動作的意義。

身-中大-1-1-2　模仿身體的動態平衡動作

## (三) 歸納跳遠的動作

　　幼兒根據他們的觀察，歸納出示範者的共同點：預備動作方面，包括雙手前後一起擺動，兩隻腳合起來，膝蓋要彎一點。跳出去的動作是身體和手都要往前擺動，以及兩隻腳要一起踩在地面上。

　　這樣的動作確實會幫助我們跳得更遠嗎？老師讓幼兒再度比較了一次，請一個幼兒運用這樣的動作和另一個隨意跳的幼兒一起跳，結果他們發現這些動作的確可以幫助我們跳得更遠。所以幼兒也體會出，想要讓自己跳得更遠，就要先改變自己的動作。

　　語-中大-2-1-1　運用肢體動作表達經驗或故事

## (四) 體驗及修正跳遠動作

　　以上的體驗，都是經由視覺與聽覺的觀察，實際上還是要透過肢體，才能真正體會出別人分享的道理，所以在幼兒不斷的用各種感官在經驗跳遠的動作之外，老師還提供了以下的經驗，希望可以提升他們的動作能力，幫助他們早一點完成目標。

### 1. 跳遠影片

　　首先，老師提供了跳遠選手的影片，讓幼兒看看跳遠的選手是怎麼跳的？結果幼兒發現，選手的動作跟大家討論的動作很像，如果這樣練習，就可以跟選手一樣厲害了。

### 2. 教練制度

　　藉由班上跳得比較好的幼兒不斷的示範與引導其他幼兒跳遠，老師建立了教練制度。老

● 觀察別人是怎麼跳遠的

127

師邀請班上跳得比較好的幼兒在旁邊觀察,以協助需要幫助的幼兒。這些小老師不但會用言語提醒他們哪裡要用力,什麼時候身體要蹲低一點等,而且還會用肢體示範。

### 3. 動作錄影

錄影方式可以幫助幼兒看到自己動作需要改進的地方,因此老師將大家的動作錄影下來,再放給幼兒看。幼兒才發現,原來自己在跳的時候,手沒有向上舉高、膝蓋沒有彎曲……等。

### (五) 表達進步及修正的地方

以上三種方式是交錯在一起進行,就在幼兒邊體驗、邊修正的歷程之下,每個人都有不錯的進展。因此老師請幼兒說說自己哪裡進步了?修正了什麼?有許多幼兒發現控制肢體可以讓自己跳得更遠。如:我的手要向前向後擺,我感覺到跳更遠;我放輕鬆跳,腳跟手都有動;腳要彎,膝蓋要彎;腳要合起來彎下去再往前跳,會跳很遠喔;我覺得我現在跳得比較遠,因為跳出去手往前擺動會幫助我跳很遠;我的手幫忙自己跳,我可以和大班比賽跳遠了。另外有幼兒覺得預備動作有效,如:「我以前都沒有做預備動作,我現在有做了。」有做跟沒有做有什麼差別呢?他說:「這樣有心理準備要跳了,要想想等一下怎麼跳,以前我站上去一下子就跳了,就沒有跳很遠了。」但是也有幼兒認為用的力氣和跳得遠近有關。如:「我覺得我跳比較遠,因為我用很大的力氣,因為手有力氣讓我往前跳。」

當老師看到幼兒興奮且迫不及待分享自己在跳遠的進步,更確信讓幼兒透過實際的體驗,從最初的模仿到覺察自己身體的移動性的操控,並與同儕協商討論,進而調整修正自己跳遠動作的歷程,呈現出幼兒跳遠的肢體動作技能。

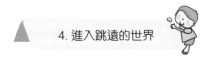

語-中-2-3-1　敘說時表達對某項經驗的觀點或感受

社-中-3-1-2　欣賞自己的長處，喜歡自己

| 老師的引導／幼兒的表現 | 學習指標 |
|---|---|
| (一) 分享自己怎麼跳<br>請每位幼兒分享自己是怎麼跳遠的，並且示範自己跳遠的動作給大家看。 | 語-中大-2-1-1　運用肢體動作表達經驗或故事 |
| (二) 觀察別人怎麼跳<br>老師特別邀請這些跳得比較好的幼兒出來示範。這次老師要求幼兒的觀察要更細膩，因此大家討論觀察時要有具體的方向。 | 身-中大-1-1-2　模仿身體的動態平衡動作 |
| (三) 歸納跳遠的動作<br>幼兒根據他們的觀察，歸納出示範者的共同點：預備動作方面，包括雙手前後一起擺動，兩隻腳合起來，膝蓋要彎一點。跳出去的動作是身體和手都要往前擺動，以及兩隻腳要一起踩在地面上。 | 語-中大-2-1-1　運用肢體動作表達經驗或故事 |
| (四) 體驗及修正跳遠動作<br>幼兒先透過觀察與模仿和教練制度，親身體驗跳得遠的方法，老師藉錄影方式幫助幼兒能更快察覺自己要怎麼跳才會跳得遠。<br>1. 跳遠影片<br>2. 教練制度<br>3. 動作錄影 | 身-中大-1-1-2　模仿身體的動態平衡動作 |
| (五) 表達進步及修正的地方<br>跳遠影片、教練制度、動作錄影這三種方式是交錯在一起進行，就在幼兒邊體驗、邊修正的歷程之下，每個人都有不錯的進展。因此老師請幼兒說說自己哪裡進步了？修正了什麼？有許多幼兒發現控制肢體可以讓自己跳得更遠。 | 語-中-2-3-1　敘說時表達對某項經驗的觀點或感受<br>社-中-3-1-2　欣賞自己的長處，喜歡自己 |

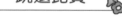

## 三、跳遠比賽

● 我們一起來比賽跳遠

### (一) 比賽要注意的事情

　　大家都可以跳得更遠後，比賽的
遊戲自然出現，因為大家都覺得自己
跳遠已經變厲害，所以會不斷找人挑
戰。同時他們想要知道誰是跳遠高
手，誰是班上跳遠最厲害的人，比賽
跳遠終究是孩子想要做的事情。當他
們提到要舉行跳遠比賽時，老師腦中
開始浮現比賽當中可以朝什麼學習目
標前進。課綱提供了測量和以圖像記
錄的方向，此外，比賽當然會牽涉到
輸贏，因此覺察與調節情緒部分也會
考慮。

● 跳遠比賽要注意什麼才公平？

　　但是跳遠比賽應該要注意什麼事情呢？一開始的規則是：**要站同一
邊、兩個人要站在同一條線上，不能前後站，這樣才公平。**老師要求幼兒
兩人一組，進行兩次的比賽。

　　比賽開跑囉！因為大家的實力都差不多，所以比賽結果大多是一贏一
輸或是平手。其中很多組的比賽結果都是平手，因為在他們心中認為平手
最好，因為誰都不想輸。但是，這樣可以知道誰是跳的最遠嗎？

### (二) 怎麼記錄比賽結果

#### 1. 用頭腦記錄

　　有了第一次的比賽，大家對於比賽跳遠可是信心滿滿，而且才比一

130

次,大家對比賽結果都記得非常清楚。當老師問及誰輸誰贏時,幼兒紛紛以口頭報告結果,但是老師問他們怎麼確實知道是誰贏了?幼兒說他們都有用頭腦記起來。為了讓他們有機會更清楚記錄的方式,老師故意要求幼兒繼續比賽十次,同樣要清楚跟老師口頭報告誰輸誰贏,看他們是不是也能將比賽結果記得清楚呢?討論後

● 兩人一起的跳遠比賽,中班負責用頭腦記比賽結果

有人提出可以三個人一組,一人負責用頭腦記錄,另外兩個人就可以比賽。第一次進行時請中班擔任記錄員,不過中班的幼兒似乎無法牢牢記住十次的比賽結果,於是大班的幼兒建議:「那就改成大班記錄,大班的記憶力比較好」。第二次比賽結束後大家發現雖然大班幼兒很努力的要說出比賽結果,不過,歪著頭想很久,也想不出來完整十次的比賽結果!所以幼兒覺得雖然用頭腦記很方便,但是十次太多沒有辦法完全記住,很容易忘記。單單用頭腦記,其實不是一個記錄的好方法。

## 2. 用紙筆記錄

上一次用頭腦記比賽結果,結果都記不起來,但是老師卻很厲害,老師可以很清楚的記錄某一組的每一次比賽結果,為什麼呢?有些幼兒猜到老師是用紙和筆,因此有人提議改用紙筆的方式記錄。採用的方法是兩個人一組一起比賽五次,自己記錄比賽結果。比賽過程中幼兒非常忙碌,每跳完一次,就要記錄一次;但是當

● 將跳遠的結果用紙筆記錄下來,就不會忘記了

老師問他們結果時，他們都可以清楚的說出，所以他們體會到用紙筆記錄確實比頭腦清楚。

　　認-中大-1-1-6　運用數字符號記錄生活環境中的訊息

　　語-中大-1-4-2　知道能使用圖像記錄與說明

　　認-大-3-1-1　與同伴討論解決問題的方法，並與他人合作實際執行

## (三) 怎麼清楚做記錄

### 1. 分享記錄內容

　　幼兒知道用紙筆記錄是讓自己記得比賽的結果，但是他們的記錄方法，卻讓別人不清楚。每個幼兒的記法都非常有創意、五花八門。有寫滿自己號碼的記錄，代表他贏了很多次；有的幼兒在自己的座號旁邊寫上「123456」代表自己贏了六次；有的幼兒寫上自己的名字三次代表贏了三次；有的用打「✓」代表贏，打「✕」代表輸；有的把兩人的座號寫出來，誰跳得遠就把自己的座號圈起來；也有的孩子運用表格和數字，先畫了五個格子，裡面寫上小的數字代表第幾次，平手的時候就將兩人的號碼寫在一起，贏的人就寫上他的號碼來記錄比賽的結果。

● 我是用號碼代表我贏了幾次，你看得懂嗎？

● 我是畫格子加上號碼和打勾，你看得懂嗎？

　　老師請每一組都分享自己的記錄方式。其中小勳那一組畫了兩個人和一些數字，可是大家都看不懂；還有

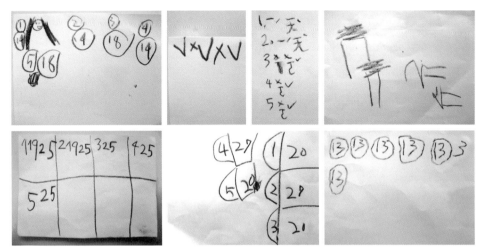

● 幼兒運用不同的圖示方法來記錄跳遠比賽的結果

一組是運用很多數字和格子，卻只有他們那一組才看得懂，其他人完全不知道是什麼意思。但是小叡和小莉兩組的記錄，很神奇的大家都看得懂，在相互比較之下，大家發現這兩組是都是用格子做記錄，所以清楚又明白，其他人用的圖畫我們都不知道是什麼意思。

### 2. 我的記錄別人看得懂嗎？

老師從旁觀察到，目前幼兒的跳遠記錄如果沒有經過幼兒自己解釋，大家是看不懂的，所以接下來的任務是，要帶領幼兒進展到建立起讓大家都看得懂的記錄。

為什麼讓別人看得懂記錄這麼重要呢？我們試著讓幼兒將記錄結果給別班的老師看，但是別班老師解釋的是另一種結果。幼兒又將記錄給爸爸媽媽看，爸爸媽媽與老師的解釋又不

● 把跳遠記錄請別班老師看，看得懂嗎？

相同。所以幼兒體會到，讓別人看得懂記錄，就是大家都可以解釋一樣的意思。而小瑞他們的記錄就是這樣，他們的記錄有什麼特別的地方呢？大家發現，他除了用格子之外，還會用打勾的方式代表哪個人贏。

● 全班一起約定共同的記錄符號

最後老師先幫大家統整記錄的方法及為什麼要做記錄。幼兒能清楚表達，做記錄是要讓別人知道誰輸誰贏，用紙筆記錄比頭腦記錄好，因為不會忘記。但是紙筆記錄要注意要讓別人清楚在記錄什麼。

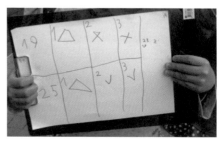
● 約定好的記錄符號

### 3. 使用共同的符號做記錄

從以上的經驗，幼兒清楚並約定大家要使用共同符號，在大家的共識下，做記錄中贏的人要畫【✓】，輸的人要畫【✗】，平手就畫【△】。有了這些共同的符號之後，在往後的比賽中，大家就要用這些約好的符號做記錄。在做記錄時有了共同符號的協助，孩子做的記錄，讓久久才來一次的見習老師都能夠看得很清楚呢！

認-大-2-1-5　運用圖／表整理生活環境中的數量訊息
語-中大-2-5-2　運用自創圖像符號標示空間、物件或記錄行動

## (四) 如何找出班上跳最遠的人

### 1. 利用有格子的墊子當測量的工具

大家的記錄裡都記錄了誰贏了、誰輸了，但是可以看得出來誰是全班跳得最遠的人嗎？為了知道誰是全班跳得最遠的人，有人提出全班要一起

比賽才知道,而且大家要站在同一條線上一起跳這樣才公平。於是老師刻意安排大家在有格子的墊子上比賽,因為想要從這個過程中,朝測量的能力方面引導。於是孩子們做好預備動作,老師說開始,大家便往前跳,只留下一個幼兒當裁判,幫大家找出誰跳得最遠。

● 大家一起比賽跳遠,要站在同一條線才公平

根據小瑄的記錄,她找出小翔是這一次比賽跳得最遠的人,她是根據誰是在墊子上最前面人,也就是看小翔是**跳到墊子的第幾格來決定**。現在,知道誰是全班跳得最遠的人了,不過他跳得多遠呢?有什麼方法可以知道呢?有人說可以看他是跳到第幾格,就知道他跳得多遠。所以,老師決定讓幼兒試試他們說的方法,並請大家提出自己在記錄跳遠時所發現的問題。中班的幼兒說:「格子太多不會數」,這是很棒的發現,因為地上的格子都長得很像,所以很多人都容易數錯。為了幫中班解決這個問題,小瑄提出**在格子裡寫上數字就可以看到自己是跳到哪一格了**。格子裡有了數字之後,老師看見很多孩子在跳遠

● 小瑄的記錄,可以找出全班跳得最遠的人

● 想知道誰跳多遠,看他跳在墊子的第幾格就知道

時,真的可以馬上說出自己跳多遠,並且很輕鬆地跟別人做比較!

其實任何物品都可以拿來成為測量的工具，繩子、筆、筷子、剪刀……等，在比賽跳遠也是一樣。我們運用了格子成為跳遠的測量工具，在此他們已經會運用數格子來測量自己跳多遠，但是格子有大有小，就像筆有長有短，在測量的時候會發生一些問題，果然事件就這麼活生生地上演了……。

## 2. 格子有大有小怎麼辦？

做晨操的時候，幼兒經常會在舞臺上面跳舞，因此中班的孩子察覺到舞臺的地板上面也有格子，也可以來記錄跳遠的距離。此時老師心中是歡喜的，因為引導的時機就在此刻了。

● 前院的地墊是大格子

小澤在舞臺上跳了之後，發現自己跳了十格，很開心的跟老師分享他進步了，而且他是班上跳最遠的人了。老師先鼓勵他之後，把他以前跳的記錄跟現在相比，確實數字增加了。老師也把之前跳遠的墊子搬過來，請他在墊子上及舞臺上再跳一次，此時開始有人覺得不對勁，因為舞臺上面的格子比較小，但是我們跳的墊子格子比較大。

● 平常跳舞的舞台是小格子

這樣會有什麼問題呢？他們說**在舞臺上的確跳得比較多格，但是並不代表在舞臺上跳得比較遠，因為舞臺格子比較小，所以記錄的數字就會比較大。而格子比較大，記錄的數字就會變得比較小，是剛好相反的。**

### 3. 要用相同大小的格子來測量

為了讓幼兒更清楚測量工具單位要一致的概念,老師帶領幼兒到遊樂場運用很大的格子進行跳遠。這時候,就有聰明的幼兒發現格子好大喔!敏銳度比較高的幼兒,根據觀察到的經驗,在分享自己的觀察前就跟大家說明,這個如果跳兩格就已經很遠了喔!老師同樣的將有格子的墊子

● 三個人都是跳在第三格,誰才是跳最遠的人?

拿到遊樂場讓他們相互比較,這時候他們就不會再被格子的大小所騙了,他們很清楚知道,兩種不同大小的格子,測量出來的結果是不同的。如果我們真的要用格子來測量的話,要怎麼辦呢?他們說應該要用同一種格子比較公平,最後他們還是鍾愛一開始使用的格子墊子做為大家共同使用的跳遠測量工具。

但是在這個部分又引發了另一個問題,因為有的格子很大,大家都跳在數字3的格子裡面,但是還是有遠近之分,到底記錄的時候要怎麼決定誰跳得比較遠?記錄的時候又要怎麼記錄呢?這時開始有人提到可以用尺,我們將開始進入使用正式工具「尺」的部分。

### 4. 正式測量工具～尺

(1) 尺的由來～與生活結合

其實對於尺的使用,老師本來不打算進行,但是因為幼兒提到,而且班上有許多能力很好的幼兒,或許可以藉此展現與提升他們在此方面的優勢能力,因此老師決定試試看。至於要怎麼引導,才可以和幼兒以前的舊經驗相結合,老師想到尺也是一格一格的,跟跳遠的測量工具——格子,

有異曲同工之處。但是為什麼要用到尺，既然格子就可以測量了，為何還需要尺呢？尺在生活上的意義究竟是什麼呢？

老師故意請幼兒將自己跳遠的記錄跟隔壁的兩位老師分享，隔壁班的兩位老師很配合地問他們：「你們說跳三格，這三格到底有多遠啊？是多大格啊？」一個老師認為三格只有一點點，另一個老師聽到的三格覺得是很遠。到底跳三格是多遠呢？幼兒用手比劃著跳三格有多遠，但是還是無法說清楚。幼兒把這個問題帶回班上，並跟大家分享隔壁老師聽不懂三格是多遠的事情，於是大家開始想想到底是為什麼。有人建議可以跟老師說就是跳遠的墊子上面的格子，還可以請老師過去看，可是老師提醒大家，如果每次跟人家說有幾格的時候就要請他過去看，那就太麻煩了。

老師引導大家思考護士阿姨在量身高的時候都會說什麼？幼兒說護士阿姨都會說 112 公分，老師請大家特別注意公分是什麼，他們說就是有多高。如果護士阿姨說小朋友的身高有三格，大家覺得哪一個比較清楚，為什麼？但是幼兒似乎還是不懂，因此老師又請了隔壁老師來幫忙，請他聽聽看，跳遠跳了十公分，跟跳了三格，請問哪一種比較聽得懂。隔壁老師很快地就說是十公分，因為他們都知道一公分有多大，所以十公分就很清楚有多遠了，但是不知道小朋友說的一格有多大，所以不知道三格有多遠。同樣的問題，大家也一起去問護士阿姨，阿姨也是一樣的答案。為什麼大家都只知道公分？老師將以前還沒有發明尺，大家遇到的困難，跟幼兒現在發生的事件結合，讓幼兒體會到，尺就是這麼來的，這樣大家才聽得懂彼此的話，就像記錄一樣要有共同的符號，大家才會清楚。

(2) 和尺做朋友～觀察尺

老師請大家蒐集家中的尺帶來學校，幼兒帶來的尺也相當多，有布尺、捲尺、短尺、長尺。對大多數幼兒來說，尺雖然是他們熟悉的物品，但是在使用上卻是很陌生，因此老師先讓他們仔細觀察「尺」。透過多次的觀察，幼兒發現尺上面有很多數字，有很多的線，一格一格的，而且距

離都是一樣長，就像是我們的格子一樣。

接下來是互相比一比，拿出兩把尺讓孩子好好比較一下，他們**發現了每一把尺的格子也都是一樣的。老師問大家為什麼會這樣，幼兒可以運用自己之前測量的經驗說出這樣才不會像之前有的格子比較大，有的格子比較小，這樣會不公平。**

● 幼兒仔細觀察「尺」上面的秘密

**但是有的尺有兩面，兩面的格子是不一樣大的，不是所有尺的格子都一樣大嗎？這倒引起他們的疑問。因為這是單位的問題，對於他們已經超出能力範圍，所以老師簡單帶過，留待未來他們上小學後再學習。**

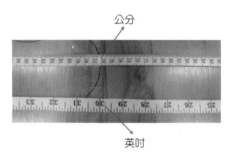

公分

英吋

● 「尺」的兩面是不同的

(3) 尺的使用～怎麼使用尺來測量自己跳多遠

先前孩子們已經觀察過尺，實際使用才會使孩子更明瞭，首先我們先突破「英寸和公分」，孩子發現記錄結果要公平，選擇的單位也是很重要的。老師透過跳同樣的距離，用公分與用英寸測量結果是不同的，所以幼兒決定都要用公分的那一邊進行測量。但是測量時要從哪裡開始量，幼兒很聰明的說要從格子的地方開始，不可以從尺的最前面，因為沒有格子喔！

老師從這個地方發現，引導幼兒

● 我來看看你跳了多遠

從非正式工具到正式工具，格子是一個不錯的非正式引導工具，因為和尺相同都有格子，運用這樣的概念來延伸，幼兒也很清楚喔！！

緊接而來的是孩子實際的測量跳多遠，大家一躍出去就超過 100 公分以上，當孩子將手指從腳跟對應到布尺上的時候，卻出現了不會唸布尺上三位數的情形，因此也發生了唸法不同的笑話。此時，老師告訴大家正確的唸法，並讓孩子記錄下自己是跳到幾公分。

(4) 排序～找到全班跳最遠的人

當孩子們會使用尺後，最大的目標是要找出誰是班上跳最遠的人，大家進行連續三天的跳遠比賽，除了比出全班跳最遠的是誰之外，更重要的是讓孩子挑戰自己的極限。

連續三天的記錄，老師要找出誰是每天跳的最遠的人，於是大家都報告出自己的數字，白板上一下子就寫

●將跳遠記錄排序，從數字小的排到數字大的

滿了密密麻麻的數字。要從這堆數字中找出最大的數字對幼兒來說是困難的，但是，為了要知道誰是跳最遠的人，他們就要動動腦筋，小叡提議**將數字從小排到大，就可以知道結果**。於是幾位能力較好的幼兒協助大家將數字由小排到大，果然順利找出全班跳得最遠的人。

(5) 尺的運用～自己量身高、誰是全班最高的人

每逢學期末，護士阿姨都會幫幼兒量身高、體重。這一次，老師要求護士阿姨只幫幼兒量體重，因為老師想讓幼兒有機會運用尺幫自己量身高。當幼兒知道要自己量身高都非常的興奮，每個人負責幫友伴量身高並記錄自己是幾公分，同樣的排序的活動就在此運用了。為了配合中班的程度，這次的排序有點變化，分為三個部分。第一組的孩子是身高在100～109 公分，第二組的孩子是身高在是 110～119 公分，第三組的孩子

● 尺的運用～量一量你的身高是幾公分　　● 分組將自己的身高記錄排序

是身高在是 120～129 公分，每個人有一張寫著自己身高公分的牌子，判斷自己數字的大小來排序，效果非常好！這次不只大班可以完成，中班也會，雖然這已經超出孩子的能力範圍，但是大家努力的突破，此時，孩子們已經不在乎誰是全班最高的人，而是在各組裡會排序的成就感。

認-中-1-1-5　運用身邊物件為單位測量自然現象或文化產物特徵的訊息

認-中大-1-3-1　觀察生活物件的特徵

認-中大-2-1-1　依據序列整理自然現象或文化產物的數學訊息

| 老師的引導／幼兒的表現 | 學習指標 |
|---|---|
| (一) 比賽要注意的事情<br>跳遠比賽應該要注意什麼事情呢？一開始的規則是：要站同一邊、兩個人要站在同一條線上、不能前後站，這樣才公平。 | |
| (二) 怎麼記錄比賽結果<br>1. 用頭腦記錄<br>在第一次比賽時，幼兒能清楚的記得自己比賽的結果，老師問幼兒怎麼記得，幼兒說用頭腦就可以記得了。所以老師故意要求幼兒繼續比賽十次，同樣要清楚跟老師口頭報告誰輸誰贏，看他們是不是也能將比賽結果記得清楚呢？<br>2. 用紙筆記錄<br>老師請幼兒記十次跳遠比賽的結果，幼兒用頭腦記會忘記，但老師用紙筆卻可以記錄下來比賽的結果。讓幼兒體會用紙筆記下來跳遠比賽的結果，比頭腦記來得清楚。 | 認-大-1-1-6　運用數字符號記錄生活環境中的訊息<br>認-大-3-1-1　與同伴討論解決問題的方法，並與他人合作實際執行<br>語-中大-1-4-2　知道能使用圖像記錄與說明 |

| 老師的引導／幼兒的表現 | 學習指標 |
|---|---|
| (三) 怎麼清楚做記錄<br><br>1. 分享記錄內容<br>幼兒知道用紙筆記錄是讓自己記得比賽的結果，但是他們的記錄方法，卻讓別人不清楚。每個幼兒的記法都非常有創意、五花八門。但是小叡和小莉兩組的記錄，很神奇的大家都看得懂，在相互比較之下，大家發現這兩組是都用格子做記錄。<br><br>2. 我的記錄別人看得懂嗎？<br>為什麼讓別人看得懂這麼重要呢？我們試著讓幼兒將記錄結果給別班的老師看，但是別班老師解釋的是另一種結果。幼兒又將記錄給爸爸媽媽看，爸爸媽媽與老師的解釋又不相同。<br><br>3. 使用共同的符號做記錄<br>記錄是要讓大家都看得懂，所以和幼兒一起討論與商量，約定出共同的記錄符號。幼兒發現表格的記錄可以幫助大家看得更清楚，約定好跳遠比賽前要先把記錄的格子畫好，方便自己記錄。 | 認-大-2-1-5 運用圖／表整理生活環境中的數量訊息<br>語-中大-2-5-2 運用自創圖像符號標示空間、物件或記錄行動 |
| (四) 如何找出班上跳最遠的人<br><br>1. 利用有格子的墊子當測量的工具<br>幼兒想要進行跳遠比賽，老師安排讓幼兒在有格子的墊子上跳遠。幼兒的記錄顯示，小翔跳得最遠，因為他是在墊子的最前面。<br>他跳了多遠？小瑄提出可以在墊子上寫數字，因為我們在施測立定跳遠的時候，墊子上面也有寫數字，幼兒將舊經驗運用在這裡。<br><br>2. 格子有大有小怎麼辦？<br>格子有大有小這樣會有什麼問題呢？幼兒說在舞臺上的確跳得比較多格，但是並不代表在舞臺上跳得比較遠，因為舞臺格子比較小，所以記錄的數字就會比較大。而格子比較大，記錄的數字就會變得比較小，是剛好相反的。<br><br>3. 要用相同大小的格子來測量<br>幼兒發現跳舞的舞臺上面也有很多格子可以用來跳遠，老師鼓勵幼兒去試試看。幼兒很高興的和老師分享，因為他大進 | 認-中-1-1-5 運用身邊物件為單位測量自然現象或文化產物特徵的訊息<br>認-中大-1-3-1 觀察生活物件的特徵<br>認-中大-2-1-1 依據序列整理自然現象或文化產物的數學訊息 |

| 老師的引導／幼兒的表現 | 學習指標 |
|---|---|
| 步的跳了十格，老師再將原來的大墊子搬過來試試看，幼兒發現要找一樣的墊子來跳才是公平的。<br>老師演出一段南北跳遠戲劇，為了讓幼兒更清楚測量工具要一致的概念，再帶領幼兒體驗兩種不同大小的格子來比賽跳遠，幼兒說應該要用一樣的格子墊子才公平。<br><br>4.正式測量工具～尺<br>(1) 尺的由來～與生活結合<br>對於尺的使用，原先老師不打算帶入，但是因為幼兒提到，而且班上有許多能力很好的幼兒，或許可以藉此展現與提升他們在此方面的優勢能力，老師以尺上面也是一格一格的來切入，和格子墊子來相結合。<br>(2) 和尺做朋友～觀察尺<br>小瑄先帶來了一把尺來學校，引起大家的共鳴，隔天教室裡就有 16 把尺了。雖然尺很熟悉，對幼兒來說卻又很陌生，老師先請幼兒觀察尺上面有什麼特徵，再比較兩把尺，幼兒發現尺上面的格子都一樣，馬上結合到之前的經驗，格子要一樣大才是公平的。<br>(3) 尺的使用～怎麼使用尺來測量自己跳多遠<br>經過先前的觀察尺，就要來使用尺，尺要怎麼使用，幼兒發現要從有格子的地方開始測量，老師從這個地方發現，引導幼兒從非正式工具到正式工具，格子是一個不錯的非正式引導工具，因為和尺相同都有格子，運用這樣的概念來延伸，幼兒也很清楚喔！<br>要將尺運用在跳遠上面了，幼兒奮力一跳，已經超過 100 公分以上，要讀出三位數是不容易的，老師告訴大家正確的讀法，讓幼兒做記錄。<br>(4) 排序～找到全班跳最遠的人<br>當幼兒會使用尺來測量誰是全班跳最遠的人，老師請幼兒寫下自己跳遠的數字，三位數的比較真是不容易，小叡提出可以由小的數字排到大就知道誰跳最遠，老師和幾位能力好的幼兒一起幫助大家，雖然花了一上午的時間將數字排序，但最後果然找出全班跳最遠的人，好有成就感。 | |

| 老師的引導／幼兒的表現 | 學習指標 |
|---|---|
| (5) 尺的運用～自己量身高，誰是全班最高的人<br>老師繼續要讓幼兒熟悉測量與排序的概念，正好學期末要量身高，就讓幼兒練習實際測量，老師特意分成三組，是以數字的間格來分組排序，讓中班的幼兒也能加入排序，雖然超出幼兒的能力範圍，但卻看到幼兒為了數字排序而努力不懈的精神。 | |

## 四、跳遠的運用

### (一) 跳遠創新遊戲

　　跳遠活動進行到此，已經滿足了幼兒比賽跳遠找出班上跳最遠的人的目標，因此老師帶領幼兒思考跳遠還可以怎麼玩？如何將跳遠的動作技巧做為基礎，搭配其他體能用具，激發他們的創意，設計出新的跳遠遊戲。幼兒想到體能室裡的道具，如：海綿積木、呼拉圈、軟墊、球……等，可以跟跳遠結合在一起。老師請幼兒分組讓大家合作發揮創意，激發出跳遠的遊戲。第一組是呼拉圈結合跳遠，由第一個呼拉圈跳到第二個。第二組是運用積木搭配呼拉圈與跳遠做結合，跳過去要能夠站在積木上才算成功。第三組是選擇籃球搭數字墊，並與跳遠結合，一開始老師覺得數字墊很容易，但孩子給自己更難的挑戰，是要從數字墊上的「3」跳到「8」，再將籃球投進籃框裡，而且老師還要讓全班的幼兒都來試試看好不好玩，除了好玩，更要兼顧遊戲安全的問題。在老師和幼兒的腦力激盪下，最後創造出兩種最好玩跳遠遊戲，一種是數字墊搭配投籃來跳遠，另一種是積木搭配呼拉圈來跳遠。果然是幼兒自己創造出來的跳遠遊戲，更能吸引大家對跳遠的喜愛。

● 跳遠創新遊戲～數字地墊與投籃的結合

● 跳遠創新遊戲～積木、呼拉圈與投籃的結合

　　身-中-3-2-1　把玩操作各種素材或器材，發展各種創新玩法

　　身-大-3-2-1　與他人合作運用各種素材或器材，共同發展創新玩法

## (二) 跳遠助人

　　正當跳遠活動進行火熱時，適逢聖誕節的來臨，要如何將方案的活動與節日結合在一起呢？老師想要讓幼兒過一個不一樣且有意義的聖誕節。藉由一封來自聖誕老人寄來的信，希望大家能一起幫忙完成聖誕老人的心願，想辦法幫助那些沒辦法過聖誕節的小朋友。大家討論之後，覺得要去關心需要幫助的小朋友才是最有意義的聖誕節。老師進一步透過家扶中心影片，讓幼兒體會其他孩子的小小聖誕節心願，大家發現影片中小凱的聖誕心願不是幼兒們最想要的玩具，而是睡覺所需要的枕頭；有的小孩心願是希望能給爸爸一雙新的鞋子，讓爸爸更方便工作。正在看的時候，小宜和小樂互相說著：「他們真的是需要我們的幫助，我們可以捐錢給他們」，馬上引起大家的共鳴，燃起大家想要幫助別人的那份熱血，那要怎

麼做呢？

我們使用便利超商的「集點」策略來募集款項。就是幼兒跳幾格，就是幾點，最後還要總結算自己總共跳幾格，再從**自己的撲滿**拿出錢來，幫助需要幫助的小朋友。集點規則是先讓孩子設計自己的集點卡，再來一定要有活動主題歌來增加趣味性，「叮叮噹～叮叮噹～跳遠真好玩，可以集點，可以換錢，可以幫助別人～」，最後加上動作，以激發大家跳越遠可以幫助更多人的潛力。班上幼兒真的非常努力想要幫助別人，非常的努力跳；因為跳越遠，就會越多點，捐的錢也就越多了，最後一天我們還邀請園長一起來挑戰。

總結算的那天，幼兒顯得很興奮，大概是沒有想到自己也能累積這麼多點。他們帶著自己的點數回家換豬公裡肚子的現金，再慢慢投入「跳遠愛心跳遠棒」（註：一個透明的撲滿），心中祝福著需要幫助的小朋友。接著，老師要求幼兒寫自己的匯款單號碼和捐款金，帶領全班步行到萬華區莒光郵局，親手將錢匯款給家扶中心，得到了人生中第一張匯款的收據。

回到學校請幼兒分享心裡的感覺，幼兒的感覺很多，有的幼兒說：「我覺得很幸福，我可以幫助別人」；也有幼兒說：「他們收到錢，一定會很高興，我也覺得很高興」；還有幼兒說：「他們沒辦法和我們說謝謝，我覺得沒關係，因為能幫助別人就很棒！」老師從幼兒的分享中，可以感受到今年大家都過了一個非常不一樣的聖誕節。

運用跳遠結合聖誕節活動，讓幼兒感受到幫助別人是一件快樂的事情，除了讓幼兒體驗節慶活動，發現自己是幸福的孩子之外，也讓幼兒不要忘記世界上還有其他需要接受幫助的人。幼兒雖然年紀小，但是，行善就要從小培養，從這個活動可以讓幼兒體驗，他們自己也是有能力幫助別人的。

社-中-1-6-3　參與節慶活動

● 聖誕節跳遠愛心集點　　　　● 記錄自己累積的點數

● 園長參加跳遠集點活動　　　● 愛心捐款數一數

● 自己寫劃撥單　　　● 聖誕節當天全班一起到郵局匯款

社-大-1-6-3　　樂於參與多元文化的活動

社-中大-3-3-1　　主動關懷並樂於與他人分享

| 老師的引導／幼兒的表現 | 學習指標 |
| --- | --- |
| (一)跳遠創新遊戲<br>老師提出跳遠還可以怎麼玩，運用動作技巧為基礎，搭配其他體能用具設計出新玩法。<br>幼兒分組討論並實際試玩，例如有一組是以跳數字墊搭配投籃的創新遊戲，吸引很多人挑戰。 | 身-中-3-2-1　把坑操作各種素材或器材，發展各種創新玩法<br>身-大-3-2-1　與他人合作運用各種素材或器材，共同發展創新玩法 |

| 老師的引導／幼兒的表現 | 學習指標 |
|---|---|
| (二)跳遠助人<br>跳遠也能結合聖誕節，老師以跳遠能怎麼幫助別人，用集點換愛心為概念，跳幾格捐幾元，帶領幼兒感受到幫助別人是一件快樂的事情，除了讓幼兒體驗節慶活動，運用跳遠來做愛心更有意義。 | 社-中-1-6-3 參與節慶活動<br>社-大-1-6-3 樂於參與多元文化的活動<br>社-中大-3-3-1 主動關懷並樂於與他人分享 |

## 五、跳遠與情感教育

　　幼兒想要進行跳遠比賽，當比賽過後分享自己的感覺，幼兒的反應是覺得很好玩、有進步、很緊張、想要贏、要跳全班最遠、不想輸、想得到第一名……等情緒反應出現。老師的目標希望能帶領幼兒從比賽跳遠體會到其中的快樂，而不是只注意到誰贏誰輸，有比賽就有輸贏，老師運用戲劇演出，帶入誠實做記錄的品格教育，引導幼兒不要為了贏就讓自己變得不誠實。

### (一) 第一次參加比賽的感覺

　　幼兒參加生平第一次的跳遠比賽，有沒有什麼特別的感覺呢？老師請幼兒分享參加比賽的感覺。幼兒的感覺很多元：「我比賽的時候，我的心情很高興，頭腦告訴我，想一想怎麼跳得遠；我覺得我跳的時候有點緊張，因為我沒有參加過比賽，我想我會不會比人家跳得比較近，跳完就沒有很緊張了；我第一次沒有跳很遠，我的頭腦想要比別人跳得遠，我的手很用力的向後，第二次跳有成功，跳完以後很開心，因為跳得比他遠。」很多幼兒都說「很緊張、也很開心」，問他們當時心裡在想什麼時？大部分的孩子說：「我想要跳的比對方還要遠」，也有孩子幫自己的對手加油，希望他也可以一起跳很遠。

老師統整大家的感覺，提出一個「當你在比賽有可能會輸，你會怎麼做？」的問題。小智：「比賽輸會很傷心，我不喜歡，但是可以一直練習。」小瑄：「對，要一直一直練習，就會跳得更遠。」小紫：「我剛剛比賽輸了，小柔對我說沒關係，還教我一些跳遠的方法，跳遠比賽很好玩，可以讓自己進步。」

● 比賽的感覺

真的，要讓幼兒面對輸贏的結果似乎比大人容易，幼兒會將輸贏的感覺化為好玩，而不要在意結果，這就是老師想要讓幼兒從跳遠比賽中學習到的精神。

情-中大-1-1-3　辨識自己在同一事件中存在著多種情緒

情-中大-3-1-1　知道自己複雜情緒出現的原因

情-中大-3-1-2　知道自己在同一事件中產生多種情緒的原因

情-中大-4-1-1　運用等待或改變想法的策略調節自己的情緒

## (二) 誠實的做記錄

老師觀察到幼兒有更改比賽記錄的情形，老師演出狀況劇進行品格活動——「誠實」，讓孩子了解做記錄要誠實，不能為了贏，而讓自己不誠實。

在狀況劇中，小明為了要贏所以偷改比賽記錄，請幼兒對小明的行為判斷改記錄會造成什麼後果。其實幼兒知道更改記錄的後果，有的幼兒說：「這樣是犯規」、「等你長大，參加奧運比賽，偷改會被裁判說你犯規，就會取消資格；這樣大家就不會相信了，就算你第一名也不相信」；還有些幼兒會強調認真努力的重要，如：「這樣就不公平了，想得第一名就要努力」；「你不要擔心，不要管第一名的事情，認真跳比較重要」；

● 老師演出誠實做記錄的故事

「如果你偷改，就不是自己努力的，騙別人也騙自己。」

　　老師演出偷改記錄者小明提出自己的想法，表示是因為想贏得跳遠比賽才改記錄的，但其實已經是不誠實了。老師的目的是希望透過讓幼兒一起想辦法幫助劇中的主角小明解決問題，並進行價值澄清，因為第一名可不是靠運氣得到這份殊榮的，而是不斷持續的練習，這樣才是真正的贏。

　　社-中大-2-3-2　理解生活規範訂定的理由，並調整自己的行動

　　情-中大-4-1-1　運用等待或改變想法的策略調節自己的情緒

| 老師的引導／幼兒的表現 | 學習指標 |
|---|---|
| (一) 第一次參加比賽的感覺<br>幼兒面臨跳遠比賽，擔心、害怕、緊張的情緒浮現出來，透過分享，讓幼兒發現原來不是只有我會有這樣的情緒出現，正視自我的情緒。 | 情-中大-1-1-3　辨識自己在同一事件中存在著多種情緒<br>情-中大-3-1-1　知道自己複雜情緒出現的原因<br>情-中大-3-1-2　知道自己在同一事件中產生多種情緒的原因<br>情-中大-4-1-1　運用等待或改變想法的策略調節自己的情緒 |

| 老師的引導／幼兒的表現 | 學習指標 |
|---|---|
| (二)誠實的做記錄<br>只要有比賽就會有輸贏，老師從旁邊觀察到有幼兒偷改比賽的結果，老師透過戲劇演出，演出偷改記錄幼兒心裡的情緒。並邀請幼兒幫忙想辦法解決，藉此讓幼兒練習面對自己的情緒，進而調整。 | 社-中大-2-3-2　理解生活規範訂定的理由，並調整自己的行動<br>情-中大-4-1-1　運用等待或改變想法的策略調節自己的情緒 |

## 六、結語

　　有一天下午，小叡的媽媽來學校和老師分享跳遠比賽的好消息，小叡目前就讀國小一年級，學校有舉行跳遠比賽，以前是我們班的小叡和小寧兩人在國小跳遠比賽分別獲得第一名和第二名。小叡回家和媽媽分享：「媽媽，我今天跳遠比賽得到第一名喔！」媽媽：「這麼厲害！」小叡：「我在讀幼兒園的時候，可是有研究過跳遠方案喔！我才能跳得這麼厲害的。」媽媽：「那跳遠方案對妳很有幫助呢！」

　　還記得當時在進行跳遠方案初期，小叡覺得每天跳來跳去很煩，直到需要大家一起解決如何知道誰是全班跳最遠的人，才引起小叡的興趣，常常在討論的時候會主動表達自己的想法與建議，對整個方案幫助很大。當老師得知她跳遠比賽得到第一名，除了替她高興，也從她的話語中更證實方案歷程對幼兒的重要。老師在幼兒園階段是個播種者，將概念種植到幼兒心中，或許馬上有成效，或許需要好多年以後才能看到開花結果。我要繼續當個熱血老師，有目標、有想法、有動力向前衝，更別忘了心中要有課綱指標。

這是幼兒在整個方案中主要探究的問題，最後統整以下的流程圖。

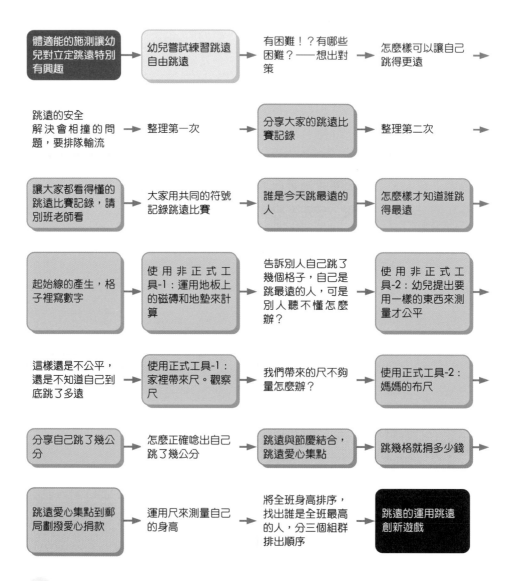

# 陸　主題事後網

| | |
|---|---|
| 身-中大-1-1-2 | 模仿身體的動態平衡動作 |
| 身-中大-1-3-3 | 覺察身體活動安全的距離 |
| 認-中大-2-1-1 | 依據序列整理自然現象或文化產物的數學訊息 |
| 認-大-2-1-5 | 運用圖／表整理生活環境中的數量訊息 |
| 語-中大-1-4-2 | 知道能使用圖像記錄與說明 |
| 語-中-2-2-2 | 以清晰的口語表達想法 |
| 語-中-2-3-1 | 敘說時表達對某項經驗的觀點或感受 |
| 語-大-2-5-3 | 運用圖像符號規劃行動 |
| 語-大-2-5-4 | 運用訊息類文本解決問題 |
| 社-大-2-3-3 | 與他人共同訂定活動規則，遵守共同協議 |

| | |
|---|---|
| 身-中大-1-1-2 | 模仿身體的動態平衡動作 |
| 認-中大-2-1-1 | 依據序列整理自然現象或文化產物的數學訊息 |
| 認-大-2-1-5 | 運用圖／表整理生活環境中的數量訊息 |
| 語-中-2-2-2 | 以清晰的口語表達想法 |
| 語-中-2-3-1 | 敘說時表達對某項經驗的觀點或感受 |
| 語-中大-2-5-2 | 運用自創圖像符號標示空間、物件或記錄行動 |
| 語-大-2-5-3 | 運用圖像符號規劃行動 |
| 社-中-2-2-1 | 表達自己並願意聆聽他人想法 |
| 語-中大-2-1-1 | 運用肢體動作表達經驗或故事 |

**跳遠的規則**

**怎麼跳才會遠？**

**跳遠**

**跳遠的運用**

| | |
|---|---|
| 身-中-3-2-1 | 把玩操作各種素材或器材，發展各種創新玩法 |
| 身-大-3-2-1 | 與他人合作運用各種素材或器材，共同發展創新玩法 |
| 社-小中-1-6-3 | 參與節慶活動 |
| 社-大-1-6-3 | 樂於參與多元文化的活動 |
| 社-中大-3-3-1 | 主動關懷並樂於與他人分享 |

**我跳了多遠？**

**我贏了　我輸了**

| | |
|---|---|
| 認-中大-1-1-4 | 運用點數蒐集生活環境中的訊息 |
| 認-大-1-1-3 | 辨識生活環境中數字符號的意義 |
| 認-大-1-1-6 | 運用數字符號記錄生活環境中的訊息 |
| 認-中-1-1-5 | 運用身邊物件為單位測量自然現象或文化產物特徵的訊息 |
| 認-大-1-1-5 | 運用標準單位測量自然現象或文化產物特徵的訊息 |
| 認-中大-2-1-1 | 依據序列整理自然現象或文化產物的數學訊息 |
| 認-大-2-1-5 | 運用圖／表整理生活環境中的數量訊息 |
| 語-中大-1-4-2 | 知道能使用圖像記錄與說明 |
| 語-中-2-2-2 | 以清晰的口語表達想法 |
| 語-中-2-3-1 | 敘說時表達對某項經驗的觀點或感受 |
| 語-中大-2-5-2 | 運用自創圖像符號標示空間、物件或記錄行動 |
| 語-大-2-5-3 | 運用圖像符號規劃行動 |
| 語-大-2-5-4 | 運用訊息類文本解決問題 |
| 社-大-1-3-1 | 辨認生活規範和活動規則的理由 |

| | |
|---|---|
| 情-中大-1-1-3 | 辨識自己在同一事件中存在著多種情緒 |
| 情-小-2-2-1 | 以表情或肢體動作表達家人、朋友或動物的情緒 |
| 情-中大-3-1-1 | 知道自己複雜情緒出現的原因 |
| 情-中大-3-1-2 | 知道自己在同一事件中產生多種情緒的原因 |
| 情-中大-4-1-1 | 運用等待或改變想法的策略調節自己的情緒 |
| 社-中大-2-3-2 | 理解生活規範訂定的理由，並調整自己的行動 |

# 柒 評量與成效

　　隨著學期的尾聲，跳遠比賽也進行完畢，當幼兒已經熟練用尺來測量，算是完成幼兒在跳遠方案最初想要藉由比賽跳遠所延伸的一連串活動的結果。跳遠活動在幼兒的生活中已經是他們生命中經歷過的一部分，很多經驗在他們的學習中不斷的累積，最重要的是還要回到最初老師所設定的學習目標，檢視幼兒在這些活動中是否能達到這些目標。

## 一、覺知辨識

　　對幼兒來說，學習覺察自己的身體動作是很重要的一件事，尤其在學習一項新技能時，能透過覺察、了解自己的身體動作，更能事半功倍。幼兒能將覺察的能力運用在挑戰跳遠，當要挑戰如何跳更遠的同時，先透過觀察、再模仿別人的身體動作，最後運用在自己的身上來試試看，達到身體的協調性，藉此幼兒也有機會覺察自己的身體能做到什麼事。

## 二、表達溝通

　　幼兒使用圖像符號及數字來記錄跳遠、使用正確的測量工具進行測量：

　　一開始大家使用自己的符號記錄跳遠結果，但是只有自己看得懂，算是「各說各話」的記錄，經過互相分享後，協調為大家要有一致的記錄符號，這樣大家都才看得懂。而且，記錄跳遠的距離一開始是用地板上的格子替代，但是，對沒有參與跳遠的其他人而言，說跳幾個格子太抽象了，

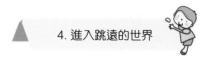

因此要用全世界通用的單位「公分」來表達，才能更容易讓人了解。

另外，幼兒與人合作制定跳遠的安全規則並共同遵守規則，在一開始的跳遠混亂場面，經由大家發現問題，一起提出解決方式，最後大家提出要以輪流、排隊的方式進行跳遠，果然在試跳的時候，不會再發生撞在一起的問題，這真是一個好方法。

## 三、關懷合作

學習以己之力關懷、幫助他人：在跳遠結合聖誕活動時，如何在自己歡度聖誕的同時，也能不忘世界上有人也是需要幫忙的。因此透過跳遠集點的活動，跳越遠捐越多，當然，老師也在事後問了幼兒是自己收到禮物比較快樂？還是幫助別人比較快樂？大家都覺得幫助別人比自己收到聖誕禮物還要快樂！聽到他們這樣回應，老師不禁要幫他們拍拍手掌聲鼓勵呢！

「施比受更有福！」在這群幼兒身上看見了這句話！

## 四、推理賞析

幼兒在經歷地墊的大格子跳遠比賽後，又遇到舞臺地上的小格子，發現在舞臺上的確跳得比較多格，但是並不代表在舞臺上跳得比較遠，因為它的格子比較小，所以記錄的數字就會比較大；而格子比較大，記錄的數字就會變得比較小，是剛好相反的。接著幼兒提出可以用尺也可以知道自己跳多遠，所以老師再繼續將幼兒的經驗延伸到尺，因為尺的上面也是一格一格的格子。

運用這樣的概念，老師看到幼兒也能清楚的推理判斷，也順利的幫助幼兒從非正式工具「大格子、小格子」進行到使用正式工具「尺」。

## 五、想像創造

　　與人合作創新跳遠新遊戲：跳遠比賽到達方案的尾聲時，幼兒小組合作運用體能室裡的道具，如：海綿積木、呼拉圈、軟墊、球……等，創作出可以跟跳遠結合在一起遊戲。幼兒以呼拉圈和跳遠來搭配，也有運用大型積木搭配呼拉圈與跳遠做結合，還有一組是選擇投籃搭配數字墊與跳遠結合，而且除了好玩，更要兼顧遊戲安全的問題喔！果然是幼兒自己創造出來的跳遠遊戲，更能吸引大家對跳遠的喜愛。

## 六、自主管理

　　一開始跳遠的時候，還沒制定跳遠規則，幼兒跳遠會遇到撞在一起的問題，所以想要找出能讓自己跳遠安全的方法，要先能察覺危險，才能維護自身安全，保護自己。接下來是幼兒在進行怎麼跳才會遠的時候，幼兒必須要能夠協調與控制大肌肉動作來完成跳遠，經過不斷的練習與調整，最後實現了自己的目標，達到自我管理的能力。

## 捌 省思

　　「舉行跳遠比賽」是幼兒最初的目標，一定要先知道如何正確的跳遠，大家透過實際的體驗、同儕的經驗分享與觀察，發現了幾個方法可以讓自己跳得更遠，而幼兒們也大大進步了。

　　回家時，當媽媽問起班上誰跳得最遠，每個人都認為自己是跳最遠的，那怎麼才能知道「誰是全班跳最遠的人呢？」，於是開始進入非正式

工具的測量了。原本大家是在禮堂練習跳遠，接著帶領幼兒到前院的地墊上跳遠，讓幼兒發現格子可以用來和友伴相比，而地上的墊子會說話，可以知道自己跳幾格，不過會不會到比較小格的舞臺上跳得更遠呢？幼兒發現其實只是格子變多，和自己跳得遠近沒有關係。

正逢聖誕節的到來，跳遠能否發揮愛心幫助別人？結合時下最流行的集點策略，用跳遠累積點數，跳越遠捐越多，並在聖誕節前夕將捐款匯入家扶中心，以幫助更多的幼兒們，這個聖誕節真特別。接著是正式工具「尺」的進入，幼兒先從發現尺上的秘密為第一步，了解尺才能使用尺，也才能看得懂尺，這可是一大挑戰。

從「跳遠」方案中看到幼兒從最初的想要舉行跳遠比賽，到使用正式工具的歷程，老師不停的挑戰孩子的想法並澄清原先的概念，培養孩子挑戰自我與解決問題的能力。

「跳遠」這個方案活動，看似是課綱中的身體動作領域的體能活動為主，其實，主要是認知領域中，培養幼兒一步一步解決問題的一連串過程。孩子想要知道他跳多遠，大人可以馬上告訴他們可以用尺量，可是讓孩子直接知道用尺量，就沒有我們中間所遇到的那些問題，幼兒也就沒有辦法去經驗從內心渴望靠自己解決問題的感受了。因此，老師才安排一連串有延續性的活動，讓幼兒一步一步走得踏實，而不是直接知道跳多遠用尺量就好了。老師讓幼兒有機會學習在面對問題時，自己當自己的解答者，而不是被動的當聆聽者。套一句老話「給他魚吃，倒不如給他釣竿教他釣魚。」在我們班是「直接給他答案，倒不如教他解決問題！」

在方案進行前，幸曼玲教授的話語「要將課綱的重點放在心中」不斷迴盪在耳邊。課綱使用口訣：「先找領域，再思考給幼兒什麼能力，要從哪一個方向進行？最後是選擇適合的指標，做為老師提供給幼兒的引導方向。」

謹記上述口訣，當我在尋找課程目標時，知道將跳遠方案定位在課綱

中的四大領域，有身體動作與健康領域、認知領域、社會領域和情緒領域。而跳遠一開始面臨到的是身體動作與健康領域，先要學會跳遠的動態平衡動作和覺察身體活動的安全距離，才能再進一步的探究。幼兒同儕間的協商與分享，和共同制定跳遠的規則，則是會坐落在社會領域。當幼兒想知道誰是全班跳最遠的人，就來到了課綱中的認知領域，其中著重在「認-1-1 蒐集生活環境中的數學訊息」和「認-2-1 整理生活環境中的數學訊息」做為方案進行的重要依據。最後，輸贏的感覺與關心別人則是出現在情緒領域。而整個方案中，學習指標是交錯重疊運用著。

在這一段整理回顧整個跳遠方案時，發現自己對指標更有感覺了，可以知道這一段的文字是搭配哪一條指標。想到以前看著指標卻不知該從何下手，只能依賴其他老師使用指標的經驗，就覺得別人怎麼這麼厲害，可以找到適合的指標，自己卻無所適從。

現在發現，自己學習指標的歷程，就像是幼兒在學習新知與解決問題一樣，透過舊經驗不斷的堆疊，形成學習的新經驗。不斷發現在課程中用哪一條指標會更適合，果然是多接觸就會多精熟指標，這樣的歷程讓我在未來的方案中，更可以精確找到適合的課程目標和學習指標。

# 5 躲 · 避球

林娟伶
曾慧蓮

# 壹 方案緣起

自從參與課綱實驗後，幸曼玲教授常常提醒我們在方案的選擇上，不要偏重某些領域，要多嘗試較少接觸的領域，例如美感、身體動作與健康，或情緒領域為主的方案。省思這幾年的教學，的確較偏愛認知領域——如「葉子」、「神奇的紙」，或是語文領域如「名字的秘密」……等。因此隨著課綱的導引，老師思考並觀察幼兒的興趣是否在美感領域或身體動作與健康領域等有探究的可能，適巧剛開學時，在學習區的體能區活動老師帶領大家玩躲避球的遊戲發現了契機。躲避球的玩法是：在地上框出一個類似正方形的形狀，當成是躲避球的場地，球則是選擇大龍球，然後一些人在正方形的外圈，另一些人則在正方形的裡面。裡面的人要閃躲大龍球，外圈的人要用大龍球向裡面推，裡面的人如果被球碰到就要出局。最後，看看誰是最會躲的人，然後交換角色。玩了三天，班上每位幼兒幾乎都有了共同的經驗。與幼兒分享時，老師發現了以下幾個現象：

1. 有很多在圈內的幼兒不知如何躲開大龍球，肢體表現並不靈活。
2. 許多站在外圈的幼兒不知道自己是主攻角色，反而會躲開大龍球，或讓球從身旁溜過；就算是拿到球之後，也沒有仔細觀察在圈內幼兒的位置和距離。

跟幼兒討論之後，發現大家對躲避球遊戲有很濃的興趣，很認真的想解決自己不會躲球和不會推球的問題。老師也認為現在幼兒的肢體動覺能力並不是很好，很容易與人迎面撞上，所以與幼兒討論後以此做為班上方案探究的方向。

幼兒對於躲避球想到的自然是比賽，而且想要找別班幼兒挑戰，所以幼兒擬定的共同目標就是成為躲避球高手以及跟別班比賽。但是要如何達

成目標呢？幼兒說：要一直練習……。但要練習什麼？幼兒遇到的問題是什麼？如何練習？在比賽之前，老師認為應該要先將問題聚焦，於是請幼兒說說我們要先準備好哪些事情，才可以跟別人比賽呢？幼兒提出了規則、場地和輸贏辨別的三個問題。

1. 規則的問題：有很多人還不清楚玩躲避球的規則有哪些？而且現在所用的這些規則是老師訂定的。老師的目的是請大家先體驗這些規則，然後再看看是否有需要修正的地方；此外，要如何幫助自己記得和遵守規則？幼兒認為要把規則畫下來以提醒自己記得。

2. 場地的問題：為什麼躲避球的場地都是方的？可以是圓形或三角形嗎？

3. 什麼是輸／什麼是贏：怎麼才是贏？是正方形裡面最後剩下的那個人是贏的人（個人），還是那個人屬於的隊伍是贏的隊（全隊）？

班上是由兩位資歷 20 年的教師以及一位實習老師，和 26 位中班及 1 位小班的小朋友所組成。針對孩子提出的問題，老師一步步引領幼兒試作、體驗、發現問題、解決問題。歷程中，幼兒發展建構了對遊戲規則的理解，進一步找到成為躲避球高手的方法，並自我實踐、努力成為一個躲避球高手。

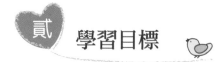 貳 學習目標

1. 能運用穩定性及移動性的動作，與人合作共同完成躲避球活動。
2. 活動遇到問題時，願意嘗試不同的解決方法。
3. 能與同儕共同協商、調整活動規則，並遵守共同的決議。

參 主題概念網

| 身-1-1<br>模仿身體操控活動<br>身-2-1<br>安全應用身體操控動作，滿足自由活動與他人合作的需求 | 身-1-2<br>模仿操作各種器材的動作<br>身-2-2<br>熟練各種用具的操作 | 身-1-1<br>模仿身體操控活動 | 身-1-1<br>模仿身體操控活動 |
|---|---|---|---|

位置的分配　　　推球的方式　　　　身體的移動　　　閃躲的方式

攻擊的技巧　　　　　　躲避的技巧

**躲避球**

規則　　　　　　　　比賽

**時間**

語-2-2　以口語參語與互動
語-2-5　運用圖像符號

**分隊**

認-3-1　與他人合作解決生活環境中的問題

**場地**

語-2-2　以口語參與互動
語-2-3　敘說生活經驗
語-2-5　運用圖像符號

**球衣**

美-2-2　運用各種形式的藝術媒介進行創作
美 3-2　欣賞藝術創作或展演活動，回應個人的看法

**人數**

社-1-3　覺察生活規範與活動規則
社-2-3　調整自己的行動，遵守生活規範與活動規則

**計分方式**

認-1-1　蒐集生活環境中的數學訊息
認 2-1　整理生活環境中的數學訊息
語-2-5　運用圖像符號

**什麼是輸？贏？**

情-1-1　覺察與辨識自己的情緒
情-2-1　合宜地表達自己的情緒
情 3-1　理解自己情緒出現的原因
情-4-1　運用策略調節自己的情緒

 肆 探索過程

　　在幼兒想要成為躲避球高手，以及想要與別人進行比賽的目標下，老師認為讓幼兒覺知躲避球規則及覺察如何提升玩躲避球的動作技巧，是學習的兩大主軸。在方案探究的歷程中，這兩者是交織一起的。但是，為了清楚呈現這兩個部分的脈絡。在書寫時，將整個歷程分為規則的體驗、動作技巧的提升及邁向比賽的目標三部分。

## 一、規則的體驗

　　一開始躲避球遊戲的規則是由老師制定，幼兒來遵守。規則雖然簡單，但是由於規則的語言是抽象的，如：場外的人不可以踩進框框裡面，所以有時幼兒有理解上的困難。因此，初始階段主要在規則的體驗、理解及遵守。

### (一) 規則的初體驗

　　在規則方面，主要是提供機會讓幼兒在實際活動中逐步發現問題而漸漸建立規則和理解規則。躲避球遊戲的規則包括了人數（場內場外的人數、人數是否需限定）、場地（比賽場地的大小和形狀）與比賽的時間（是否需要有時間的限制）等規則。

### 1. 人數的規則

(1) 內外圈人數的體驗

　　第一項規則是讓幼兒學會覺察內外圈人數與比賽的關係。老師一開始

並未限定內外圈的人數，而是想要透過體驗，讓幼兒發現限制人數的必要。首先，老師讓幼兒分成男女兩邊進行活動，男生先進行躲避球遊戲，而女生則在一旁觀察遊戲進行的過程中有沒有問題。一開始，男生在場地框線的裡外隨意站，但是幼兒站在框線裡面的人多，站在框線外圈的人少。在一旁觀察的女生發現了問題，有人說應該要「公平」，所以框線裡外人數應該要一樣多。經過討論，基於小朋友認為「公平」的原則，我們決定框線內外的人數要一樣。

修正之後，另外一個問題出現了。正方形的場地有四個邊，外圈要怎麼站，人數要怎麼分配呢？這時他們原本很在意的公平原則似乎又不在幼兒心中了，只見男生還是隨意的站，因此有些地方是沒人防守的。當時老師很想告訴他們，人數是否也該公平的分配在場地的四邊呢？但是老師忍住不說，先把這個想法放在心裡面，看看幼兒會怎麼想。當老師問大家這樣的排法有沒有問題時，幼兒都覺得很好，可是體驗之後幼兒卻發現球會從沒有人防守的那一邊滾出去，沒有人可以及時把球擋住，這時他們才認為外圈每一邊都應該要有人把守。

不過，討論完外圈的每一邊都應該要有人防守之後，又出現了一連串的問題。如：外圈的每一邊人數不一樣多，比較少人的那一邊，球比較沒有人理；而人多的那一邊又會搶球，所以之後決定每邊的人應該要一樣多。兜了一圈，他們終於體驗到打躲避球時，外圈的每一邊要有一樣多的人。決定了每一邊要有一樣多人後，人要黏在一起還是應該分開，又有意見了，有人說應該要黏在一起，因為這樣球才不會從兩個人的中間溜走，但是他們卻沒有思考到球也有可能會從兩邊溜走。也有幼兒認為應該要分開站，因為這樣才不會互相搶球，可以一人管一邊。

就在這一連串的問題之下，每次我們都透過「體驗─檢視問題─再體驗」的過程來解決問題，幼兒有了體驗之後，所得的概念才會更為深刻。最後，幼兒終於有了結論，那就是如果在進行躲避球遊戲時站在外圈的人

若當木頭人不動，哪一種站法都沒有用，重要的是要會隨時移動身體擋球才行。

　　其實，當幼兒站在外圍四邊人數不一致時，老師一度想要引導他們思考每邊人數應該要一樣多，因為這樣比較合理。但是幼兒經過體驗之後，發現人數是否一致不是重點，身體是否可以敏捷的移動反而比較重要，這是老師之前所沒有思考到的。如果當時老師太快告訴幼兒甚至主導決定，幼兒就不能發展出「不要當木頭人」這麼有哲理的想法，所以**我覺得老師先存在著想法是重要的，不過不要太快告訴幼兒，要讓他們有體驗的機會**。從這個過程中我們可看到，幼兒從老師制定的規則中，透過體驗與修正，不僅能理解規則的意思，最後還可以延伸出細節，並領悟出老師也沒有發現的道理。

(2) 兩隊比賽人數的制定歷程

　　要了解躲避球遊戲的規則，最好的方式就是讓幼兒實際進行比賽，從過程中逐漸累積對規則的認知，因此老師將全班分成兩隊來進行，但是要怎麼分呢？老師先用男生和女生來分隊，基於前面公平的概念，他們還是認為兩隊人數要一致。但依當天來的人數來看，男生有 15 人，女生有 10 人，他們知道男生比較多，但是多多少人就不清楚了。此時小耕提起之前解決東西夠不夠分時，我們用一對一對應的方式來解決問題；小赫又想到另外一個方法就是以少的那一方的人數為主，去數另一方的人數。所以男生數到第十個之後，後面的就是多出來的人。這兩個方法都不錯，所以我們常常交錯著使用這兩個方法來計算人數。

　　但是因為每天都有人缺席，所以上場的人也都不一樣，以至於每次玩躲避球之前都要數算人數，幼兒覺得很麻煩。老師也提出正式比賽的時候，到底一次要幾個人上場應該要先確定，不可能一下 10 個，一下 20 個。由於班上有些幼兒有參加足球隊的經驗，因此提出足球隊的比賽人數都是 7 個人；其他幼兒也紛紛提出自己看球賽的經驗，就像是籃球比賽也有一

定人數的規定，這些人數是怎麼制定出來的，幼兒也覺得好奇。在查詢資料後，老師用故事的方式讓幼兒明瞭，「以前的人一開始進行球賽，也是跟大家遇到相同的問題，比賽的人數不一。後來，由一個單位統一制定出來，解決了這個問題。」這個故事給了幼兒一些想法，他們認為自己也可以制定出屬於自己的比賽人數，並訂定規則。

## 2. 場地的規則

(1) 場地大小與人數的關係

老師查了資料才發現，原來以前的人訂定各項比賽人數的方式都有一個歷程，如足球，但是並沒有資料顯示躲避球遊戲到底要多少人才合適。所以幼兒當然可以成為制定躲避球人數的「制定單位」，並決定躲避球要的人數。不過到底要多少人，老師認為應該跟場地的大小也有關係，因此還是決定用「體驗」的方式讓小朋友去決定比賽的人數。場地的大小是老師已經控制好的，不會再改變，所以老師要全班一起參與比賽，結果幼兒發現全班的人數太多，場地太擠，若全班只有一半人數參加比賽會比較適合。最後，就在公平原則與幼兒經驗的提供，以及老師故事的引導和幼兒親自的體驗之後，大家決定將班上幼兒平均分成兩半。但是全班 27 個人的一半是多少呢？我們先讓幼兒運用鈕釦替代「人數」來思考，並從兩個釦子開始思考兩個的一半是幾個？緊接著思考 4 個、8 個、10 個，老師確認他們會用分配的方式來了解一半的概念之後，我們便給幼兒 27 個釦子，他們會一邊一個分配，結果一邊是 14 個，一邊是 13 個。他們說一邊多出一個會不公平，所以多出來的這個人可以當我們的裁判，因此我們決定躲避球比賽的人數為一隊 13 人。

● 體驗場地的大小

(2) 場地的形狀

　　方形的場地，是老師一開始所設定的，但是小愷卻提出可不可以有其他形狀的場地？像是三角形還是長方形，或者是六邊形。這個問題很有趣，為了讓幼兒體驗哪一種形狀的場地比較適合玩躲避球，因此老師讓幼兒體驗場地形狀與玩躲避球的關係。我們體驗了三角形的場地，結果幼兒發現只有三個邊，不容易躲也不容易跑，即使裡面只有兩個人，還是一下子就被打到了。如果想要躲在尖尖的角角邊，就更容易被打到，所以三角形的場地是不太合適的。而長方形，幼兒覺得有兩邊比較長，也不好進行攻擊，外面攻擊的人，要傳球到另一邊要花比較多的力氣，球速就會變慢打不到人。因此體驗完後，大家還是覺得正方形比較好，因為每邊都一樣長，很公平。

### 3. 比賽的時間

(1) 時間的訂定

　　在體驗躲避球遊戲時，大家總是在內圈的人全部出局之後，才結束這場球賽。但是因為每次剩下最後一人時，非常不容易打到，造成球賽的時間拉得很長，大家也覺得很累。因此老師詢問參加過足球隊幼兒，希望他們的經驗可以提供給幼兒有更好的想法。幼兒分享足球比賽會用時間來計

算，愛看籃球的幼兒也提出相同的概念，所以大家也嘗試用時間來計算，那麼要用多少時間呢？一分鐘、三分鐘都有人提出。其實幼兒對於時間並沒有什麼概念，老師也清楚時間概念對他們這個年齡來說太難了，所以在時間的部分並沒有特別探究，直接決定就用三分鐘做為一場比賽的時間。時間就由老師提供計時器來計算。我們決定比賽三場，因為如果前兩次平手，最後還有一次機會可以知道誰輸誰贏。

(2) 體驗時間的長短

　　規則制定之後，老師決定還是透過體驗讓他們清楚什麼是一場比賽，就是每位幼兒都要經驗過躲避（內圈）與攻擊（外圈）才算體驗過一場比賽；所以如果要比賽三場球，則幼兒必須要玩六次，總時間數到達 18 分鐘。經過六次比賽的體驗以後，老師詢問大家的感受，有些幼兒覺得太久了，會有點累。因此這次老師讓大家體驗以兩分鐘的時間進行比賽，結果大部分的人仍然覺得要用比較長的時間來比賽，他們的想法是，這樣可以躲得比較久。喜歡短時間的人只有三位，他們認為短時間比較刺激有挑戰性，這樣就要躲得更快，或者外面的人就要將球滾得更快，不能浪費時間。其實幼兒的想法各有各的道理，最後大家還是決定以多數人為意見，採取三分鐘為一場的比賽方式。

　　以上是玩躲避球時，比較重要規則的體驗和決定過程，但是還有些規則雖然很簡單，只是他們往往會忽略而沒有遵守。如外圈的人會踩進去，內圈的人也容易踩線或跑到外面。之後我們討論了一些辦法，提醒幼兒遵守這些規則。

## (二) 覺察規則與遵守

　　協助覺察在玩躲避球時，幼兒會不斷出現一些問題需要老師提醒，但是他們卻不自覺，因此老師曾經採用以下的方法讓幼兒嘗試：

### 1. 幼兒彼此相互觀察

請部分的幼兒上場玩，另外一部分的幼兒在一旁觀察，再將觀察的發現告訴上場的幼兒。但是幼兒提醒「你都亂亂跑」、「你都不動」、「你動作要快一點」。幼兒感受不到「亂亂跑」、「動作快」是什麼意思？以至於幼兒問題一再出現。

### 2. 影片協助幼兒覺察

老師發現幼兒很能指出別人的錯誤，但是自己卻經常犯規。為了讓他們更清楚看到自己應該修正的地方，老師決定將他們玩躲避球的過程錄製下來，讓他們從中觀察及發現自己的問題。由於影片可以暫停，或者慢動作重複播放等，幼兒可以從影片中非常清楚看到自己的問題。

小燊就從影片中發現自己原來是個木頭人，所以決定要改變。小萱看見自己躲在別人後面是不行的，因為在前面的小含一走開，自己馬上就被打到了。小楷一直認為躲在角落是個安全的方法，但是這個策略一開始確實可以成功，攻擊的人都沒有看見他，但是到最後還是被發現了。所以在外圈進行攻擊的人眼睛不可以只盯著前面，也要注視到旁邊。小孟看見自己一直跑，但是屁股會被球打到，原來是眼睛沒有看著球，所以球從後面來她也不知道。而小安看見自己在外圈攻擊的時候，因為想要拿到球而一直踩線。大家也看到大勳和小宏在外圈互不相讓搶球時，裡面的人就趁機跑走了。

當幼兒發現自己的問題時，老師一一將他們的問題試著用符號統整出來。幼兒為了不讓自己忘記，所以提出要將規則畫下來提醒自己，並張貼在教室裡。這樣不但可以隨時提醒自己，當忘記某項規則時，也可以藉由規則圖進行回顧討論。

● 看錄影帶才發現原來我們在場上是什麼樣子

## (三) 統整規則並用圖畫表徵規則和注意事項

從人數、場地、時間的規則體驗及影片觀察自己的問題之後，我們將這些規則分成躲避球的遊戲規則、比賽方式，及內外圈要注意的事項等。

### 1. 躲避球的遊戲規則

(1) 內圈的人不可以跑出來。

(2) 內圈的人碰到球就出局到休息區。

(3) 外圈的人不可以踩線，也不可以跑進去拿球。

### 2. 躲避球的比賽方式

(1) 比賽人數：內外各 13 人。

(2) 一局比賽三分鐘，總共比三局，看誰贏的局數比較多。

(3) 比賽時間快要到的時候，裁判會倒數。

(4) 30 秒的時候會提醒大家。

### 3. 玩躲避球時，在內圈的人要注意的事項

(1) 裡面的人不可以踩線。　　　(2) 眼睛要一直看著球。

(3) 不要躲在別人後面。　　　(4) 不要當木頭人。

(5) 姿勢要蹲低，比較好跑。

**4. 玩躲避球時，在外圈的人要注意的事項**

(1) 不要搶球。(2) 腳不要踩進去。(3) 眼睛除了看前面也要注意旁邊。

　　歸類完之後，請幼兒分組畫下規則的內容，做為我們的備忘錄。但是這些圖像需要大家都讀得懂，因此請每組出來分享，確認大家對這些圖像都有共識。結果只有少部分需要修改，大部分都看得懂，我們將這些規則張貼在白板上，像備忘錄一樣，隨時提醒小朋友。

(1) 規則

比賽人數：內外各 13 人

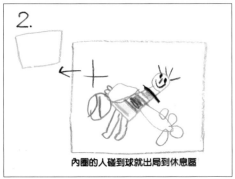

內圈的人碰到球就出局到休息區

內圈的人不可以跑出來

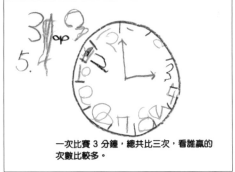

一次比賽 3 分鐘，總共比三次，看誰贏的次數比較多。

(2) 內圈要注意的事情

姿勢要蹲低，比較好跑

不要當木頭人

不要躲在別人後面

眼睛要一直看著球

(3) 外圈要注意的事情

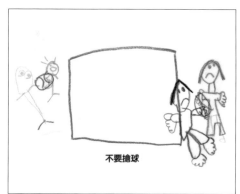

不要搶球

眼睛除了看前面也要注意旁邊

| 老師的引導／幼兒的表現 | 學習指標 |
|---|---|
| 一開始躲避球遊戲的規則是由老師制定，幼兒來遵守。規則雖然簡單，但是由於規則的語言是抽象的，有時幼兒有理解上的困難，因此初始階段主要在規則的體驗理解及遵守。<br><br>(一) 規則的初體驗<br>在規則方面，主要是提供機會，讓幼兒在實際活動中逐步發現問題而漸漸建立規則和理解規則，躲避球遊戲的規則包括了人數（場內場外的人數、人數是否需限定？）、場地（比賽場地的大小和形狀）與比賽的時間（是否需要有時間的限制）等規則。透過體驗—檢視問題—再體驗。幼兒有了最後的結論並確定了我們泡泡龍班訂定的規則。<br>1. 人數的規則<br>(1) 內外圈人數的體驗<br>(2) 兩隊比賽人數的制定歷程<br>2. 場地的規則<br>(1) 場地大小與人數的關係<br>(2) 場地的形狀<br>3. 比賽的時間<br>(1) 時間的訂定<br>(2) 體驗時間的長短 | 社-中-2-2-1　表達自己並願意聆聽他人想法<br>社-中-2-2-3　依據活動的程序與他人共同進行活動<br>社-大-2-3-2　理解生活規範訂定的理由並調整自己的行動<br>語-中-2-2-3　在團體互動情境中開啟話題，依照輪次說話並延續對話<br>語-中-2-3-1　敘說時表達對某項經驗的觀點或感受<br>身-中-2-1-2　在團體活動中應用身體基本動作安全的完成任務<br>認-中-3-1-1　參與討論解決問題的可能方法並實際執行<br>社-大-2-3-2　理解生活規範訂定的理由，並調整自己的行動 |
| (二) 覺察規則與遵守<br>協助覺察在玩躲避球時，幼兒會不斷出現一些問題需要老師提醒，但是對於老師的口語提醒，他們卻不自覺或是不知道提醒的意思是什麼？例如：不要滿場亂跑，因此老師採用以下的方法協助幼兒覺察：<br>1. 幼兒彼此相互觀察<br>2. 影片協助幼兒覺察 | 身-中-1-1-1　覺察身體在穩定性及移動性動作表現上的協調性<br>身-中-1-1-3　覺察身體活動的安全距離<br>認-中-3-1-1　參與討論解決問題的可能方法並實際執行<br>語-中-2-2-3　在團體互動情境中開啟話題、依照輪次說話並延續對話 |

| 老師的引導／幼兒的表現 | 學習指標 |
|---|---|
| (三) 統整規則並用圖畫表徵規則和注意事項<br>從人數、場地、時間的規則體驗及影片觀察自己的問題之後，我們將這些規則分成躲避球的遊戲規則、比賽方式，及內外圈要注意的事項等，當規則的建置已經差不多了，讓幼兒分組將躲避球的規則及內外圈注意事項畫下來以提醒自己。 | 語-中-1-4-2　知道能使用圖像記錄與說明 |

## 二、動作技巧的提升

### (一) 躲避的技巧

#### 1. 身體的移動

　　在觀察影片的時候，大家發現了一個很有趣的現象。就是小含在躲球的時候，會將身體蹲低，手彎曲半舉在臉的兩側，猶如裝扮老虎的動作。大家問他為什麼會有這樣的動作？他說因為這樣比較好跑。真的是這樣嗎？於是請大家一起跟著試試看，身體站直跟身體彎曲在躲避的時候，感覺有什麼不同。結果發現，蹲低的時候雖然不會跑得很快，但是確實容易移動。

● 練習躲避的姿勢

## 2. 閃躲的方式

大家一起到體能室體驗了「躲」的動作，並在被打到的瞬間，馬上檢討問題的所在。老師發現有很多幼兒被球打到，是因為背對著球跑，眼睛沒有看著球，也有些人在比賽中不是很專心。而那些比較不容易被打中的人，常常會敏捷的轉動身體，時時面對著球、注視著球、保持蹲低的姿勢，隨時準備球的攻擊。老師先請一些很會閃躲的幼兒示範他們躲球的方式，發現他們只簡單轉動自己的身體就可以輕易的躲過球的攻擊，不需要一直跑來跑去，而且他們的眼睛也一直注視著球，這樣就很容易的就可以躲過攻擊。討論後再讓幼兒進一步體驗，結果發現，被提醒不要繞圈圈的幼兒，還是會繼續繞圈，沒法覺察並控制自己，因此老師進入內圈帶著幼兒一起轉動身體，讓幼兒覺察身體與動作之間的關係，還有請他跟著會躲的人後面，跟著轉動身體。讓幼兒體會只要眼睛注視著球，在場中間轉動身體即可以輕鬆躲過球，而不需耗費太多的力氣。

## (二) 攻擊的技巧

## 1. 位置的分配

在外圈的位置分配上，幼兒發現每一條線應該都要有人，但是有些線的人比較多，有的比較少，有的沒有人。他們在體驗後發現：沒有人的那一邊，球會滾出去卻沒有人擋住，可是都有人之後，又發現人數不一樣多。比較少人的那一邊，球比較沒有人理；多人的那一邊又會搶球，所以決定應該要每邊一樣多的人。但是這樣又有問題出現，就是幼兒與幼兒間是要在一起還是分開？幼兒說應該要黏在一起，因為這樣球才不會從中間跑走，但是卻沒有思考到球可能也會從兩邊跑走，此時幼兒認為應該要分開站，因為這樣才不會互相搶球，可以一人管一邊。小安提出可是球會從中間跑走，所以後來我們就兩種都試試看，過程中發現，是因為有人當木

頭人所以球就跑走了，只要有人很積極的移動身體去擋球，球是溜不掉的。**因此我們的結論是：兩種都可以，只要不當木頭人就可以了。**

## 2. 推球的方式

　　在剛開始男女分隊時，女生自己認為是因為力氣太小，所以都打不到男生；老師也請他們進一步思考打不到人的原因，幼兒覺得可能是推球的力氣太小了、球速太慢了。老師請較會推球的幼兒分享如何加快球的速度，還有如何讓球變得比較有力量，這些幼兒示範了他們推球的方式，像是將球向後拉之後再推出去，他們認為這樣的球速度很快，而且很有力。也有些人推球的方式是手掌向下推，而有人是手掌向上推；手放置球的位置應該也和推球有關係。老師讓幼兒自由體驗推球的方式，幼兒本來認為，推球高手們建議的球向後拉的方式應該會很好用，但是有些人試驗了之後，發現並非如此，球還是會滾到旁邊去，所以後來老師將目標修正為──讓幼兒去找尋自己認為最有力量的推球方式，每位幼兒都練習運用不同的方式來推球，而且也找出能推出最大力量的方式。

● 試試看推球高手傳授的姿勢

### (三) 我進步了

經過一陣子的躲球和推球練習，請幼兒分享自己在躲的技能和推球的技巧是否有進步以及進步的原因。小朋友覺得自己進步的地方大致分為：身體的移動更敏捷、眼睛會注視著球的移動、找到最適合自己推球的方法，還有不怕球了。覺得身體移動更敏捷的宥宥、禎禎、小蓁和維維；他們覺得：「自己越躲越快，我用身體移動，用眼睛看著球」、「……但是現在球過來，我只要輕輕的轉身就可以了」、「我有進步一點，我每次都會被打到腳，所以腳以後要移動」、「我以前很容易被打到，因為腳沒有動，現在腳會移動」。覺得眼睛會注視著球的是安安和凱凱；他們認為：「我有時候會繞圈圈，屁股看著球，有時候會眼睛看著球，我被球打到的時候都是在繞圈圈」、「以前我會被打到，現在都不會，我發現眼睛看著球，球過來就要從另一邊閃開」；覺得推球有進步的娟娟：「我本來都沒有力氣，後來用小勳的方法練習後，推球有比較遠」；不怕球的升升會大聲說：「我以前很害怕躲，現在不會……」。每一個小朋友都覺得自己有進步的地方了，有的是躲避的方式，有的則是推球的力道。透過體驗一覺察一修正這個策略，的確對於幼兒的動作能有所提升！

### (四) 我喜歡躲避還是攻擊

剛開始大部分的幼兒都不喜歡在內圈，因為怕被球打到，但經歷一段時間的體驗後，老師想知道這樣的想法有沒有改變？竟然有大多數的幼兒比較喜歡在內圈躲球，這出乎老師意料之外。很多喜歡內圈的幼兒都覺得，躲球很刺激、很有挑戰性；而喜歡在外圈的幼兒則認為，在外圈攻擊的幼兒不像內圈的幼兒，如果被打到了就要到休息區去休息，所以在外圈有較長的時間玩。我們一一探討了他們的想法。

### 1. 喜歡躲的人

愷愷：很好玩，因為可以跑來跑去。

楷楷：裡面的人可以躲來躲去。

澤澤：躲很刺激很好玩，可是有點緊張。球滾得很快人很少的時候我最緊張。

小耕：我覺得躲很刺激，但是有點緊張，我緊張的時候會想要抱住其他小朋友。

小妤：在裡面可以躲來躲去，球滾過來的時候，會讓我很緊張，我會趕快躲開。

小宏：因為我現在不怕球了，因為我已經學會躲球。

小瑜：在裡面很有挑戰性。

### 2. 喜歡外面攻擊的人

小駿：比較可以推球，裡面碰到球就要出局了。

嫿嫿：裡面被打到就出局休息了。

小赫：在外面推球。

小毅：我喜歡打球。

小庭：在外面可以打人，因為怕被球打到。

## (五) 我適合躲避還是攻擊

　　即將與別班進行比賽，因此想要挑選出適合在裡面躲避或是在外面攻擊的幼兒。老師決定請教幼兒自己：「你覺得自己是躲比較厲害，還是攻擊比較厲害？」大部分幼兒都非常清楚自己的優點而選擇適合自己的位置（內圈或外圈）。位置選好之後，班上幼兒分成兩隊實際比賽了一次，結果發現有幾個幼兒特別厲害，每次都不會被打到。經過了這麼長時間的體

驗，有男女分隊也有男女混隊，發現雖然他們在躲與攻擊的技巧上面都有所提升，但是似乎有些人就是躲得比較好，有些人比較會攻擊。老師覺得應該要讓他們了解自己的長處並運用出來。所以最後對外的比賽，希望他們可以依照自己的優勢能力，選擇擔任內圈或是外圈的人。對外從他們的選擇過程中，老師發現他們的確滿了解自己擅長的位置。

| 老師的引導／幼兒的表現 | 學習指標 |
| --- | --- |
| 玩躲避球除了規則的理解與遵守之外，很重要的部分就是躲避與攻擊（推球的技巧），為了提升幼兒的動作技巧，老師以幼兒彼此觀察和錄影的方式讓幼兒覺察自身動作技巧的不足，再透過討論和示範以及老師貼身引導……等方式讓幼兒體驗和找出對於自己最好的躲避與攻擊的方式。<br><br>(一) 躲避的技巧<br>躲避的技巧包含：身體要如何的移動？和什麼方式是最容易閃躲的方式。老師提供了小朋友比賽的影片讓幼兒觀察，結果發現，蹲低的時候雖然不會跑得很快，但是確實容易移動。<br>另外幼兒也從影片的觀察中，發現那些很會閃躲的幼兒都有一個共同的特徵：就是他們的眼睛會注視著球，身體隨時會轉動面向著球，而且他們都不會滿場跑。再讓幼兒進一步體驗，結果發現，被提醒不要繞圈圈的幼兒，還是會繼續繞圈，沒法覺察自己並控制自己，因此老師進入內圈帶著幼兒轉動身體，讓他覺察身體的動作。 | 身-中-1-1-1　覺察身體在穩定性及移動性動作表現上的協調性<br><br>身-中-1-1-2　模仿身體的動態平衡動作<br><br>身-中-2-1-1　在合作遊戲的情境中練習動作的協調與敏捷<br><br>認-大-3-1-1　與同伴討論解決問題的方法，並與他人合作實際執行<br><br>認-大-3-1-2　與他人共同檢視問題解決的過程 |

| 老師的引導／幼兒的表現 | 學習指標 |
|---|---|
| (二) 攻擊的技巧<br>攻擊的技巧包含兩個部分：一個就是位置的分配，另外一個就是推球的動作。<br>1. 位置的分配<br>在位置的分配方面，教師本來想引導幼兒要將外圈的人平均分配到每一條線，這樣才會有較堅固的防禦線，但在體驗過後，幼兒發現其實防守時跟人數和位置沒有什麼關係，只要有人很積極移動身體擋球，球是溜不掉的。因此我們的結論是：兩種都可以，只要不當木頭人就可以了。<br>2.推球的方式<br>在男女分隊時，女生一面倒的都輸，老師請他們思考打不到人的原因。幼兒覺得可能是推球的力氣太小了、球速太慢了。幼兒本來認為，推球高手們建議的球向後拉的方式應該會很好用，但是有些人試驗了之後，發現並非如此。所以後來老師將目標修正為讓幼兒去找尋自己認為最有力量的推球方式。每位幼兒都練習運用不同的方式來推球，以找出能推出最大力量的方式。 | 身-中-1-1-1　覺察身體在穩定性及移動性動作表現上的協調性<br>身-中-2-1-1　在合作遊戲的情境中練習動作的協調與敏捷 |
| (三) 我進步了<br>經過一陣子的躲球和推球的練習，請幼兒分享自己在躲的技能和推球的技巧是否有進步以及進步的原因。老師希望幼兒覺察感受自己身體動作的改變，小朋友覺得自己進步的地方大致分為：身體的移動更敏捷、眼睛會注視著球的移動、找到最適合自己推球的方法，還有不怕球了。 | 社-中-2-1-3　調整自己的想法去行動 |
| (四) 我喜歡躲避還是攻擊<br>剛開始玩躲避球時，大部分的幼兒都不喜歡在內圈，因為怕被球打到，但經歷一段時間的體驗後，老師想知道這樣的想法有沒有改變？竟然有大多數的幼兒比較喜歡在內圈躲球，這出乎老師意料之外。會有這樣的改變應該是這一段時間幼兒的動作技巧均有提升，所以本來很害怕在內圈的幼兒，現在都不怕了，反而很喜歡在內圈挑戰。 | 社-中-1-1-2　探索自己的興趣與長處<br>情-中-1-1-1　辨認自己常出現的複雜情緒<br>情-中-3-1-1　知道自己複雜情緒出現的原因 |

| 老師的引導／幼兒的表現 | 學習指標 |
|---|---|
| (五) 我適合躲避還是攻擊<br>因為即將與別班進行比賽，因此想要挑選出適合在裡面躲避或是在外面攻擊的幼兒。老師決定請教幼兒：「你覺得自己是躲比較厲害，還是攻擊比較厲害？」大部分幼兒都可以清楚自己的優點，而選擇適合自己的位置，老師也依據他們的選擇，安排內圈和外圈的人員位置。 | 社-中-1-2-1　覺察自己和他人有不同的想法、感受、需求 |

## 三、邁向比賽的目標

### (一) 混隊的體驗

#### 1. 如何平均分隊

由於已經快到友誼賽的時間，幼兒認為一隊中有男生有女生會較好，因為男生力氣比較大可以幫忙女生，所以我們開始嘗試「男女混隊」。幼兒可以解釋，「男女混隊」就是這一隊有男生也有女生，而另一隊也是。但是要怎麼分才公平呢？老師先將男女生分開後，請幼兒數算男女各有多少人，結果女生是 11 人，男生是 15 人。老師問大家，如果女生 11 人如何公平的分成兩隊？一開始小銨和小赫都是直接出來數還是無法理解，他們說一隊應有五個女生。他們能這樣思考雖然很不錯，但是對其他幼兒來說，他們不知道五個人是從哪裡來的。因此老師用另一個問話方式：「如果這些小朋友是一堆糖果，要將這些糖果公平的分給兩個老師，妳要怎麼分？」小媜說：「一邊分一個，一邊分一個。」老師請她實際出來示範，結果兩隊各有五個女生，但是會多出一個女生；我們請這位女生暫時在一邊休息。老師也請幼兒用相同的方式將男生分成兩隊，結果發現兩隊男生各有七個，多出的一個男生，老師也請他暫時到旁邊休息。最後幼兒說把這一男一女再各分到兩隊就好了，最後我們數算，一隊平均是 13 人（每隊

● 男女分隊

男生七人，女生五人，一隊多一個女生，一隊多一個男生）。

## 2. 混隊的問題

　　決定了各隊的人數之後，我們進行了第一次混隊比賽。球賽結束之後，被打到先出場的幼兒已經跟外圈的幼兒混在一起了，老師問大家是否清楚外面這些人到底誰是哪一隊的，結果大家都不清楚。老師請他們去找自己的隊員，他們也都不清楚。另外老師也請問他們，如果有人來看球賽要幫同隊的人加油，他們能清楚知道隊友在哪裡嗎？幼兒回答不清楚。於是老師向園內的足球隊借球衣，請兩隊分別穿上紅色球衣和藍色球衣。由於球衣原本就不足，一隊有 13 人，球衣卻只有 9 件，這是剛好可以讓他們比對有穿球衣和沒穿球衣之間差別的時機，並找出其中的問題。當球賽結束，老師請幼兒試著找尋自己的隊友在哪裡，結果小燊很快就找到自己的隊友。老師問他怎麼找到的，他說：「因為我們都是穿著藍色的衣服，所以很快就找到了」。至於沒有穿球衣的人，他也無法分辨。於是小蓁分享說：「我覺得應該要有顏色的分別，這樣才知道誰是你的隊友，誰是你的敵人。」小赫則說：「一定要有顏色來分隊，這樣才知道誰是哪一隊的人。」幼兒從這個過程中發現球衣的重要──可以迅速的分辨誰是同一隊的，但是老師不能一直跟足球隊借球衣，所以大家決定要設計屬於自己隊

● 穿球衣和不穿球衣的體驗

伍的球衣。

### 3. 球衣的設計與製作

(1) 取隊名

　　老師請兩隊的人幫自己取一個響亮的名字，而且要具有意義。結果其中一隊叫做「閃電隊」，因為他們的球速要像閃電一樣快，很快的把對方打的一個都不剩。另外一隊則叫做「蟒蛇隊」，因為他們覺得蟒蛇移動速度很快，可以躲得很好，蟒蛇可以吃掉一條大鱷魚，還有蟒蛇也很會躲。所以這一隊要像蟒蛇一樣把另外一隊吃掉，同時也要像蟒蛇一樣很會躲！

(2) 討論球衣

　　在設計球衣之前，幼兒對於球衣並沒有概念，因此老師讓幼兒先觀察學校的足球衣上面有什麼，幼兒發現有寫南海的字樣與號碼還有圖案。他們提到圖案，就是屬於自己這一隊的圖案，因此大家在白板上面簡單的畫了球衣上面要有的東西，並且把南海字樣換成了閃電及蟒蛇，還在旁邊加上了閃電或蟒蛇的圖樣。老師問他們想要用什麼顏色，大家各有意見。小赫說：「應該要用亮一點的顏色」，但是他解釋不出來這個亮一點的顏色意義是什麼。老師試著澄清是否是這個顏色比較亮，在球場上面會看得比

較清楚，但是小赫並沒有同意老師的說法。所以顏色的選擇在小組有進一步的討論。

(3) 分組討論設計球衣

兩組分別依隊名來設計球衣，討論的內容包含了球衣的顏色、圖案，老師希望從這個設計活動讓幼兒享受美感經驗與藝術創作。

【蟒蛇隊】

由於先前小赫提出球衣要選「亮」一點的顏色，於是在選擇球衣顏色時，老師拿出了彩色筆，請幼兒想想哪些顏色比較適合，小燊說黑色很醜暗暗的不好，所以大家開始把看起來覺得暗暗的顏色挑出來；深藍色、紫色、深綠色、黑色、咖啡色都被挑出來；然後大家進一步在剩下的顏色中挑選了淺藍色、黃色、淺綠色進行表決。結果有人提到綠色比較好，因為蛇是生活在草地上面的，這個提議獲得

● 蟒蛇隊球衣設計

大家的共識。最後我們選擇綠色的球衣顏色，幼兒在上面設計了兩條彩色的蛇，還有草。

【閃電隊】

閃電隊則是很快的選擇了黃色當球衣的顏色，並且選用銀色的紙當閃電，但是他們多了設計號碼。老師請教他們為什麼要設計號碼，他們說這樣才知道這件衣服是誰的，因為他們想要穿自己的衣服，不過號碼還有其它的意義：老師大概說了簡單的概念，是因為要清楚誰得了分數、誰犯規，因為裁判並不認識所有的人，所以只好用衣服上面的號碼來提醒是「閃電隊的 5 號」踩線犯規，而蟒蛇隊聽了

● 閃電隊球衣設計

號碼的概念之後也覺得號碼非常重要，所以也將他們的球衣加上號碼。

## (二) 計分方式

### 1. 隨便記

　　規則大致擬定後，比賽時老師開始請幼兒記錄了每場比賽後剩下的人數，希望幼兒能利用圖像符號去記錄每場比賽的結果。我們先請小裁判記錄在兩張紙上，幼兒剛開始只是隨意記錄，但記錄的方式似乎不是很清楚，老師覺得必須要進一步討論怎樣才是好的記錄方式。在一次比賽之前我們請幼兒自己記住自己幾分，還有對方幾分，幼兒就隨意在紙上寫上一些數字。比賽剛結束時大家都還記得數字的意思，但是過了一個假期，他們都不太記得上面數字所代表的意思，所以老師藉此機會跟大家討論要怎麼解決這個問題。首先，小妤提出要寫上場次，於是他示範在一張白紙上面寫上 123 代表三場。接著老師問他，如果第一場得到 5 分怎麼記錄，他就在 1 的前面寫上 5；如果第 2 場得到 3 分怎麼記錄，他就在 2 前面寫上 3；三場寫下來是一長串的數字。有幼兒反應好像是一排電話號碼，已經搞不清楚場次及分數了。所以要怎麼解決呢？

### 2. 用表格記錄

　　小蓁針對記錄要讓別人看得懂這個問題提出可以用箭頭的方式，他把場次寫出來之後，在下方都加了箭頭，然後再寫上分數，大家都覺得這個方法還不錯。但老師其實想要挑戰幼兒用表格的方式來記錄，所以問大家，有沒有看過用表格方式來記錄。大勛出來示範自己的想法，他畫了一個格子，裡面畫了幾個數字，然後把數字圈起來，但是大家看不懂他的意思是什麼。老師問他為什麼要把數字圈起來，他說因為這樣表示是第幾場會比較清楚。後來小赫又提出應該把數字隔開來，所以變成每一境況又更清楚的劃分。

　　他們覺得這樣小赫的方法已經很清楚了，但是這個方法就是每次比賽

● 原始的記錄

● 場次＋箭頭＋分隊

● 小勳的想法

● 小赫提出要隔開

● 設計大家都可以看得懂的
　表格

就要用到兩張紙，因為要記錄兩隊的分數，所以幼兒又發展出將男女兩隊的分數記錄在同一張紙上。大家討論出記錄的方式之後，特別請沒有來參與討論的幼兒看看記錄表，看他們是否看得懂？結果沒有參與討論的幼兒也能說得相當清楚。他知道上面的數字所代表的意義，如：圈起來的數字是場次，其他的數字代表分數。後面的蘋果，代表那一場是哪一隊贏，如果兩邊同一場都有蘋果就是平手，最後數算蘋果的數量就知道最後哪一隊贏了。可見我們的記錄表，不僅我們自己清楚，別人也可以讀得懂喔！

幼兒設計的計分表

| | （男生隊） | | （女生隊） | |
|---|---|---|---|---|
| 1 | 3<br>（分數） | 5 | | 🍎<br>（獲勝得一顆蘋果） |
| 2 | 4 | 🍎 | 2 | |
| 3 | 3 | 🍎 | 2 | |

## (三) 規則修正

### 1. 比賽人數的修正

　　老師分享星期天觀看幼兒足球比賽時，發現他們雖然一隊有 10 人，其中有 7 人上場，但是有 3 個人會在旁邊等待與準備。教練會視狀況隨時替換人上去（如：有的幼兒跑得太累了、有人受傷了）。這也讓老師想起之前幼兒曾經發生過類似狀況。如小臻手受傷了想要休息，但是卻沒有辦法退出，因為這樣整隊人數就會受影響，所以他還是繼續在場內比賽。小楷被別人撞到的，也是相同的狀況。另外，之前也有些幼兒跑到了第二場就說自己已經跑不動有點累了，這時又沒有人可以替換。當時沒有想到可以有候補人員，這次看了別人的比賽，讓老師有了新的想法，認為可以把這樣的概念提出來讓幼兒思考，所以老師特別提出在球場所看到的情形，問幼兒為什麼要這麼做。有比賽經驗的幼兒提出，如果有人受傷了，這些人就可以替換，老師再將之前的經驗提出：「之前班上也有這個情形，但是卻沒有人可以替換，那要怎麼解決這樣的問題？」本來幼兒說可以從另一隊抽出 1 個人，小楷說：但是如果都沒有人願意的話怎麼辦呢？我們可以將 13 人做怎麼樣的調整呢？最後我們決定把比賽人數 13 人變成 10 人，3

人是候補人員,就可以解決受傷或者太累的問題了。為了讓幼兒更加清楚候補人員的任務,因此老師設計了一次 13 人上場,但是有人受傷了沒有人替換的狀況讓幼兒體驗;還有一次是 10 人上場,3 人候補,有人受傷或是太累了,後面 3 人可以替換的情境讓幼兒體驗出候補球員意義。也讓幼兒體認到增加預備球員的必要,所以將原本的 13 人修止為內外都 10 個人,有 3 個是預備球員。

### 2. 注意事項的修訂

　　在邀請別班進行友誼賽之前,小赫提到應該要讓別班知道比賽的規則。但因為在體驗的過程中大家陸陸續續有發現一些問題並且做修正,於是幼兒也將注意事項做了修訂。例如增加了預備球員的部分,所以將原本規定的比賽人數 13 人修正為內圈和外圈都是 10 個人,有 3 個是預備球員。針對內圈的部分增加了一項跟安全有關的注意事項,就是如果被打到了,要從離自己最近的線出去比較安全;在外圈的注意事項則增加了球速要快的要求,以及球必須要用推的,不能用腳踢。大家將這幾個注意事項再畫成圖畫,修正了原來的規則而成為完整的規則圖卡。

　　語-中-1-4-2　　知道能使用圖像記錄與說明

　　社-大-2-3-3　　與他人共同訂定活動規則,遵守共同協議

### (四) 邀請比賽班級

　　老師將幼兒分成小組拿著規則圖,邀請隔壁蘋果班與史奴比班,並說明打躲避球的規則與挑戰日期。由於幼兒對於規則都非常熟悉,而且也能輔以肢體語言表達,所以別班老師誇獎我們班的幼兒口條清楚解釋得很好。

● 邀請別班參加比賽　　　　　　　　● 說明規則與玩法

## (五) 正式比賽

### 1. 跟蘋果班（中班）比賽

　　兩班的幼兒一字排開，老師講了規則以及場地以後，雙方敬禮，比賽開始！經由猜拳後泡泡龍班（本班）決定要先躲，派出班上的蟒蛇隊來迎戰蘋果班的軟柿子隊。一開始就像小赫分享的，因為不知道蘋果班的實力，所以特別緊張。不過哨音開始後，可以明顯的看出有練習的泡泡龍班和沒有練習過的蘋果班實力還是有所差別。比賽了三場，泡泡龍班分別以8：0、7：0、8：0的成績，得到了三顆蘋果獲勝！不過對手蘋果班，他們一開始還不太會躲，不是當木頭人就是擠在一起，但到了後面第三場，就越來越會躲，越來越厲害了；所以只要再經過練習，一定會變厲害。

### 2. 跟史奴比班（大班）比賽

　　由於史奴比是大班，所以比賽前幼兒都有一點緊張，但比賽後，泡泡龍班以 3 比 0 贏了史奴比班，大家都覺得特別開心。但是這次大家也覺得史奴比班很厲害，攻擊（推球）的力道非常的強，而且速度也很快；不過還是有我們幼兒初期打躲避球遇到的問題，如會搶球、大家都擠在一起……。

● 比賽開始先相互行禮　　● 比賽開始　　　　● 比賽結束後互相擁抱鼓勵

## (六) 比賽的心情

### 1. 比賽前

比賽之前老師請小朋友分享賽前的心情，幼兒比賽前的心情，不外乎是緊張、期待和對自己還沒有十足信心。

大勳：昨天就開始緊張了。

小愷：我很開心，因為很期待比賽。

小楷：我很緊張，雖然我有信心，但是怕會輸。

小庭：我很緊張，怕會被打到。

小駿：我有信心可以打敗他們，那我的球速要更快。

小赫：我想要把他們全部都打完，但是要別人跟我一起合作。

老師：如果我們真的輸了呢？

幼兒：我們就再加油努力。

### 2. 比賽後

比賽後勝負已定，幼兒對於自己除了信心的增強之外，還有更多的開心和興奮，但想到別班輸球會有不開心的心情，所以也不忘給予對手一些鼓勵。

小赫：史奴比和我們都很厲害，但是他們攻擊的時候，都先看來看去
才丟（大勳表示跟我們以前一樣，也跟蘋果班一樣）。

小耕：我覺得贏了很開心，打敗很多人。

小毅：我贏了很開心，史奴比也很厲害，我們也很厲害。

小鈞：我都喜歡躲在第一個，我覺得沒有什麼好怕的，因為我現在很
會躲，他們打的時候，我會趕快躲開。

大勳：我球速已經很快，他們也很厲害，贏了很開心。

小錡：比賽前覺得自己有點會贏，現在真的贏了很開心。

小臻：雖然他們輸我們，但是我覺得他們也很好，但是他們比較不會
看球在哪裡。

| 老師的引導／幼兒的表現 | 學習指標 |
|---|---|
| 因為即將要跟別班比賽，所以一直以來的男女分隊，幼兒覺得一隊中有男生有女生比較好，所以我們將男女分隊改為男女混隊。<br>(一) 混隊的體驗<br>1.如何平均分隊<br>幼兒可以解釋，男女混隊就是這一隊有男生也有女生，而另一隊也是。但是要怎麼分才公平呢？結果幼兒用分糖果的方式一邊分一個，一邊分一個。結果兩隊各有五個女生，但是會多出一個女生，我們請這位女生暫時在一邊休息。老師也請幼兒用相同的方式將男生分成兩隊，最後我們數算，一隊平均是 13 人。<br>2. 混隊的問題<br>決定了各隊的人數之後，我們進行了第一次混隊比賽。球賽結束之後，根本分不清楚誰跟誰是同隊的？於是老師讓幼兒體驗有穿球衣和沒穿球衣的差別，結果有穿球衣時，幼兒很快地就找到自己同隊的。幼兒覺得以球衣辨識兩隊非常重要，所以我們請兩隊著手球衣的設計與製作。 | 認-中-2-1-3　運用十以內的合成與分解整理數量訊息<br>社-中-2-2-1　表達自己並願意聆聽他人想法<br>社-中-2-2-3　依據活動間的程序與他人共同進行活動<br>美-中-2-2-1　運用各種視覺藝術素材與工具，進行創作<br>美-中-3-2-1　欣賞視覺藝術創作，描述作品的內容 |

| 老師的引導／幼兒的表現 | 學習指標 |
|---|---|
| (二) 計分方式<br><br>規則大致都擬定之後，老師希望幼兒能利用圖像符號去記錄每場比賽的結果。我們先請小裁判記錄在兩張紙上，幼兒剛開始只是隨意記錄，但記的方式似乎不是很清楚，老師覺得必須要進一步討論怎樣才是好的記錄方式，大家討論出記錄的方式之後，特別請沒有來參與討論的幼兒看看記錄表，看他們是否看得懂？結果沒有參與討論的幼兒也能說得相當清楚。可見我們的記錄表，不僅我們自己清楚，別人也可以讀得懂喔！ | 認-大-2-1-5　運用圖／表整理生活環境中的數量訊息 |
| (三) 規則修正<br><br>在體驗的過程中，大家陸陸續續有發現一些問題並且做修正，於是幼兒也將注意事項做了修訂，例如增加了預備球員的部分。另外針對內圈的部分增加了一項跟安全有關的注意事項，那就是如果被打到了要從最近的線出去比較安全。在外圈的注意事項則增加了球速要快的要求。大家將這幾個注意事項再畫成圖畫，修正原來的規則成為完整的規則圖卡。 | 認-中-3-1-1　參與討論解決問題的可能方法並實際執行 |
| (四) 邀請比賽班級<br><br>老師將幼兒分成小組拿著規則圖，到中班與大班邀請他們參加友誼賽，並說明打躲避球的規則與挑戰日期。 | 語-中-2-2-1　合宜使用禮貌用語<br>語-中-2-2-2　以清晰的口語表達想法 |
| (五)正式比賽<br><br>正式比賽開始，比賽前都會先說明規則和計分方式，先認識兩隊，敬禮，才開始比賽。比賽結果我們大獲全勝，幼兒當然喜不自勝，除了分享勝利的喜悅，也發現別班因為不像我們一樣有深入的研究躲避球和不斷的練習，會輸給我們是因為他們沒有常常練習，所以小朋友也給予對手掌聲和擁抱，謝謝他們願意參加躲避球友誼賽。 | 社-中-2-3-1　理解自己和互動對象的關係，表現合宜的生活禮儀<br>情-中-2-1-2　運用動作、表情、語言表達自己的情緒 |

| 老師的引導／幼兒的表現 | 學習指標 |
|---|---|
| (六) 比賽的心情<br>我們請小朋友在比賽前和比賽後都分享自己的心情，小朋友比賽前的心情不外乎是緊張、期待和對自己的信心。比賽後勝負已定，幼兒對於自己除了信心的增強之外，還有更多的是開心和興奮，但也能體諒到對方輸球一定很傷心、很難過，所以不忘給予對手一些鼓勵。 | 社-中-2-2-2　理解他人的感受和需要，展現同理或關懷的行動<br>情-中-1-1-1　辨認自己常出現的複雜情緒<br>情-中-2-1-3　以符合社會文化的方式來表達自己的情緒 |

## 四、方案回顧與覺察

　　比賽完之後老師請大家一起分享比賽的想法，有幼兒提到，他們發現別班在比賽時會當木頭人都站得直直的不會躲、球速慢、人都擠在一起；躲的時候會繞圈圈、會踩到線、也會搶球，這個現象很像自己以前剛玩躲避球的樣子。老師問大家，為什麼你們已經沒有這些問題了呢？幼兒說因為都有練習。老師請幼兒回顧自己怎麼成為一個躲避球高手的？中間經過了哪些事情？老師的目的是要幼兒可以覺知自己的學習歷程。幼兒說在躲球的時候遇到了困難，大家會想一想怎麼辦，然後再去試試看。如果不成功，也還要再想想為什麼不成功，再想辦法解決。老師請大家想想自己如何從木頭人變成一個會躲球的人，做了哪些事？幼兒說會想想自己會被打到的原因是什麼；接著有人說，因為當木頭人，眼睛沒有看著球，一直亂跑，還有躲在角落。然後每天練習怎麼躲，被打到出局的時候，要想想自己是什麼原因出局的。小臻說他是因為眼睛沒有看著球跑；小生說他沒有專心；小昱說自己是常常被打到腳，因為腳移動的不夠快。後來大家觀察到小含、大勳、小愷很會躲的方法，於是也跟著練習，就漸漸成功了。幼兒都能清楚的說明自己當初的問題和進步的歷程。

最後請幼兒將自己遇到困難的解決歷程畫下來，從幼兒分享的內容發現，對於自身動作技巧的提升都有深刻的覺察，舉幾位幼兒分享內容如下：

　　我一開始是當木頭人，常常被球打到，後來我會看別人怎麼躲，被打到的次數就變少了。

　　我的問題是球太慢了，像烏龜一樣，後來我找到一個方法，手心向前推球，這樣的球速就比較快，也比較好推。

　　我一開始都會被球打到，但是後來我發現要眼睛看著球，身體要動，但是不要繞圈圈跑，只要轉動身體就可以了。

　　我一開始在裡面躲的時候會繞圈圈，後來我學小涵躲的方式，只要轉動身體就可以了。還要蹲低低的。

　　我一開始會跟別人搶球。但是這樣會浪費時間，也打不到人，後來我會讓給人家，也會傳球給別人。

| 老師的引導／幼兒的表現 | 學習指標 |
|---|---|
| 比賽完之後老師請大家一起分享比賽的想法，有幼兒提到，他們發現別班在比賽時會當木頭人都站的直直的不會躲、球速慢、人都擠在一起；躲的時候會繞圈圈、會踩到線、也會搶球，這個現象很像自己以前剛玩躲避球的樣子。老師問大家，為什麼你們已經沒有這些問題了呢？幼兒說因為我們都有練習。老師請幼兒回顧自己怎麼成為一個躲避球高手的？中間經過了哪些事情？老師的目的是要幼兒可以覺知自己的學習歷程。 | 情-中-1-1-1　辨認自己常出現的複雜情緒<br>情-中-3-1-1　知道自己複雜情緒出現的原因<br>認-大-3-1-2　與他人共同檢視問題解決的過程 |

伍  流程圖

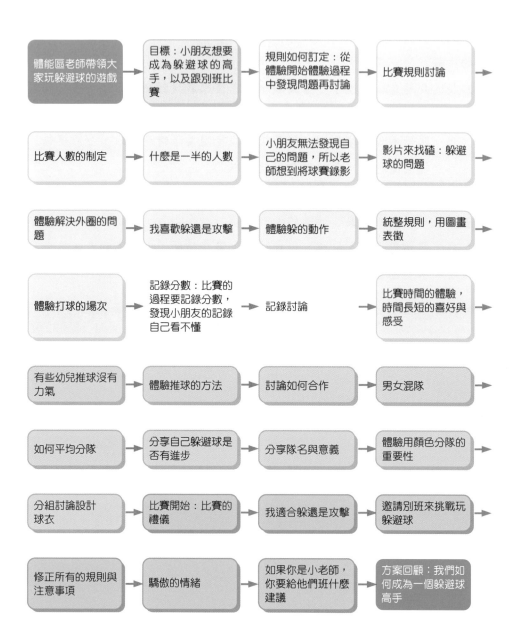

主題事後網

| 身-中-1-3-3 覺察身體活動的安全距離 身-中-2-1-1 在合作遊戲的情境中練習動作的協調與敏捷 | 身-中-1-1-1 覺察身體在穩定性及移動性動作表現上的協調性 | 身-中-1-1-1 覺察身體在穩定性及移動性動作表現上的協調性 身-中-2-1-1 在合作遊戲的情境中練習動作的協調與敏捷 身-中-1-3-3 覺察身體活動的安全距離 | 身-中-2-1-2 在團體活動中，應用身體基本動作安全地完成任務 |
|---|---|---|---|

位置的分配　　　推球的方式　　　身體的移動　　　閃躲的方式

攻擊的技巧　　　　　　躲避的技巧

躲避球

規則　　　　　比賽

**時間、場地、人數、什麼是輸？贏？**

| 語-中-2-1-1 | 運用肢體動作表達經驗或故事 |
|---|---|
| 語-中-2-3-1 | 敘說時表達對某項經驗的觀點或感受 |
| 語-中-2-2-2 | 以清晰的口語表達想法 |
| 語-中-2-2-3 | 在團體互動情境中開啟話題、依照輪次說話並延續對話 |
| 語-中-2-3-1 | 敘說時表達對某項經驗的觀點或感受 |
| 語-中-2-5-2 | 運用自創圖像符號標示空間、物件或記錄行動 |
| 社-中-2-2-1 | 表達自己並願意聆聽他人想法 |
| 社-中-2-2-3 | 依據活動的程序與他人共同進行活動 |
| 情-中-1-1-1 | 辨認自己常出現的複雜情緒 |
| 情-中-2-1-1 | 嘗試表達自己的情緒 |
| 情-中-2-1-3 | 以符合社會文化的方式來表達自己的情緒 |
| 情-中-3-1-1 | 知道自己複雜情緒出現的原因 |
| 情-中-4-1-1 | 運用等待或改變想法的策略調節自己的情緒 |
| 社-中-2-2-2 | 理解他人的感受和需要，展現同理或關懷的行動 |

**分隊、球衣、計分方式**

| 語-中-2-2-3 | 在團體互動情境中開啟話題、依照輪次說話並延續對話 |
|---|---|
| 認-大-3-1-1 | 與同伴討論解決問題的方法，並與他人合作實際執行 |
| 認-大-3-1-2 | 與他人共同檢視問題解決的過程 |
| 美-中-2-2-1 | 運用各種視覺藝術素材與工具，進行創作 |
| 美-中-3-2-1 | 欣賞視覺藝術創作，描述作品的內容 |
| 認-中-2-1-3 | 運用十以內的合成與分解整理數量訊息 |
| 認-大-2-1-5 | 運用圖／表整理生活環境中的數量訊息 |
| 認-中-3-1-1 | 參與討論解決問題的可能方法並實際執行 |

幼兒園教保活動課程大綱的實踐

柒　評量與成效

在方案教學中幼兒的參與就是學習，幼兒的表現就是評量，所以我們透過老師教學上的觀察紀錄以及最後的方案回顧，以及家長的回饋，我們發現幼兒在這個方案有以下核心素養表現：

### 一、覺知辨識

主動學習是幼兒在學習過程中非常重要的一環，能夠主動學習，而非被動的被灌輸知識，這樣的學習效果和學習態度才是重要的。在這個方案中，由於幼兒的目標非常明確，就是想成為躲避球高手，所以在過程中幼兒表現的非常積極主動，而且透過每天的體驗和練習，以及幼兒可以覺知自己身體動作的改變與進步，藉由觀察別人的身體動作和自己的身體動作，幼兒可以辨識出自己和他人在躲球和推球的身體動作上的不同，同時自己能夠覺察自己與他人的特徵（誰的力氣比較大？誰的動作最敏捷？我的優點是什麼？我適合在什麼位置？）。除了相互觀察，老師也將他們玩躲避球的過程錄製下來，讓他們從中觀察及發現自己的問題。由於影片可以暫停，或者慢動作重複播放等，幼兒可以從影片中非常清楚看到自己的問題。透過這些方法覺知自己是如何一步步往目標邁進（本來的問題是什麼——透過什麼樣的方法去改進）。

訂定規則時因為是大家共同制定規則，所以小朋友都知道規則的理由以及願意遵守它，不需要一直提醒，當然也沒有違規的問題。

## 二、關懷合作

　　躲避球本來就是一個需要團隊互助合作的運動，但是剛開始幼兒總以為球賽結束自己沒被打到就是英雄、就是贏家，殊不知這個比賽是要看團隊成績的。透過體驗和協調，他們從亂跑或是擠在一起，可以發展出團隊合作的策略與模式。在場內的小朋友會互相提醒對方要注意球來的方向，要盡量散開不要擠在一起；在場外的小朋友，本來都是會搶著拿球、搶著推球，但經過一次次的比賽，也漸漸體會到每次都花太多時間在搶球而錯失推球的良機，其實有時候靠合作傳球攻擊的速度更快，從比賽的歷程中體會到合作的重要與團隊的榮譽感。另外對於力氣不大的幼兒，也能理解他們的困境並積極地想辦法幫助這些小朋友。幼兒在躲避球這個合作性的遊戲中，已經能依共同目標與他人合作，並能調整自己的想法或行為來解決問題。

## 三、推理賞析

　　我們透過體驗來體驗規則，在場地的形狀討論時，幼兒原本要嘗試圓形、三角形和長方形的場地，我們先讓幼兒嘗試三角形，三角形的場地一圍好幼兒馬上發現三角形的空間太小，一次只能一點點人玩，而且很容易被球打到，體驗之後發現三角形好難躲。小赫也提出長方形有一邊比較長，距離就比較長，要用很大的力氣才能把球推出去，所以也不好。幼兒已能提出簡單且合理的因果關係解釋。

　　經過一段時間的練習，比賽之前幼兒對於自己都深具信心，比賽之後，也滿意自己的表現，我們兩場都贏球，幼兒雖然非常開心，但也能關注到輸球的對方的心情，除了給予他們鼓勵（掌聲和擁抱），幼兒也能注意到他們的優點。如：蘋果班的小朋友很有禮貌，也很守規則；史奴比班

的力氣很大，本來都在場中當木頭人，可是在第二場時就能開始靈活地躲球。幼兒除了肯定自己的努力也能欣賞別班的優點。

## 四、表達溝通

　　幼兒能在躲避球的體驗中，以肢體動作和語言、圖像等不同的方式表達想法與感受，這都是自我表達的形式。例如以圖像表徵躲避球的規則和注意事項，以及分享輸球和贏球的心情，並在討論的過程中願意傾聽別人的意見。參與討論時，能專注的聆聽後回應，也能在與他人協商後調整自己的想法，很多規則的討論都是幼兒協商下的結果，如一場次要幾分鐘，有人希望五分鐘可以玩比較久，有人希望三分鐘比較不累，我們在兩種時間都體驗過後請小朋友說出彼此的感受，在大家共同協商後，小朋友也會調整自己的想法，遵守共同的決議。最後比賽之前，幼兒拿著規則圖到中班與大班邀請他們參加友誼賽，並說明打躲避球的規則與挑戰日期。幼兒清晰的口語配合圖像說明，讓從未參與我們遊戲的幼兒都能很清楚的理解我們訂定的玩法和規則。

## 五、自主管理

　　在方案探究的學習歷程中，幼兒透過一次次的練習，從怕球和當木頭人進步到有力的推球及靈活的轉動身體，能協調身體與四肢執行複雜的身體動作與用具操作活動，而在討論的過程中會出現不同意見想法，尤其在團隊合作過程有更多的機會需要調整自己並同理隊友的表現。能覺察並調整自己的行為（搶球轉變為傳球）、能表現出正向的行為（不搶球、不爭功），讓團隊達到最佳的合作效果，就個人而言，就是自主管理的最佳表現。

## 六、想像創造

　　幼兒在經過小組合作討論後，能創作出隊名並說出隊名的意義（如閃電隊就是希望球速跟閃電一樣快），而且還嘗試以不同素材（布、瓦楞紙板）創作出一件代表球隊的球衣。在設計球衣之前，幼兒對於球衣並沒有概念，因此老師讓幼兒先觀察學校的足球衣上面有什麼，幼兒發現有寫南海的字樣與號碼還有圖案。關於圖案，就是屬於自己這一隊的圖案，因此大家在白板上簡單畫了球衣上面要有的東西，並且把南海字樣換成了閃電及蟒蛇，還在旁邊加上了閃電或蟒蛇的圖樣，於是完成了兩件獨特的球衣──閃電隊有銀色閃亮的閃電，蟒蛇隊則是一條色彩繽紛的彩色蟒蛇，這些都是幼兒展現創造力的表現。

## 捌　省思

　　躲避球這個方案著重在探究的歷程，讓幼兒透過不斷的**嘗試探索、感受、整理、修正、表徵、建構的一個循環歷程**，建構屬於與他們的學習經驗與學習脈絡。在此歷程中，老師發現幼兒在玩躲避球時有許多問題，但幼兒對於自身的問題並未覺察到，他們想玩躲避球，所以他們最迫切需要了解的是規則，而所有規則並不是由老師告知幼兒應該如何，而是透過一次一次的體驗讓幼兒體驗各項規則的需要，並由幼兒共同制定，所以這些規則對幼兒來說是大家約定好的，也知道為什麼要這麼規定，自然就會共同遵守。

　　而有關於躲、避的問題，老師最初的策略是讓幼兒觀察其他人，但發現似乎效果不彰。觀察的幼兒沒有辦法很清楚說明問題所在，而被觀察的

幼兒也不懂幼兒說的問題是什麼？因此老師運用錄影的策略將比賽的情形錄下來，結果幼兒看到自己在場上的表現果然恍然大悟，原來自己會滿場跑或是站著當木頭人……。之後，許多關於幼兒躲避技巧方面的問題都是用錄影的方式記錄下來，再透過播放讓幼兒能覺知自己問題的所在。

在這個方案中，老師體認到幼兒能力的精進與深化必須建築在幼兒足夠的經驗上，紙上談兵對幼兒是無意義的，所以老師將學習定位在透過每天的躲避球比賽；讓幼兒發現問題再提出解決的方法，接著把方法運用在下一次的比賽中；從比賽的經驗中檢核這個方法是否合宜或是需要修正。另外活動的連貫性是重要的，這樣學習才能深入，例如我們進行的活動、需要解決的問題都是有相關的，先解決規則問題才有辦法進行比賽，在比賽中發現躲和攻擊的問題再想辦法去解決。而從男女混隊中發現球衣在辨識隊員的重要性，然後再透過比賽發現沒研究躲避球的班級也有著幼兒自己當初的問題，進而讓幼兒回顧自己整個學習的歷程，也正是可以統整他們所有在這個方案習得的能力的方法。

而課綱的身體動作與健康領域和社會領域、語文領域，提供了老師許多引導的方向，並且有許多具體的學習指標可以指引，但老師還是要設計適宜的活動讓幼兒有豐富的經驗才能堆疊幼兒學習的脈絡，並且要重視活動和活動間的連貫性才能讓幼兒有完整的學習，這對於老師來說是一大挑戰，也凸顯教學日誌和省思的重要性！

# 6 沙子、貓咪、人

鄭玉玲

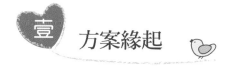

# 壹 方案緣起

　　幼兒滿懷期待的踏進才剛換新沙、暌違已久的沙坑，每天人進人出，幾乎天天客滿，讓原本美麗的南海後花園增添了許多笑語與嬉鬧聲。幼兒愛玩沙，從遊戲中延伸興趣，也產生探索的問題。像是沙子會不會變成石頭？為什麼沙子的顏色會有黑黑白白的？沙坑區的沙子從哪邊來等不同類型的問題。當然，幼兒最期待的就是可以一直玩沙、堆出沙子作品。

　　但是，漸漸進出沙坑的班級少了，最後只剩下我們班的幼兒出入，然而在玩沙的同時，隱隱約約聞到一陣陣異味，老師擔心的事情還是發生了──有貓在沙坑裡大便。雖然事態並不嚴重，老師悄悄的將落在沙坑邊的貓大便清除，也默默的期待不要再有這種問題發生。

　　幼兒從對沙子的觀察與發現，到沙子來自何處等話題開啟了一連串的探索歷程。

## 背景說明

　　沙子方案實施之班級為中大班混齡，全班共 27 名幼兒，大班與中班幼兒比例為 2：1。方案進行時並無特別區分出中大班關係，而是將混齡關係視為同一團體中的自然組合。

　　本篇是以「認知」、「社會」為主要領域，同時連結語文、身體動作與健康、美感、情緒領域，陪著幼兒以實作、實地探查的方式，從經驗中探索、體驗「沙子、貓咪與人類」之間微妙的關係。

 學習目標

1. 蒐集整理沙子相關訊息,進而解決對沙子相關疑惑。
2. 以沙子進行表現與創作。
3. 在互動中發展出合宜的社會行為。
4. 了解沙與貓之間的關係,並解決沙與貓所衍生的問題。
5. 尊重、關懷環境及其中的生命。

 主題概念網

延伸幼兒初始的問題,老師事先規劃此方案的方向,有「沙子的顏色怎麼不一樣?」、「沙子結塊了,那是不是石頭呢?」、「沙坑區的沙究竟從哪裡來?」等關於沙子本身的問題,以及「沙子可以怎麼玩?」、「怎麼做出大作品?」等玩沙問題。

身-3-1 應用組合及變化各種動作,享受肢體遊戲的樂趣
認-2-2 整理自然現象訊息間的關係
認-2-3 整理文化產物訊息間的關係
語-2-2 以口語參與互動

語-2-2 以口語參與互動
語-2-3 敘說生活經驗
認-1-2 蒐集自然現象的訊息
認-2-2 整理自然現象訊息間的關係

**沙子怎麼會有不同的顏色?**

**沙子會變石頭嗎?**

**我們愛玩沙**

**沙子的玩法**

身-1-1 模仿身體操控活動
身-1-2 模仿各種用具的操作
身-2-1 安全應用身體操控動作,滿足自由活動及與他人合作的需求
身-2-2 熟練各種用具的操作
認-2-2 整理自然現象訊息間的關係
認-3-1 與他人合作解決生活環境中的問題
語-2-3 敘說生活經驗
語-2-5 運用圖像符號
社-2-2 同理他人,並與他人互動
社-2-3 調整自己的行動,遵守生活規範與活動規則
美 2 2 運用各種形式的藝術媒介進行創作
美-3-1 樂於接觸多元的藝術創作,回應個人的感受

**沙坑區的沙子從哪裡來?**

語-2-2 以口語參與互動
認-1-2 蒐集自然現象的訊息
認-2-2 整理自然現象訊息間的關係
認-3-1 與他人合作解決生活環境中的問題

 肆 探索過程

## 一、玩沙的發現

　　幼兒滿足的從沙坑回到教室，熱烈分享玩沙時的發現，提出玩沙時的細膩觀察：「為什麼沙子裡面會有石頭？」對大人而言，這根本不是問題，因為那是雨水噴入沙坑中，使沙子凝成如石頭般的形狀，如此而已。然而好奇心是探究真相的基礎，幼兒執意想知道是怎麼回事，也從發現中開啟沙子探究的話題。

● 沙子上怎麼會有石頭？

### (一) 沙子會變石頭嗎？

#### 1. 沙子裡為什麼有石頭？

　　沙子和石頭本來就容易混雜在一起，所以沙坑內有石頭並不是大問題，但是老師覺得應該聽聽幼兒對這件事情的看法。在討論中，幼兒針對沙坑何以有石頭提出看法：「有時候下雨，雨水就會吸進沙坑；因為沙子一直擠在一起；因為沙子有水就會黏在一起，然後就變成石頭；沙子被風吹成像石頭的樣子；應該是有人捏的、去做的；沙子自己本身有黏性，會自己黏在一起；第一天下雨，隔天有人去捏的；因為沙坑兩邊都有風，沙子才會黏在一起。」幼兒對沙中有石頭都有各自的看法，其中共通的是沙子是小的，石頭較大。但為什麼沙子可以變成石頭，彼此的想法不同，所以心中仍存著疑惑。

認-中大-2-2-2　與他人討論自然現象特徵間的關係

語-大-2-2-3　在團體互動情境中參與討論

### 2. 是沙子還是石頭？

　　為了了解幼兒「石頭」的概念，所以老師請幼兒畫出他們認識的石頭，從幼兒畫出的石頭發現，他們認識的石頭與沙坑中的「石頭」外表相似度幾乎達到百分百。

　　認-中大-1-2-3　以圖像或符號記錄自然
　　　　　　　　　　現象的多項訊息

● 幼兒畫的石頭

　　清楚表達出對石頭外形的認知後，大家去沙坑找「沙子會變成石頭嗎？」這個問題的答案。他們蒐集像石頭形狀的沙塊或沙球，觀察沙球沙塊的形狀是否符合大家所統整的「石頭」，並進一步將沙球沙塊壓一壓，結果發現「一壓就碎；是沙，不是石頭。」接著，大家從校園各處撿來石頭，發現這些石頭堅固，可是沙坑中的「石頭」卻「一捏就碎」，原來沙坑區所發現的「石頭」並不是真的石頭，只是長得像「石頭」的沙塊而已。石頭與沙塊除形狀相似以外，

● 一壓就碎的沙塊

其餘特性明顯不同，所以大家贊成依據真實情況將原來的問題修改成「沙子為什麼變成石頭形狀？」

　　除了將問題修改之外，沙子怎麼會變成石頭的形狀呢？是否如同幼兒先前所提出的想法呢？於是老師引導幼兒將這個問題根據幼兒的想法以實際行動解密。幼兒將水倒入沙坑，實際觀察沙子被水噴灑後的變化，發現

「因水倒下去，沙子感覺有水，就會慢慢變成石頭形狀，黏起來變石頭樣子；沙子加一些水就會黏在一起，不需要有人去捏它也會黏在一起，變成像石頭形狀。」部分幼兒運用他們的經驗解開了沙子和水的關係之謎。

● 真石頭硬梆梆

　　認-中大-2-2-2　與他人討論自然現象特
　　　　　　　　　徵間的關係

　　語-中-2-3-1　敘說時表達對某項經驗的觀點或感受

## (二) 沙子怎麼會黑黑白白的？

### 1. 乾沙比較白、濕沙比較黑？

　　幼兒玩沙時，喜歡往上堆出沙丘，也喜歡往下挖出大坑。在挖沙中，幼兒又發現沙子有不同顏色，在同一沙坑的沙，顏色卻不同，有的較黑，有的較白。老師協助幼兒把不同顏色沙子各挖一盤回教室，隔天，幼兒發現兩盤不同顏色的沙子全變成白白的。為什麼沙子全部變成白白的呢？老師引導幼兒思考為什麼會這樣？幼兒提出「因為沒有水分，沙子就乾了；太陽太熱了，把它曬乾了，沙坑的濕沙在底下，因為下面太陽沒有

● 太陽吸水或壓水

曬到就比較濕；上面的沙曬到太陽會燙，有點下面的沙被燙到就會乾，更下面燙不到就是濕的；教室有冷氣，也會讓沙子變乾；水被太陽吸走了；水被太陽往下壓進下面，沙子會濕濕的。」從對話中幼兒可以清楚的釐清，沙子變乾乾的白色是因為太陽、風、熱等因素所造成；但是對於較黑的濕沙有人卻提出「太陽會將沙裡面的水吸走」，以及「太陽會將沙裡面

的水往下壓」，這是兩種對「太陽和水」關係的不同概念。這樣的概念也顯示出幼兒對太陽與水的關係可能不清楚，因此老師認為有必要進一步引導幼兒釐清這些模糊的概念。

語-大-2-2-3　在團體互動情境中參與討論

## 2. 乾沙、濕沙和太陽有關係嗎？

幼兒從沙的乾濕問題衍生出兩種截然不同的看法，老師請幼兒分別說出他們的看法，一種看法是，濕沙的形成是因為**太陽把上面的水吸上去**，下面吸不到就濕濕的；另一種看法是**太陽把水往下壓**，所以下面的沙子才會濕濕的。幼兒分別針對兩種不同的看法提出可能的理由，認為應該是「太陽把水往下壓，下面會濕濕」的幼兒提出的理由是「**太陽力氣很大、熱很強、有魔法、像超人一樣有力氣，可以把水壓下去、推下去**」。另一群不認同前述理由的幼兒也提出「**濕沙的水應該是本來就在下面；太陽在上面，沙子上面的水被太陽吸走了；太陽會把水吸上去一點；雨水是太陽吸上去的水變的；因為太陽是乾的，上面都是火，會把水曬乾，水曬乾就消失沒有了**」的看法。幼兒不僅各執己見，且看法也敘述的相當不同，這種情況下，進一步安排實作課程有助於釐清大家爭執的焦點。

老師將之前盛在盤中的沙裝到透明容器中，拿了一杯水問幼兒：「如果把水倒下去，會發生什麼事情？」幼兒分別提出他們原先堅定認為「被太陽吸上去或壓下去」的想法。此時老師提醒幼兒：「現在是在教室裡面，並沒有太陽」，但是有幼兒卻立即反駁老師的話，並提出「**電燈也會像太陽一樣吸水分**」，於是大家決定暫時把電燈關掉，以減少幼兒認為會影響的因素。老師請幼兒將水倒入透明裝沙容器中，觀察水往哪去，幼兒發現：「**第一杯水往下流、第二杯水也往下流，第三杯水滿到沙子上，水太多就流不下來，沙子和水都滿了，就沒辦法從縫縫流下去，水就留在上面。**」經過實作與觀察後，幼兒都認同「水在沒有太陽的情況下，會自己

●水在往下流

●水滿下不去了

往下面流動，讓沙子濕濕的，而不是太陽把水壓下去的。」這個實驗中，幼兒雖然發現「水往下流動」的現象是造成沙坑底部的沙子較濕的原因，但是實驗中缺少幼兒爭議中的重要角色──「太陽」，所以顯然無法解決「太陽對於沙子裡面水分」的問題。

所以，太陽與濕沙到底是怎樣的關係呢？雖然幼兒認為電燈和太陽一樣也會吸水分，但是如果有可能以真正的太陽來解答幼兒的問題，那為何不用呢？在這樣的想法下，老師把「太陽」放進實驗中，並依幼兒的想法，將裝沙容器拿去「外面曬太陽」。在此同時，老師也請幼兒進行預測沙曬太陽後的結果，在不太確定天氣變化的情形下，老師建議幼兒，以兩天為觀察期限，也請幼兒分別預測出兩天後容器中沙子的變化，幼兒預測應該會有「全濕」、「外圍和上面乾，中間和下面濕」、「上乾下濕」、「全乾」等幾種可能的結果。

兩天後，幼兒覺得「太陽曬得不夠；太陽的力量有點太小了；水太多，沙子變成泥漿。」怎麼辦呢？於是大家決議再多曬幾天，觀察其中的變化。幾天後，發現容器中的沙子雖有變化，但變化卻不大，因為容器中沙子是「一點乾乾的，一點濕濕的。」老師問幼兒：「為什麼會這樣呢？」幼兒認為「因為底下一直被悶住，太陽

只曬到上面。」幼兒用了一個較陌生的詞彙「悶住」，什麼是「悶住」？幼兒說「像是用棉被蓋住頭就是悶住了。」在提醒注意安全的前提下，幼兒試著用涼被蓋住全身，大家覺得「不舒服，快要呼吸不到空氣，很熱，感覺像快流汗了；被悶住就是沒有辦法透氣。」老師把握機會，教育幼兒在遊戲中不可讓自己有悶住不舒服的行動或感覺。幼兒發現也體會到原來容器中沙子不會乾是因為被悶住了，也就是即使有太陽，但是被悶住了，沙子還是不會乾。

● 沙子被悶住不會乾

怎樣才能讓罐子裡面悶住的沙子乾掉呢？幼兒說「翻一翻；換盤子，換成寬寬的、長方形或是正方形的盤子。」

語-大-2-2-2　針對談話內容表達疑問或看法

依幼兒的想法將玻璃容器內換成寬盤，幼兒也將沙翻一翻，希望原本黏在一起的沙子比較鬆，容易乾。寬盤的沙放置了幾天後，幼兒發現盤子中沙子的改變了，「沙子沒有悶住，全乾了，因為水是被太陽吸上去、被風吹乾了。」重新調整方法後，幼兒發現除了太陽之外，更換容

● 濕沙翻翻容易乾

● 盤沙容易乾

器後、翻沙等都是可以讓沙子變乾的方法。這也進一步印證沙坑表層的沙比較乾的原因是因為太陽、風、位置較表淺等因素的影響，也就是乾沙的

● 我是小沙子

形成是諸多因素交織產生的影響，而非單一因素造成。

### 3. 感受沙子和水的關係

　　既然已經觀察過沙子、水、太陽的關係，那麼如果讓幼兒用肢體模擬沙子與水、太陽之間的關係，幼兒也許能夠更深刻感受到其間的密切程度。所以，老師引導幼兒變身成沙坑中一粒粒小沙子，當加入水之後，沙子會產生什麼變化，經過太陽照射，沙子又會發生什麼事？在過程中，幼兒在老師的引導下，散開成一粒粒的沙子，當老師說「慢慢加水」之後，幼兒蠕動著身體慢慢與其他幼兒碰觸在一起，成一個大沙塊，當老師說「太陽慢慢曬」之後，幼兒又將身體從連結中慢慢移散開來。當老師說「風輕輕的吹」，幼兒嘗試將身體抬高……。在活動中，幼兒以肢體動作與同伴合作表現出水、太陽、風對沙子的影響。

　　身-大-3-1-1　與他人合作展現各種創意姿勢與動作的組合

### 4. 有些沙是濕濕黑黑，但卻乾乾鬆鬆？

　　原本幼兒的發現是「濕沙黑黑的具有黏性，可以捏出形狀」，但是挖完沙子後卻又發現沙坑底下的沙子顏色黑黑的，顯示應該是有濕度的；但是有點濕的沙子卻不太黏，是乾乾鬆鬆的，怎麼回事？幼兒的發現，顯示他們在玩沙中發現了與之前得到的實驗結果不一樣的現象，當幼兒提出這個發現後，老師請幼兒再度回到沙坑，用他們發現的不同濕度的沙子玩弄嘗試捏堆。當幼兒嘗試後，老師請幼兒以不同黏性來區分沙子，幼兒提出應該分為「乾沙、濕沙和乾濕沙」三種，因為他們的黏性不同。對幼兒而言，什麼是乾沙、濕沙、乾濕沙呢？他們對這些名詞是如何定義呢？於是

老師請幼兒提出他們在玩沙過程中的體會，幼兒提出：乾沙是「白白、鬆鬆，比較做不起來，會流下去、垮下去，像溜滑梯溜下來，捏的時候，要用水就可以把沙子黏起來；做的山比較小，有點高但沒有比濕沙做的還高；用手拍出來的作品下面比較瘦，上面比較大，就會倒下來，失去平衡」。濕沙是「黑黑、可以黏緊緊的，可以捏出形狀，做你想要的東西；一下子就可以捏出來；可以堆大沙堡、做出石頭形狀；可以黏乾沙」。乾濕沙則是半乾的濕沙，也就是「有一點黑黑的，一點黏黏的；也可以變成金字塔或城堡，較不會滑下去。」對幼兒而言，體會操弄過的感受最深刻，所以他們清楚的為不同濕度沙子做了區辨與說明。

● 濕沙會黏緊緊

認-中大-2-2-1　依據特徵為自然現象分類並命名

● 乾濕沙不會滑

## (三) 沙坑的沙從哪裡來？

幼兒一面玩沙一面發揮挖寶藏的功力，挖出許多小小的，像是家中媽媽常煮給他們吃的蜆，經過幼兒確認過之後，大家都幾乎確認這就是「蜆貝殼」。這樣的

● 乾沙容易滑

發現引發「這些沙是從哪裡來？」的疑惑。有幼兒覺得「是海邊，因為在海邊玩過沙子，撿過貝殼」。可是有幼兒卻不這麼想，認為「為什麼不是

● 蜆和海貝不同

● 說明蜆的生活環境

從山上來的，山上有很多泥土」，老師覺得這兩種想法都可能存在。小穎：「我認為是海邊或溪邊，用比對的，可以比較貝殼一不一樣。」同時也有幼兒提到「要知道沙坑沙哪裡來只要先查蜆的資料就可以知道了」。幼兒根據自己的經驗進行推理後，紛紛表達出意見，而這些意見都可以引導幼兒進一步驗證，以確認最後真相。

大家將沙坑挖出來的蜆貝殼保留下來，有幼兒提到曾經在海邊蒐集了許多貝殼，可以拿來比比看，於是部分幼兒協助提供了在不同海邊蒐集到的貝殼。在此同時，老師也意識到沙子的體驗也許可以不止於學校的沙坑，於是有了找「較大且安全的場域帶幼兒進行戶外教學」的想法。也因此，在後來的淺水灣戶外教學計畫時，幼兒提到的其中一項任務，就是「撿拾貝殼」。戶外教學時，幼兒記住這個任務，也撿拾了一些當地貝殼，這使教室中蒐集到了許多來自不同地方的貝殼。所以想要進一步知道沙坑中的貝殼來自何處，只要再蒐集蜆貝的相關資料，便可以進行比對了。

幼兒分別從墾丁、臺東蒐集到了海邊貝殼，全班也在淺水灣的沙灘上找到一些貝殼。老師將沙坑貝殼及蒐集自不同地方的貝殼都做了標示，請幼兒仔細觀察，並比較出它們之間的差異性。經過幼兒核對後，發現海邊貝殼與沙坑裡的蜆真的不一樣，他們發現海邊貝殼「大小不同、花紋不同、顏色不同、都長得不一樣。」而沙坑貝殼「都長得一樣。」這樣的觀

察讓幼兒察覺到海邊貝殼的顏色、形狀、種類都和沙坑蜆殼有極大的差異。蒐集自不同地區的貝殼雖然不同，但仍不足以讓幼兒確定有蜆貝殼的沙子從何而來。幼兒蒐集並分享了「蜆」的相關資料，從資料中幼兒發現蜆喜歡生長在河川、湖泊等淡水的砂質地裡。因此，幼兒雖無法確認學校沙子來自何處，卻可較肯定的認為學校的沙不是從海邊拿來，而是從河川或是其他淡水湖泊砂質地來的。而老師也看到幼兒從貝殼的來源、特徵中比較出他們的差異性，也連結推理出不同貝殼與地點的關係。

語-中大-1-5-1　知道知識類圖畫書的功能

認-中大-2-2-2　與他人討論自然現象特徵間的關係

語-大-2-2-2　針對談話內容表達疑問或看法

認-大-3-1-1　與同伴討論解決問題的方法，並與他人合作實際執行

| 老師的引導／幼兒的表現 | 學習指標 |
|---|---|
| (一) 沙子會變石頭嗎？<br>1.沙子裡為什麼有石頭？<br>老師請幼兒先思考「為什麼沙子裡面會有石頭呢？」幼兒認為和雨水有關，水會將沙擠黏成石頭。老師引導幼兒畫出所謂的石頭形狀，並進一步觀察比較。幼兒發現沙坑裡的其實是沙球，一捏就碎。<br>2.是沙子還是石頭？<br>幼兒將水倒入沙坑，實際觀察沙子被水噴灑後的變化，發現「沙子加一些水就會黏在一起，不需要有人去捏它也會黏在一起，變成像石頭形狀。」 | 認-中大-2-2-2　與他人討論自然現象特徵間的關係<br>語-大-2-2-3　在團體互動情境中參與討論<br>認-中大-1-2-3　以圖像或符號記錄自然現象的多項訊息 |
| (二) 沙子怎麼會黑黑白白的？<br>1.乾沙比較白、濕沙比較黑？<br>幼兒發現沙坑區有黑色和白色的沙子，老師引導幼兒思考為什麼會這樣，幼兒認為「上面的沙曬到太陽會燙，有點下面的沙被燙到就會乾，就比較白，下面燙不到就是濕的，比較黑。」 | 語-大-2-2-2　針對談話內容表達疑問或看法<br>語-中-2-2-2　以清晰的口語表達想法<br>語-大-2-2-3　在團體互動情境中參與討論 |

| 老師的引導／幼兒的表現 | 學習指標 |
|---|---|
| 2.乾沙、濕沙和太陽有關係嗎？<br>老師請幼兒分別說出他們認為的看法，幼兒說出原因有二，其一為「太陽把水吸上去」，其二為「太陽把水壓下去」，接著老師引導幼兒利用實驗的方式檢視想法。幼兒發現容器內的沙子有一點乾一點濕，認為太陽只曬到上面，下面的曬不到被悶住就是濕的。<br>3.感受沙子和水的關係<br>老師引導幼兒變身成沙子，表現出水與沙的關係。幼兒配合老師的提示，與同學一起合作，以肢體變化呈現乾沙及加水後的散開、凝聚情形。<br>4.有些沙是濕濕黑黑，但卻乾乾鬆鬆？<br>實驗後，幼兒發現除了黑沙白沙外，還有些沙「濕濕黑黑卻又乾乾鬆鬆」，歸納出乾沙、濕沙和乾濕沙三種，並為他們進一步說明和定義。 | 身-大-3-1-1　與他人合作展現各種創意姿勢與動作的組合<br>認-中大-2-2-1　依據特徵為自然現象分類並命名 |
| (三) 沙坑的沙從哪裡來？<br>老師引導幼兒觀察玩沙所發現的「貝殼」（幼兒稱為貝殼的物品實為蜆），也引導幼兒利用「查蜆的資料」來了解「沙子從哪來？」的問題。海邊的貝殼花色、形狀多樣，而沙坑的貝殼都長得一樣應該是來自河邊。<br>幼兒藉由觀察、蒐集、查證貝殼的來源，比較差異，推理出不同的貝類和地區的關聯性，最後確定最有可能的來源。 | 語-中-2-3-1　敘說時表達對某項經驗的觀點或感受<br>認-大-3-1-1　與同伴討論解決問題的方法，並與他人合作實際執行<br>語-中大-1-5-1　知道知識類圖畫書的功能<br>認-中大-2-2-2　與他人討論自然現象特徵間的關係 |

## 二、一定要玩沙

### (一) 沙子堆高會垮掉怎麼辦？

幼兒雖然體會並探究出不同濕度的沙子各有其特性，但是卻沒有將沙的特性與堆沙過程連結，在堆沙時經常會垮掉或壞掉的現象困擾著幼兒。為了解決這個問題，大家再到沙坑，老師請幼兒分組一邊討論一邊嘗試解決沙子會垮的問題，過程中發現有些組別在堆沙時為了讓作品不易垮下，

● 沙會垮可圍起來

或保護堆好的作品而有了不同的策略，例如他們運用堆、疊、拍、挖等技巧，也用距離的區隔等各種方式，目的就是想要完成並保護作品。接著，為了使彼此的經驗得以交流，老師請幼兒分享他們的做法，幼兒從堆沙中交換了在沙坑中的堆沙經驗：可以用手拍一拍堆上去的地方；上面要比較扁，下面用胖一點，改大一點，上面不要放太多東西，像石頭和貝殼，會容易倒下來；可以一半用濕沙，一半用乾沙，這樣比較堅固；可以做圍牆保護，這樣即使被踩到也只有圍牆壞掉；做圍牆，下面開個門讓人走；沙子作品很小，人很大，進去可能會垮；人少一點就好啦！裡面的作品可以做很大。大家討論的方法好像都能解決他們遇到的問題，所以他們對於要做出大作品的動機也越來越強。

● 幼兒認為堆沙要下胖上瘦

認-大-3-1-1　與同伴討論解決問題的方法，並與他人合作實際執行

身-中-2-2-2　綜合運用抓、握、扭轉、揉、捏的精細動作

## (二) 怎麼做出沙雕大作品？

沙坑中的作品在運用許多方法後確實較不易垮掉或被破壞，但是當有幼兒提出「海邊也可以堆沙，有看過很大很大的沙子作品」之後，幼兒覺得大家的沙作品有點小，也許可以去海邊做大一點的作品。幼兒這樣的期待，與老師之前的想法不謀而合，於是，海邊的戶外教學正式進入籌備中。

### 1. 分工合作

在幼兒的期待與老師的構思下，我們朝淺水灣之旅進行了規劃。但是幼兒所說的大作品要怎麼做呢？有幼兒提到「全班可以『分工合作』，蓋超大城堡；可以跟合作的人說要做什麼，討論一下；可以輪流，有的人拿水，有的拿沙、有的拍、有的在旁邊觀察，看看哪裡做得歪歪的，再告訴大家。」從幼兒的討論對話中除了可以嗅出幼兒雀躍的心已經飄到了遼闊的海邊沙灘，也看出他們對「分工合作」的概念是相當清楚的，幼兒最後決定以小組方式分工合作。

語-大-2-2-3　在團體互動情境中參與討論

### 2. 欣賞別人的沙雕作品

沙雕不僅是小孩喜愛的活動，就連許多大人都相當熱衷，所以老師先用影片讓幼兒觀察什麼是沙雕作品，以及別人創作作品的方法。老師引導幼兒以先前想出來的方法來觀察別人的沙雕實況

●觀察他人作品

及作品，看看別人作品是不是如大家所說的有注意到「下面胖胖上面瘦瘦」的方式、多人一起創作的時候有沒有彼此「分工合作」等等。透過影像觀摩與欣賞，幼兒除了欣賞到各種形式的沙雕創作之外，也更清楚別人沙雕創作的方法。

美-中大-3-1-1　樂於接觸視覺藝術、音樂或戲劇等創作表現，回應個人的感受

美-小中-3-2-1　欣賞視覺藝術創作，描述作品的內容

### 3. 規劃塑沙步驟

幼兒雖然觀察到別人塑沙的方法及成品，並想要嘗試，但事實上到海邊戶外教學不是件容易的事，且不是經常可去，甚至於當天在時間的分配上都會因路程或其他因素而無法太久，也就是在時間、路程及幼兒體力等各方面都需要多加考量。因戶外教學需考量的因素太多，若能在行前讓幼兒有時間做詳細的計畫，也許能在戶外教學時充分掌握當天僅有的一至兩小時的時間。

於是和幼兒討論創作沙雕，除了技巧之外，還需要做些什麼事？幼兒提出「可以先想想要做什麼，先畫設計圖；因為先將要做的作品設計好，比較能夠知道想法，而且節省時間，也比較不會吵架，知道誰要做什麼。」幼兒分享在小組中所討論並畫出來的方法，各小組也相互提供想法意見，再針對他人的建議修改工作計畫可能產生的問題。

經過討論漸漸形成共識，但老師也發現幼兒在規劃設計圖時，缺乏實際經驗，所以計畫內容不太符合現場需求。以其中一組要在沙子上做出噴火龍為例，他們的第一次設計圖是將噴火龍設計成直立站著的樣子，但是欣賞他人沙雕作品中卻可以清楚看到大部分的創作都有「一些沙」當作基底，並在基底上進行創作。老師提醒這組幼兒回想別人作品的樣子，幼兒漸漸了解「以沙當基礎」可能可使作品更加穩固。分享與討論之後，這組

幼兒認為直立噴火龍設計因為太細又太高，沒地方可以依靠著，可能很難做成功，所以將設計圖改成趴在沙子上面的噴火龍，而這樣的修改，也得到其他組幼兒的肯定。

　　語-大-2-5-3　　運用圖像符號規劃
　　　　　　　　　　行動

● 沙雕計畫

### 4. 海邊塑沙去

　　雖然計畫前往海邊玩沙，但是如果要開心、快樂玩沙，那麼要注意的事情卻不可馬虎，於是引導幼兒進一步規劃確認此行任務及準備的物品。幼兒於出發前一天詳細將塑沙及蒐集貝殼等任務做了確認，也註記了攜帶的物品，如沙雕工具、換洗衣物、食物、雨具等，當然最重要的就是要能夠安全的來回。幼兒都清楚海邊玩沙戲水的安全準則，大家都期待隔天的海邊之行。

● 介紹計畫

　　校外教學當天，淺水灣海邊天候不佳，但仍可堆沙。在海邊堆沙時，幼兒非常開心且忘我的玩起沙子，幾乎忘

● 好好玩的海沙

記先前規劃的任務。有些組別經過提醒後能合作做出作品，有些組卻未能將計畫中的作品表現出來。回校後請幼兒針對海邊塑沙時為什麼有些組別可以成功，也些組別卻沒辦法成功，進行分享與檢討。幼兒說：「因為時間太短了，還想再做一次……；回學校也能做，雖然會小一點，不過沒關

係。」校外教學當中天候及時間都是較無法精準掌握的變因，所以幼兒感覺玩得不夠，希望回到學校後能夠繼續進行他們的想法，大家也期待回校後可以繼續玩沙，創作沙雕作品。

社-中大-2-3-2　理解生活規範訂定的理由，並調整自己的行動

| 老師的引導／幼兒的表現 | 學習指標 |
|---|---|
| (一) 沙子堆高會垮掉怎麼辦？<br>幼兒在堆沙時經常會垮掉或壞掉，老師不斷提供機會讓幼兒進行實驗，幼兒合作嘗試用堆疊、拍、接等各種技巧來保護作品，並總結：「可以用手拍一拍壓緊；上面要比較扁、下面要胖一點；用濕沙跟乾濕沙；可以做圍牆保護」等方法。 | 認-大-3-1-1　與同伴討論解決問題的方法，並與他人合作實際執行<br>身-中-2-2-2　綜合運用抓、握、扭轉、揉、捏的精細動作 |
| (二) 怎麼做出沙雕大作品？<br>1.分工合作<br>大作品要怎麼做呢？經討論後幼兒決定全班以小組方式「分工合作」。<br>2.欣賞別人的沙雕作品<br>老師提供他人作品影像供幼兒觀察，並引導幼兒思考「別人創作作品的方法」，幼兒觀察後，發現作品「下面胖胖上面瘦瘦」。<br>3.規劃塑沙步驟<br>和幼兒討論創作沙雕，除了技巧之外，還需要做些什麼事？幼兒提出「可以先想想要做什麼、畫設計圖等。」老師請幼兒畫下想法、工作計畫後，小組討論交換意見，並修正工作計畫。<br>4.海邊塑沙去<br>老師引導幼兒進一步規劃確認此行任務及準備的物品。幼兒於出發前確認了此行的任務及應攜帶的物品和活動應遵守的安全事項。 | 語-大-2-2-3　在團體互動情境中參與討論<br>美-中大-3-1-1　樂於接觸視覺藝術、音樂或戲劇等創作表現，回應個人的感受<br>美-小中-3-2-1　欣賞視覺藝術創作，描述作品的內容<br>語-大-2-5-3　運用圖像符號規劃行動<br>社-中大-2-3-2　理解生活規範訂定的理由，並調整自己的行動 |

## 三、玩沙大逆轉。啊！有大便

### (一) 暫停玩沙

有些幼兒認為自己在海邊的沙雕作品成功了，有些沒有成功的組別則冀望回校後繼續創作「到沙坑區繼續完成」。當提到要回學校沙坑繼續玩沙的時候，有幼兒馬上想到之前的發現，「可是沙坑區好像有貓大便啊！」。真的還有貓大便嗎？大家決定再度走一趟沙坑區，想不到沙坑區的臭氣越來越明顯。

才換不久的新沙，竟然引來貓鄰居的青睞，將沙坑當成廁所。幼兒對於貓把學校沙坑當廁所，反應還算冷靜，還幫貓想了臺階下，「因為貓會埋大便；因為沙子比較軟，比較好挖」。老師引導幼兒思考怎麼才能繼續完成大家的沙雕呢？小穎：「先把沙坑的貓大便清完，再繼續做沙雕。」大家覺得貓大便如果不解決的話，肯定無法玩沙了，所以決定先把沙坑用帆布蓋住，暫停玩沙，等解決貓大便的問題再說。

社-大-2-1-3　適時調整自己的想法與行動，嘗試完成規劃的目標

### (二) 想想辦法

原來貓大便問題一直還存在。不管是大便或是味道，只要存在就讓人感覺不舒服，且大便裡面的細菌極有可能在幼兒玩沙時變成影響幼兒健康的病源。幼兒如此渴望玩沙，但沙坑卻不乾淨，這實在令老師兩難，是要告訴幼兒沙坑有大便，我們不去玩，還是告訴幼兒沙坑有大便我們也可以想辦法解決？思考後，老師覺得這是個「難得的機會」，幼兒因為年紀小較少有機會參與學校設施、設備的規劃、修繕等，何不讓他們有機會參與學校設施問題的解決呢？雖然沒有把握幼兒可以參與到何種程度，但是老師還是將校園沙坑中「貓大便問題」提出，開始徵詢幼兒的看法。幼兒提

出許多想法。小恩：「可以用很大的布包在沙子上，有縫縫的地方拿重的東西壓住。」小諒：「給牠們（貓）另外一個家，給牠們沙子，當廁所。」小芸：「上面縫縫圍好，下面沒圍，牠想大便就會鑽進去，所以上面下面都要圍好。」小元：「買一個籠子把貓放進去鎖起來。」小甄：「像做山洞那樣，弄一些沙做廁所，貓想大便就大便，把房子移遠一點，不要離沙坑那麼近。」小諒：「通電或是畫電的圖案，讓貓以為真的有電。」幼兒提出

● 沙坑要高高圍起來

許多想法要解決貓在沙坑大便的問題。有的幼兒會考慮到貓的生理需求，有的則從沙坑改造上來阻絕貓進出，但幼兒多從自己的角度提出方法，沒有注意到貓是個有生命的個體，所以老師提供幾本和貓有關的書籍，希望幼兒能夠從中蒐尋並找到更合適的方法。

　　語-大-2-2-2　針對談話內容表達疑問或看法

　　社-大-1-5-1　探索社區中的人事物、活動、場所及其與自己的關係

## (三) 先了解貓咪

　　老師蒐集了數本與貓咪相關的訊息類文本，希望幼兒能從當中蒐尋到貓咪的生活習慣或特性，所以老師提醒幼兒需仔細觀察書中關於貓咪的習慣，尤其是「排便」的習性。幼兒閱讀文本資料後，再由老師將幼兒提到的重要發現逐一列出，如此一來幼兒可藉由分享報告補足彼此對貓咪認識的不足。查閱貓咪書籍之後，幼兒對貓的特性有了了解，像是「貓喜歡睡覺，會把大便埋在土裡，不喜歡人看到牠大便；如果大便蓋住，牠會聞到沒味道再走；貓會趁晚上沒人的時候來大便；牠會怕狗，看到狗會躲起

來；喜歡散步，喜歡高，會跳很高，跳下來不會受傷，因為腳有肉墊；貓咪牙齒很尖，手也尖尖的。」了解貓的特性，再對症下藥，可以協助幼兒針對貓咪特質及大家面臨的「貓大便」問題想出更妥當的解決策略。

語-大-2-5-4 運用訊息類文本解決問題

## (四) 尋找解決之道

對貓咪有了基本了解後，要解決貓進入沙坑大便的問題，就更需要針對貓咪特性來思考方法的可行性。於是幼兒又熱烈的討論，有幼兒提出「貓眼睛被燈照到會看不到，裝燈只要有亮的燈就可以了，就是那種旁邊走過去燈就會亮了。」還有幼兒查到貓咪怕狗的資料，因而提出建議：「可以養狗，因為貓怕狗。」但是有幼兒不以為然的反駁「可是小朋友會被狗嚇到，而且狗也會大便啊，還要幫狗準備食物，狗也會跳進去大便。」養狗對大部分幼兒來說不是個好方法。有幼兒又提到：「可以做門，老師把鑰匙交給警衛伯伯，要玩沙的時候就找警衛伯伯開門。」但是有人反駁的說：「可是貓會跳啊，也會從洞鑽進去啊！」針對幼兒的反駁，其他幼兒也有回應：「那就把柵欄加高做到屋頂，不要有洞，屋頂也要做得很堅固，不能被貓的爪子抓破。」還有幼兒記得之前有人提出蓋廁所的方法：「我覺得小諒之前的方法比較好，就是做貓的屋子和貓的廁所，裡面裝沙子，因為貓要很多沙來蓋住便便，要做在離沙坑區遠一點的地方。如果貓咪不會沖水，看不懂那是牠的廁所，那可以放魚啊，做很多魚的牌子，讓貓跟著牌子走到貓廁所。」一陣熱烈又豐富的對話後，幼兒已經為方法的可行性做出初步的篩選，大家認為「圍沙坑、蓋貓廁所及魚指標、自動感應燈」是比較能阻止貓咪進入沙坑的解決之道。

語-大-2-2-2 針對談話內容表達疑問或看法

## (五) 較可行的方法

將沙坑圍起來、替貓咪蓋個有魚指標的廁所、裝置會讓貓咪眼睛看不到的感應燈，真的可行嗎？沙坑有貓大便的問題年年都發生，以至於學校以每學年更換新沙的方法來因應，因為大家總是想不出可以一勞永逸的解決之道。幼兒提到「圍沙坑」時，將沙坑圍起來的圖

● 小洞也要圍住

像也同時出現在老師腦中，且幼兒提到要將柵欄加高到屋頂，且不要有洞，他們的想法是要將跳高選手——貓咪的跳高路徑給阻絕掉，即使幼兒還有未考量到，也是他們這個年紀尚無法想到的細節，如沙坑的通風、經費，除前述之未考量的細節外，這確實是個不錯的想法。而替貓咪蓋個廁所也是幼兒貼心的想法，只是當廁所要怎麼蓋，貓咪真的會被魚指標吸引而找到廁所位置嗎？恐怕需要在想法落實後才能知效果。另外，裝置感應燈可以嚇走貓咪嗎？那麼學校原本就已經裝了許多感應燈，為什麼貓咪還是進入校園呢？燈與貓咪的關係是怎麼回事？我們期待在進一步的行動中都能有解答。

## 1. 圍沙坑

這是幼兒認為最好的方法，因為全部都高高圍起來，貓咪即使會跳、會鑽也無法進入。但是大家到沙坑現場勘查之後，老師也請幼兒想像如果將沙坑從下到上以板子團團圍住，而自己就在其中的感受，幼兒想像後發現如果從下到上全部都用板子遮住的話，沙坑裡面會有很悶、沙子就不容易乾、會發霉、空氣無法流通等問題，老師請幼兒必須將這些可能會衍生出來的問題都要考慮進去。於是幼兒仔細討論後提到「可以把板子圍在下

面，板子上面接網子」，這樣的想法確實回應了沙坑可能因為過度包覆而產生環境不良的問題。為了區辨沙坑原貌以及要改的樣子，老師建議幼兒用不同顏色的筆來表示。幼兒用黑色筆在大的白板上畫出原來僅有沙坑邊緣圍起約 90 公分高的柵欄，並緊鄰雙園國小的圍牆，以鋪滿沙子的模樣（原來的樣子）。接著再用綠色筆在矮柵欄上連接起更長的線條，表示要在原來的位置加高，也在與緊鄰隔壁國小的圍牆上補上綠色線條，表示這個約 20 公分的位置也要補上，否則貓同樣會從這裡進入。除此之外，柵欄下的空間、門位置等也要補滿，以避免貓咪從此處鑽入。詳細的考量下，幼兒規劃並畫出包括哪些地方要用板子，什麼位置要用網子等設計圖。

● 詳細畫設計圖

● 設計圖全貌

幼兒的想法是在原有高度且有洞洞的下層用板子包覆起來，在板子上方，也就是上層再接可透氣的網子。當老師問要用什麼材料較合適的時候，幼兒因為經驗不夠，很難從舊經驗中提出合適的材質，也就是他們無法具體說出何種板子、網子較合適。為了完成任務，老師帶領幼兒在校園內尋找合適可用的材質，以免圍籬被貓

● 向園長說明計畫

咪破壞。幼兒在園內某一班教室前面看到一片架給百香果攀爬的綠色網子，

要求老師嘗試拉動網子的堅韌性，拉動後，幼兒發現確實夠堅韌不易斷裂，是可用於上層的網子材料。另外，他們也發現教室走道外牆原本有洞的地方都遮上透明塑膠板子，且這個透明塑膠板可以透視外面，於是確認要圍住沙坑下層的板子材料就必須要具有「透明、不怕水、硬的、沒有洞」的特質，因為這些材料的條件都可以讓沙坑視線較好，也較不怕下雨，或產生被破壞、貓鑽進去等問題。

幼兒詳細的把沙坑圍籬分為上下層規劃並畫出工程圖後，再度說明工程圖的設計概念：「下層因為有木欄杆了，所以只需要透明、不怕水、不怕破掉的硬板圍住就好了。上層最好是有小洞、可以圍高高的網子，讓沙坑可以透氣，不會悶住。而且與隔壁國小圍牆互接的位置也要補起來，因為貓也會從那地方跳進來，同時還要做一個堅固可以關起來的門。」幼兒不僅將貓可能進入的所有位置都考慮進去，也不忘老師對沙坑衛生條件的提醒。

語-大-2-5-3　運用圖像符號規劃行動

這個計畫是幼兒多方考量的結果，但是完美計畫中也意味著可能需要一大筆經費來完成。老師將實際會發生的困難告訴幼兒，幼兒提議要親自跟園長說看看，拜託園長幫忙，於是幼兒與園長相約說明計畫內容。園長很支持幼兒的想法，立即答應全力支持，並且也要將沙坑中所有已經被貓便污染的舊沙移除。園長也馬上聯絡原先設計沙坑的建築師及營造商，希望盡快完成幼兒的想法，讓沙坑恢復乾淨模樣。

有了大人的協助，幼兒對圍欄更具有信心了。建築師在最短的時間內到班上與幼兒溝通，了解幼兒的想法。幼兒逐一將想法向建築師說明，建築師說：「有了幼兒的想法，這計畫一定更貼近幼兒的需求」，老師完全贊成這種說法。不過，因為建築工作團隊的時間關係，需要等到寒假才有空進行圍欄工程。幼兒聽到需要等那麼久免不了有些失望，不過失望之餘，他們更期待放完寒假後的乾淨沙坑。

社-中-2-1-3　調整自己的想法去
　　　　　　　行動
社-大-2-2-1　聆聽他人並正向回
　　　　　　　應
社-中-2-2-1　表達自己並願意聆
　　　　　　　聽他人想法

● 與建築師溝通想法

### 2. 將感應燈換成稻草人

　　幼兒從書中看到燈光對貓咪可能
會有嚇阻作用：「貓會怕燈，因為燈
照到貓眼睛，貓眼睛就會閉起來。」
但是貓咪眼睛對燈的反應，表示能阻
止貓咪進入沙坑嗎？於是老師分享先
前看到《野貓的發現》這本書中的
「圖」，發現圖中呈現的是「瞇起眼

● 詳細查閱資料

睛的貓咪」，但是文字敘述卻是「貓討厭人家用手電筒照牠」。也就是幼
兒在看圖的情況下聯想到「沙坑如果裝了燈，貓看到燈亮就會逃走」。因
此除了重新閱讀探討這本書的文字訊息外，也還另外找更多關於貓特性的
資料，這些資料中提到：「貓在白天與晚上均有很敏銳的視力，在強烈的
陽光照射下，貓的瞳孔會縮成一條細線，盡量不讓陽光進入影響視力，貓
眼睛遇到光會產生變化。」老師將文字讀給幼兒聽後，幼兒知道：「貓不
會怕燈，因為眼睛會瞇起來，小小的。」老師也分享自己在校園看見貓走
過感應燈時的情況是「當自動感應燈亮起時，貓並沒有離開」，幼兒發現
書本中並沒有提到「貓看到燈就逃走」的反應，加上老師親眼所見的分
享，有幼兒順著老師的話接著說：「學校本來就有感應燈，為什麼貓咪還
是一直來？這個方法應該沒有用。」這樣的推敲下，幼兒重新思考裝置自

動感應燈的可行性。最後，大家覺得原先計畫要做的自動感應燈可能行不通，必須另外想其他方法。

　　語-大-2-5-4　　運用訊息類文本解決問題

　　語-中-1-5-1　　知道知識類圖畫書的功能

　　沙坑圍籬工程無法立即進行，貓又不怕感應燈，我們請幼兒想想還有沒有其他法可以暫時解決貓進入沙坑的方法。小亨提到貓咪怕人的訊息：「貓比較怕人，人過去貓就跑走了，媽媽有跟我說過。」家長對幼兒來說是相當具有說服力的，而這個新訊息引起其他幼兒的共鳴：「可以做稻草人，這樣貓走過去就會嚇到，貓就會以為它是人，稻草人要堅固一點，不要一弄就倒了，還要高一點，把稻草人放在外面把沙坑圍起來，稻草人還要手牽手。」

● 稻草人可嚇走貓

做得像真人一樣的稻草人也許管用，幼兒決定試試看。

　　蒐集許多資源，做了稻草人之後，有人發現：「一點也不像真人。稻草人需要重新修改，而且要一個接一個，這樣可能會比較有用。」除了修改稻草人的做法，也要算計出到底需要做幾個稻草人，才能一個接一個將沙坑團團圍住。幼兒們對於要怎麼做出像真人一樣的稻草人，在討論之後大家重新有了共識：「稻草人要做得真一點，衣服也是真的，要用白色的，因為爸爸用電腦查的，貓怕白色，稻草人要做白色的，可以用油漆全部塗成白色的，衣服也穿白色的；竹竿要插深一點，不能看到竹竿；稻草人擠在一起會撞到、會倒，其他沒稻草人的地方，貓也會跳進去。」幼兒對於怎麼製作出讓貓會退卻的稻草人有了不同的想法，為了使稻草人更像真人，老師建議幼兒先將想法、做法及材料等做計畫。於是幼兒們合作畫

了設計圖，規劃了做法、材料，在製作時也運用許多真人穿戴的衣帽，並在彼此合作下，完成了「像真人的稻草人」，幼兒的努力為的就是把貓嚇阻隔在沙坑外。但是另外一個重點是稻草人必須「一個接一個」，也因此，稻草人站立的位置距離也需重新考慮與測量。

認-中大-2-2-2　與他人討論自然現象特徵間的關係

語-中-2-2-3　在團體互動情境中開啟話題、依照輪次說話並延續對話

美-大-2-2-1　運用各種視覺藝術素材與工具的特性，進行創作

美-中-2-2-1　運用各種視覺藝術素材與工具，進行創作

● 稻草人要像真人

● 設計稻草人模樣

● 稻草人設計圖

● 最好全身是白色

● 竹竿不要露出來

　　稻草人的數量不足以將沙坑團團圍住，所以幼兒提到要多做幾個稻草人，但是到底還要多少呢？老師提出這樣的問題。幼兒：「可以用小朋友來量，可以找跟稻草人一樣大的小朋友。」老師問：「怎麼量？」幾位提

出這個方法的幼兒，要求將小孩子充當稻草人，他們將小孩的手牽起來，表示至少需要能夠手牽得到手的距離，不然距離太大，貓咪就會進入。了解幼兒提出的方法後，後院沙坑總共需要多少稻草人呢？幼兒說：「可以叫小朋友到沙坑旁邊圍起來，再數一數就可以知道要多少了。」。於是，幼兒模擬充當稻草人，以手牽手的方式算計出沙坑周圍共需要的稻草人數量。數了後，幼兒發現總共需要18個稻草人才夠將沙坑圍住。知道稻草人數量，於是大家接著完成所需數量。稻草人做好後，幼兒迫不及待的將他們移到沙坑邊固定好，並且對這個方法相當有信心。

　　認-大-3-1-1　與同伴討論解決問題的方法，並與他人合作實際執行

　　認-中-3-1-1　參與討論解決問題的可能方法並實際執行

　　認-中大-1-1-4　運用點數蒐集生活環境中的訊息

### 3. 建置貓廁所

　　對於「貓廁所」，幼兒的想法到底是什麼？老師請幼兒先個別畫出他們想要蓋的貓廁所，其中有幾位幼兒畫出的廁所模樣就是他們在使用的「馬桶」，而一些幼兒畫出的是一堆有圍範圍的沙堆，原來有些幼兒以自己的需求來規劃貓廁所，但是有幼兒發現貓與

●說明合適位置

人不同的事實後提出「貓又不會沖馬桶；貓的廁所是沙子或是軟軟的土」，所以為貓咪建一個專屬的廁所必須「要有沙子在裡面」。幼兒在對話中漸漸同理貓咪的需求。為貓咪建置廁所對幼兒來說是有必要的，因為幼兒認為貓咪有了屬於自己的專屬廁所，可能就不會到沙坑大便。但是貓廁所的位置應該設在哪裡好呢？在討論中，幼兒原先只認為「沙坑外」就可以了，但是在沙坑外任何地方都可以的話，會不會也有其他的影響呢？

老師問幼兒。幼兒因此提出：「必須要找不影響活動、離沙坑遠的位置，因為這樣才不會臭臭的，或是被小朋友踩到。」在提示下，幼兒的這些想法周全的考慮到不同的需求，也考量到貓咪對大家的影響。

社-中大-2-2-2　理解他人的感受和需要，展現同理或關懷的行動

經過勘查後院環境後，大家覺得靠近社區巷子的圍牆旁邊挺符合「離沙坑遠、不影響幼兒活動、不易被踩到」的條件。於是不怕辛苦的幫忙搬磚塊、圍廁所、提沙、鋪沙，短短時間就合作將貓廁所完成。

接著因為擔心貓可能不會來這裡上廁所，所以幼兒還計畫要製作和真魚很像的魚指標來吸引貓咪。當幼兒還在努力製作魚指標的空檔，他們到貓廁所觀察效果，發現廁所內已經有「貓大便」了，幼兒很高興這個方法真的有用。既然貓已經會自己找到貓廁所，自然就覺得魚指標不一定要存

● 圍好後鋪塊布

● 搬沙做貓廁所

● 鋪進沙子

● 貓會用廁所耶

在，當下決定將已經做好的魚指標插在貓廁所旁邊當作美化貓廁所的裝飾品。

> 身-中大-2-1-2　在團體活動中，應用身體基本動作安全地完成任務
> 語-小中大-2-3-2　說出簡單的因果關係
> 語-大-2-5-3　運用圖像符號規劃行動

| 老師的引導／幼兒的表現 | 學習指標 |
|---|---|
| (一) 暫停玩沙<br>幼兒對於貓把學校沙坑當廁所，老師引導幼兒思考解決的方法，大家覺得貓大便如果不解決的話，肯定無法玩沙了，所以決定先把沙坑用帆布蓋住，暫停玩沙，等解決貓大便的問題再說。 | 社-大-2-1-3　適時調整自己的想法與行動，嘗試完成規劃的目標 |
| (二) 想想辦法<br>針對防範貓在沙坑大便這件事，老師希望幼兒有機會參與學校設施的問題解決，於是開始徵詢幼兒的看法。幼兒提出許多想法，小恩：「可以用很大的布包在沙子上，有縫縫的地方拿重的東西壓住。」小諒：「給牠們（貓）另外一個家，給牠們沙子，當廁所。」…。 | 語-大-2-2-2　針對談話內容表達疑問或看法<br>社-大-1-5-1　探索社區中的人事物、活動、場所及其與自己的關係 |
| (三) 先了解貓咪<br>老師提供和貓有關的書籍，請幼兒將資料與方法對照並討論可行性。幼兒藉此了解貓的習性。 | 語-大-2-5-4　運用訊息類文本解決問題 |
| (四) 尋找解決之道<br>老師引導幼兒尋找解決貓進入沙坑的方法，幼兒熱烈的討論，積極想解決策略，也反駁和回應他人的意見。 | 語-大-2-2-2　針對談話內容表達疑問或看法 |
| (五) 較可行的方法<br>1. 圍沙坑<br>• 老師帶領幼兒勘查「圍沙坑」場地，並規劃施工方式和設計圖，且一起挑選適合的材料，一開始有幼兒提出「全部都用塑膠布封起來」，勘查場地和討論後，修正為「上層最好是有小洞、可以圍高高的網子，讓沙坑可以透氣，不會悶住」。 | 語-大-2-5-3　運用圖像符號規劃行動<br>社-中-2-1-3　調整自己的想法去行動<br>社-大-2-2-1　聆聽他人並正向回應<br>社-中-2-2-1　表達自己並願 |

| 老師的引導／幼兒的表現 | 學習指標 |
|---|---|
| • 計畫是幼兒多方考量的結果，但是完美計畫中也意味著可能需要一大筆經費來完成。老師將實際會發生的困難告訴幼兒，幼兒提議要請園長幫忙，園長答應全力支持，也馬上聯絡建築師及營造商，希望盡快完成幼兒的想法，讓沙坑恢復乾淨模樣。<br><br>2. 將感應燈換成稻草人<br><br>• 幼兒從書上看到「燈照到貓，貓眼睛就會閉起來」的圖片，解讀為「貓怕燈」。老師重新帶領幼兒閱讀書中資訊，幼兒聽了後發現：「貓不會怕燈，因為眼睛會瞇起來，小小的」。<br><br>• 老師詢問幼兒對製作稻草人的想法，並請幼兒先設計出稻草人設計圖且實作。幼兒先採取紙類素材，發現稻草人會被淋濕，改採取非紙類素材。接著想要稻草人「像人一點」，所以又採用「布」做為素材。<br><br>3. 建置貓廁所<br><br>• 討論對於「蓋貓廁所」的想法，幼兒認為建一個貓咪專屬的廁所一定要有沙子，而且要找不影響活動、離沙坑遠的位置。<br><br>• 老師引導幼兒找到貓廁所的合適位置，接著幼兒親自搬磚塊、圍廁所、提沙和鋪沙完成貓廁所。 | 意聆聽他人想法<br><br>語-大-2-5-4　運用訊息類文本解決問題<br><br>語-中-1-5-1　知道知識類圖畫書的功能<br><br>美-大-2-2-1　運用各種視覺藝術素材與工具的特性，進行創作<br><br>美-中-2-2-1　運用各種視覺藝術素材與工具，進行創作<br><br>認-中大-2-2-2　與他人討論自然現象特徵間的關係<br><br>語-中-2-2-3　在團體互動情境中開啟話題、依照輪次說話並延續對話<br><br>認-大-3-1-1　與同伴討論解決問題的方法，並與他人合作實際執行<br><br>認-中-3-1-1　參與討論解決問題的可能方法並實際執行<br><br>認-中大-1-1-4　運用點數蒐集生活環境中的訊息<br><br>社-中大-2-2-2　理解他人的感受和需要，展現同理或關懷的行動<br><br>身-中大-2-1-2　在團體活動中，應用身體基本動作安全地完成任務<br><br>語-小中大-2-3-2　說出簡單的因果關係<br><br>語-大-2-5-3　運用圖像符號規劃行動 |

## 四、已有貓廁所、稻草人，怎麼還有貓大便？

努力做了防止貓咪進入沙坑的設施，大家一起觀察已經放置稻草人的沙坑情況，發現在蓋住沙坑的帆布上就有坨「便便」，另外沙坑旁的稻草人腳下也有。大家原先對於防止貓進入沙坑的方法相當有信心，但是貓還是進入沙坑大便。

● 怎還有大便

老師提醒幼兒校園中裝設許多錄影設備，也許可以調出來參考，於是幼兒決定檢查後院離沙坑最近的錄影記錄。幼兒發現傍晚有很多貓在後院跑來跑去，也就是傍晚時分，學校放學後院根本是貓咪樂園。幼兒從後院到處有大便，且有些大便沒遮蓋做了判斷：「有些貓不愛乾淨不會蓋大便，牠們的習慣不同。」這是個嚴重的問題，幼兒面臨好大的困難，也更顯得挫折。老師決定引導幼兒思考並尋求其他方法的可行性。

● 調閱影像紀錄

### (一) 自編兒歌，社區宣導

怎麼會有這麼多的貓和大便呢？老師利用園務會議時間將班級活動及遇到的問題在會議上提出，希望徵求全園教師的意見。有老師提出親眼目睹有社區人士隨意餵食流浪貓，且將食物丟入校園圍牆邊，

● 發現餵食品亂丟

造成貓咪在校園附近盤據。當老師將這個訊息轉述給幼兒聽時，幼兒提出：「可以去告訴他們不要亂餵食物，還要畫一張海報給鄰居，內容必須要有請不要把食物亂丟。」每個幼兒要表達的重點雷同，但說法卻都不太一樣，所以老師建議幼兒可以把要對鄰居說的話編成兒歌，大家一起唸，鄰居比較容易記住大家想要告訴他們的事情。老師將幼兒要告訴鄰居的話逐句寫出來，並將過於冗長或是重複的口語加以調整，也回問幼兒該句話可否了解，確認幼兒都懂之後，再將整首兒歌寫出，由幼兒依宣導重點補上圖示，使人更一目了然。於是幼兒製作了結合訴求的兒歌與圖像說明的海報，準備到社區宣導，海報內的兒歌是「請不要亂放食物，因為貓咪會去吃，再到南海來大便，貓咪大便臭又髒，沙子變髒不能玩，草地有便不能玩，拜託叔叔和阿姨，不要放食物餵貓，讓南海乾淨又舒服，我們超級感謝您。」老師希望可以藉由帶領幼兒走入社區，進行柔性的宣導，達到勸阻「不要隨意餵養流浪動物」的目的。於是，一首能傳達幼兒訴求及想法的兒歌、一張圖文兼具的海報，陪著幼兒到學校旁的社區進行宣導。社區人士看到幼兒的宣導，都表現出相當認同的態度。

語-中大-1-7-2 知道能使用文字記錄與說明

社-大-1-5-1 探索社區中的人事物、活動、場所及其與自己的關係

社-中-1-5-1 參與和探訪社區中的人事物

全班到社區進行宣導之餘，老師也透過社區人士及里長先生得知固定會餵食流浪動物的鄰居。餵食行為到底是對是錯？老師覺得有必要引導幼兒進一步探討與釐清，這是一個省視價值觀點的好機會。於是老師和幼兒討論了鄰居餵食流浪貓這件事的對錯，引導幼兒進一步

● 宣導不亂餵食

理解餵食者的心態及餵食行為對錯等,幼
兒原先的抱怨也在探討中調整出較平和的
情緒。既然知道確定的餵食者,幼兒提到
「可以寫信」告訴他們,請他們不要隨便
餵貓咪。但經過討論後,幼兒對餵食行為
有了不同的思維,他們理解到餵食者的行
為是一種愛護動物、珍惜生命的做法,若
是能考慮到流浪貓可能會因為聚集而影響
幼兒活動環境的品質就更好了。所以當幼
兒在擬給鄰居阿姨的信當中,不忘先讚美
鄰居善良及愛心,再有禮貌的說明幼兒的

● 簽名寄信

處境與想法,為了表達自己的用心,他們還親自簽名並以郵寄方式傳遞出
去。

　社-中大-2-2-2　理解他人的感受和需要,展現同理或關懷的行動

　情-中大-4-1-1　運用等待或改變想法的策略調節自己的情緒

　情-中大-1-2-1　從事件脈絡中辨識他人和擬人化物件的情緒

　情-中大-2-2-1　適時地使用語言或非語言的形式表達生活環境中他人
　　　　　　　　　或擬人化物件的情緒

## (二) 大家一起幫忙

　　貓咪話題在探討過程中,家長也提出他們的想法,有家長建議可以求
助市長信箱、流浪動物之家,也許這些單位能夠提供協助。幼兒覺得寫信
確實可以將想法完整表達出來,所以很認真的擬出給這些單位的信,也請
老師協助傳送出去。市長信箱及流浪動物之家在極短時間內給了回覆,老
師也代為轉述市長信箱及流浪動物之家回覆,他們建議「可以請動物團體
替流浪貓節育、放回原處生活,可以維持生態平衡,也可逐漸減少貓量並

避免老鼠增加,亦可申請設置捕貓籠,抓回去供人認養。但是設捕貓籠抓走後,仍可能會有一批不同的貓咪進到這塊區域等。」這些單位雖然沒有給予直接協助,但是這樣的回覆卻讓幼兒明白原來貓在社區中也是生態平衡的重要角色之一,老師更希望幼兒能漸漸理解貓在生態環境中也同人類一樣需要被尊重與愛護。

● 相關單位回覆

社-中大-2-2-2　理解他人的感受和需要,展現同理或關懷的行動

社-大-3-6-1　樂於親近自然、愛護生命

## (三) 自然與自己生活的關係

接著,幼兒覺得應該讓全校所有班級都知道「貓咪影響環境」的問題,因為他們認為校園是全校每個人的,如果大家可以一起幫忙想辦法,盡快將問題解決,就又可以到後院玩了。其中有班級提到「可以和貓做朋友」,又一位老師提到**侯硐貓村**,那是個貓與人和平共處的好例子,也許可以安排參觀,以進一步了解貓人關係。這樣的訊息提供幼兒走出原來思考模式的機會,以不同心態看待貓進入校園這件事。

人與貓可以和平共處的看法,幼兒也認同,但是和平共處卻無法限制貓咪不來學校沙坑大便。老師利用時間走訪一趟「侯硐貓村」,並將所見事實及網路上訊息與幼兒分享,說明貓村也有貓大便的問題,但是他們用的方法是「清理大便」,有大便就「掃」。於是老師徵詢幼兒意見,同時也提醒幼兒「全校小朋友都能夠因為你們的幫忙可以有一個乾淨的地方玩。」對於這個「清理大便」的新方法,幼兒異口同聲的表示:「好啊!沒問題,要一起幫忙,因為這麼做可以讓南海校園夠乾淨,大家玩的放

心、開心。」

　　對於「清理貓大便」，幼兒不是說說而已，他們是相當認真的。他們提出：「要有專用掃把和畚箕、要有便便專用的桶子；可以用夾子；掃好的大便可以丟垃圾桶、給樹當肥料；可以先除臭再掃。」當清潔工具、標示準備妥當後，大家到後院清理大便時，幼兒竟然為了搶大便、選用工具而起爭執，真是讓老師啼笑皆非。當然，為了讓每處都乾乾淨淨，幼兒又提出「區域分配」、「工具輪流」的想法，讓校園後院的每處都有人負責，每次清理都能清理乾淨。有了區域分配及工具輪流的約定後，幼兒清潔後院時就更有效率了。

● 清理大便

● 分工合作

　　身-大-2-3-1　使用清潔工具清理環境

　　情-中大-2-1-3　以符合社會文化的方式來表達自己的情緒

## (四) 建立貓和人的新關係

　　除了主動協助清潔環境之外，貓和人到底應該可以發展出怎樣的關係？

　　老師透過網路影片、貓村照片，提供幼兒觀察貓村的人貓互動情形，幼兒清楚的發現貓村的貓「不怕人」，且與人相當親近；而村人也可以接受貓成為鄰居、朋友。幼兒推敲其中原因有可能是「貓一開始到這裡可能有些害怕，後來越來越習慣和人在一起；貓村的人喜歡貓，會餵貓、保護

和幫忙貓。」除此之外，老師也告訴幼兒這裡的人們懂得「尊重」貓，將貓當成朋友，幼兒馬上回應：「尊重，就是不會欺負牠。」從幼兒的回應中，可以了解幼兒已經知道什麼是「尊重」，而能夠從中體會對生命的尊重，對正在探索生命歷程的幼兒而言，具有相當高的正面意義。

● 親近的人貓關係

幼兒偶爾會在校園中與貓咪有著真實面對面的場景，老師引導幼兒想像自己如果是隻流浪貓，來到人類活動的環境，與人類不期而遇，會對人有什麼反應？人會對貓做什麼？藉由扮演，幼兒進一步揣摩出貓的感受：「想找小朋友玩；學校有水喝；有沙

● 如果我是貓咪

子可以大便；想和蝴蝶玩遊戲；來學校沙坑練習跳高的技術；我用爪子很兇的對小朋友，因為我以為他要攻擊我；看到小朋友過來我會害怕，以為他們要來抓我。」藉著角色扮演及替換，引導幼兒了解自己之外人事物的感受，談及的內容或許是幼兒自己的想法，但多些機會去揣摩他人，就會有機會學到以同理心去對待周邊人事物。

　　語-中大-1-1-1　合宜詮釋互動對象的表情和肢體動作

　　美-中大-2-2-6　進行兩人以上的互動扮演

| 老師的引導／幼兒的表現 | 學習指標 |
|---|---|
| (一) 自編兒歌，社區宣導<br><br>• 老師告知幼兒園內某老師目睹有人隨意餵食流浪貓，且將食物丟入校園圍牆邊，造成貓咪會在校園附近盤據。幼兒決定要編首兒歌，到社區宣導。<br><br>• 老師也引導幼兒進一步理解餵食者的心態及餵食行為對錯等，幼兒原先的抱怨也在探討中調整出較平和的情緒。經過討論後，幼兒對餵食行為有了不同的思維，他們理解到餵食者的行為是一種愛護動物、珍惜生命的做法。所以當幼兒在擬給鄰居阿姨的信當中，不忘先讚美鄰居善良及愛心，再有禮貌的說明幼兒的處境與想法。 | 語-中大-1-7-2　知道能使用文字記錄與說明<br>社-大-1-5-1　探索社區中的人事物、活動、場所及其與自己的關係<br>社-中-1-5-1　參與和探訪社區中的人事物<br>社-大-3-6-1　樂於親近自然、愛護生命<br>社-中大-2-2-2　理解他人的感受和需要，展現同理或關懷的行動<br>情-中大-4-1-1　運用等待或改變想法的策略調節自己的情緒<br>情-中大-1-2-2　從事件脈絡中辨識他人和擬人化物件的情緒<br>情-中大-2-2-1　適時地使用語言或非語言的形式表達生活環境中他人或擬人化物件的情緒 |
| (二) 大家一起幫忙<br>老師提出還有其他單位可以求助，如市長信箱、流浪動物之家。師生寫信請求幫助，也收到回覆，幼兒聽了後明白原來貓在社區中也是生態平衡的重要角色之一。 | 社-中大-2-2-2　理解他人的感受和需要，展現同理或關懷的行動<br>社-大-3-6-1　樂於親近自然、愛護生命 |
| (三) 自然與自己生活的關係<br>老師分享貓村中人與貓共處的資料，說明貓村也有貓大便的問題，他們用的方法是「清理大便」。老師徵詢幼兒意見，幼兒願意為大家服務，清理環境，並提出清理的方式。 | 情-中大-2-1-3　以符合社會文化的方式來表達自己的情緒<br>身-大-2-3-1　使用清潔工具清理環境 |
| (四) 建立貓和人的新關係<br>請幼兒扮演貓咪與人相遇的情形，引導幼兒進一步揣摩出貓的感受，幼兒扮演後更能體會貓的需要也學會尊重生命。 | 語-中大-1-1-1　合宜詮釋互動對象的表情和肢體動作<br>美-中大-2-2-6　進行兩人以上的互動扮演 |

## 五、沙坑圍籬終於完成

### (一) 圍籬做好了

　　寒假結束，幼兒發現沙坑圍籬已經做好，如同原先設計的樣子「下層用透明板子，上層用網子」。但是這個方法到底管不管用？怎麼知道這個方法的效果，如何檢核這個方法的成效呢？幼兒提議：「進到沙坑去看看有沒有新的大便，如果有就代表貓跳得進去，沒有貓進去就成功了；看沙

● 檢查有無貓便、腳印

子有沒有貓埋大便的小山；看看有沒有貓的腳印；圍籬外面有貓腳印，但是裡面沒有貓腳印就成功了；鼻子聞聞看有沒有臭味；老師可以一組一組進去，看有沒有大便；找腳印，可以把沙子噴濕再觀察。」幼兒想用自己想出來的辦法檢查圍欄的效果。貓腳印是什麼樣子？有幼兒自告奮勇的畫出貓腳印的樣子，又有幼兒覺得不太像，他們又查看了貓的書，將最後大家都認同的樣子畫下來，準備做為檢查貓咪有沒有進入沙坑的對照用，也提議「新沙來的時候去看，要檢查看看比較保險；最好的方法就是現在先檢查，多觀察幾天，如果沒有就不擔心有貓進去了，新沙子放進去時也不用擔心了。」幼兒考慮真是周到，僅觀察一天還不夠，需要觀察多天才足以證明結果，老師也佩服幼兒的深思熟慮啊！

　　認-大-3-1-2　與他人共同檢視問題解決的過程

### (二) 嶄新的沙坑

　　擔心一次太多幼兒進入沙坑可能造成「幼兒腳印蓋過貓咪腳印」的情

況,幼兒提出「輪流進入」與「走同
一路線」的方法,這樣的考慮確實較
能將影響觀察的因素降到最低。於
是,幼兒拿著畫有貓腳印圖案,在沙
子填入沙坑的前後分別觀察,並做成
觀察記錄,這樣幼兒便可以很清楚知
道填沙前後貓進去的情形。

● 檢視放新沙後的沙坑

　　但是,如果別班的小孩會先去玩
怎麼辦?小柔:「我們可以先在門口貼上禁止進入,說因為要觀察貓有沒
有進來沙坑區,等確定我們的方法有效,貓不會進入沙坑再通知大家來
玩;還有貼請隨手關門、原因,不然會有貓跑進去」。除了觀察貓腳印、
寫告示之外,幼兒覺得「貓咪會跳、又有尖尖的爪子會抓住東西,有可能
會爬過網子進入沙坑,所以圍籬用的沙網也要檢查有沒有被貓咪抓過的痕
跡。」經過幾天觀察及記錄後,幼兒除了沙子及像石頭的沙塊之外什麼都
沒有發現。圍沙坑的方法確實有用,沙坑裡面不再有貓大便,成功的解決
沙坑貓大便的問題。當然幼兒接著要進行的就是當初被迫暫停的「玩沙計
畫」,同時也迫不及待的要將好消息告知全校。

　　語-中大-2-5-2　運用自創圖像符號標示空間、物件或記錄行動

## (三) 開心的玩沙

　　有貓大便之後,幼兒已有很長一段時間無法玩沙,所以當所有的檢查
都過關,確認沒有貓大便之後,幼兒終於可以開心而且放心的玩沙。幼兒
重回沙坑與沙子互動,感覺如何呢?「很想整天在這裡玩;很舒服,像在
玩玩具;很快樂;像睡好覺一樣很舒服;像挖恐龍化石一樣很好玩;像有
新鮮空氣的感覺;很久沒玩,都忘記要怎麼做了;感覺像在一個地方休
息,而且太陽曬得很舒服;像我和媽媽玩玩具的感覺。」其他班幼兒也接

● 做個大作品

● 開心玩沙

獲「沙坑全新開啟」的通知，紛紛前往戲沙。據其他班老師轉述他們幼兒玩沙時的對話：「沙子有乾淨的味道；好好玩的沙子，老師應該要謝謝向日葵班。」老師將這段話與幼兒分享，幼兒聽了臉上都露出一抹帶點驕傲有成就感的微笑。

為了重新玩沙，也為了全校每個幼兒都可放心的踩進沙坑，過程中幼兒嘗試了許多方法，雖然有些方法不盡理想，但最後終於能夠享受到美好的成果。看到幼兒開心的小臉蛋，露出滿足的笑容，老師知道此時此刻，他們正在享受著與沙互動的滿足感。而孩子也能繼續進行他們的塑沙計畫了。

情-大-2-1-2　運用動作、表情、語言表達自己的情緒

| 老師的引導／幼兒的表現 | 學習指標 |
|---|---|
| (一) 圍籬做好了<br>圍籬的方法管不管用，老師問幼兒：「怎麼知道有效？」幼兒提出一些可以檢視的方法，於是，老師引導幼兒以一組一組的方式輪流進去，檢查有沒有貓大便、找腳印。 | 認-大-3-1-2　與他人共同檢視問題解決的過程 |

| 老師的引導／幼兒的表現 | 學習指標 |
|---|---|
| (二) 嶄新的沙坑<br>觀察後，發現沒有貓大便的問題，將好消息告知全校，老師提醒幼兒要讓全校幼兒都清楚使用沙坑區規則，因此製作文字與圖案並行的沙坑使用須知海報。 | 語-中大-2-5-2　運用自創圖像符號標示空間、物件或記錄行動 |
| (三) 開心的玩沙<br>幼兒重回沙坑與沙子互動，這樣的感覺如何呢？幼兒用動作、語言、表情表達出快樂舒服的感覺「很想整天在這裡玩，很快樂；很舒服；像挖恐龍化石一樣很好玩；像有新鮮空氣的感覺；感覺像在一個地方休息，而且太陽曬得很舒服；像我和媽媽玩玩具的感覺。」 | 情-大-2-1-2　運用動作、表情、語言表達自己的情緒 |

 伍 流程圖

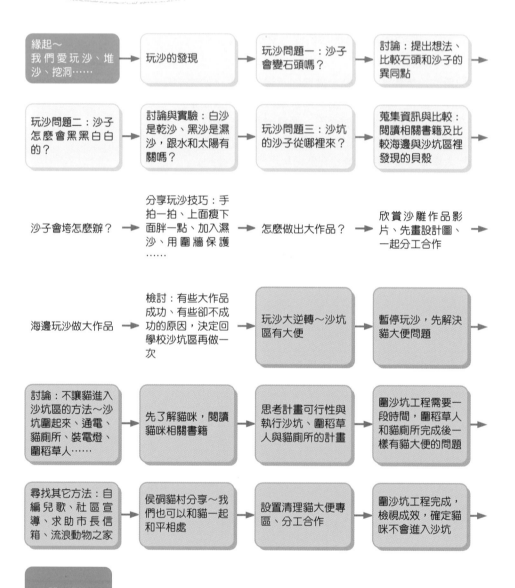

| 緣起～我們愛玩沙、堆沙、挖洞…… | → | 玩沙的發現 | → | 玩沙問題一：沙子會變石頭嗎？ | → | 討論：提出想法、比較石頭和沙子的異同點 | → |

| 玩沙問題二：沙子怎麼會黑黑白白的？ | → | 討論與實驗：白沙是乾沙、黑沙是濕沙，跟水和太陽有關嗎？ | → | 玩沙問題三：沙坑的沙子從哪裡來？ | → | 蒐集資訊與比較：閱讀相關書籍及比較海邊與沙坑區裡發現的貝殼 | → |

| 沙子會垮怎麼辦？ | → | 分享玩沙技巧：手拍一拍、上面瘦下面胖一點、加入濕沙、用圍牆保護…… | → | 怎麼做出大作品？ | → | 欣賞沙雕作品影片、先畫設計圖、一起分工合作 | → |

| 海邊玩沙做大作品 | → | 檢討：有些大作品成功、有些卻不成功的原因，決定回學校沙坑區再做一次 | → | 玩沙大逆轉～沙坑區有大便 | → | 暫停玩沙，先解決貓大便問題 | → |

| 討論：不讓貓進入沙坑區的方法～沙坑圍起來、通電、貓廁所、裝電燈、圍稻草人…… | → | 先了解貓咪，閱讀貓咪相關書籍 | → | 思考計畫可行性與執行沙坑、圍稻草人與貓廁所的計畫 | → | 圍沙坑工程需要一段時間，圍稻草人和貓廁所完成後一樣有貓大便的問題 | → |

| 尋找其它方法：自編兒歌、社區宣導、求助市長信箱、流浪動物之家 | → | 侯硐貓村分享～我們也可以和貓一起和平相處 | → | 設置清理貓大便專區、分工合作 | → | 圍沙坑工程完成，檢視成效，確定貓咪不會進入沙坑 | → |

| 開心玩沙 |

| | |
|---|---|
| 身-中大-1-2-1 | 覺察各種用具的安全操作技能 |
| 身-中大-2-1-1 | 在合作遊戲的情境中練習動作的協調與敏捷 |
| 身-中-2-2-2 | 綜合運用抓、握、扭轉、揉、捏的精細動作 |
| 身-大-3-1-1 | 與他人合作展現各種創意姿勢與動作的組合 |
| 認-中大-1-2-2 | 觀察自然現象特徵的變化 |
| 認-中大-1-2-3 | 以圖像或符號記錄自然現象的多項訊息 |
| 認-中大-2-2-1 | 依據特徵為自然現象分類並命名 |
| 認-中大-2-2-2 | 與他人討論自然現象特徵間的關係 |
| 認-中-3-1-1 | 參與討論解決問題的可能方法並實際執行 |
| 認-大-3-1-1 | 與同伴討論解決問題的方法,並與他人合作實際執行 |
| 美-中大-3-1-1 | 樂於接觸視覺藝術、音樂或戲劇等創作表現,回應個人的感受 |

| | |
|---|---|
| 語-中大-2-1-1 | 運用肢體動作表達經驗或故事 |
| 語-中-2-2-2 | 以清晰的口語表達想法 |
| 語-大-2-2-2 | 針對談話內容表達疑問或看法 |
| 語-中-2-2-3 | 在團體互動情境中開啟話題、依照輪次說話並延續對話 |
| 語-大-2-2-3 | 在團體互動情境中參與討論 |
| 語-大-2-2-4 | 使用簡單的比喻 |
| 語-中-2-3-1 | 敘說時表達某項經驗的觀點或感受 |
| 語-大-2-3-1 | 建構包含事件開端、過程、結局與個人觀點的經驗敘說 |
| 社-中-2-2-1 | 表達自己並願意聆聽他人想法 |
| 社-大-2-2-1 | 聆聽他人並正向回應 |
| 社-大-2-2-3 | 考量自己與他人的能力和興趣,和他人分工合作 |
| 社-中大-2-3-2 | 理解生活規範訂定的理由,並調整自己的行動 |

沙子怎麼黑黑白白?

玩沙

沙坑區的沙子從哪裡來?

沙子會變石頭嗎?

沙子貓咪人

沙子的玩法 —— 堆高 / 挖洞 / 沙雕大作品

沙坑區有大便

讓貓咪不會到沙坑區大便的方法 —— 把沙坑區圍起來 / 通電 / 畫電 / 裝燈 / 圍稻草人 / 貓廁所

檢視方法是否有效

人和貓咪的關係

侯硐貓村照片分享

和貓和平相處 —— 清理貓大便 / 看見貓不追趕牠

探究野貓的問題 —— 社區宣傳 / 流浪動物之家 / 市長信箱

| | |
|---|---|
| 身-中大-2-1-2 | 在團體活動中,應用身體基本動作安全地完成任務 |
| 語-中大-1-5-1 | 知道知識類圖畫書的功能 |
| 語-中大-1-7-2 | 知道能使用文字記錄與說明 |
| 語-中-2-2-2 | 以清晰的口語表達想法 |
| 語-大-2-2-2 | 針對談話內容表達疑問或看法 |
| 語-中-2-2-3 | 在團體互動情境中開啟話題、依照輪次說話並延續對話 |
| 語-大-2-2-3 | 在團體互動情境中參與討論 |
| 語-小中大-2-3-2 | 說出簡單的因果關係 |
| 語-大-2-5-3 | 運用圖像符號規劃行動 |
| 語-大-2-5-4 | 運用訊息類文本解決問題 |
| 社-大-1-5-1 | 探索社區中的人事物、活動、場所及其與自己的關係 |
| 社-中-1-5-1 | 參與和探訪社區中的人事物 |
| 社-中-2-1-3 | 調整自己的想法去行動 |
| 社-大-2-1-3 | 適時調整自己的想法與行動,嘗試完成規劃的目標 |
| 社-中-2-2-1 | 表達自己並願意聆聽他人想法 |
| 社-大-2-2-1 | 聆聽他人並正向回應 |
| 社-中大-2-2-2 | 理解他人的感受和需要,展現同理或關懷的行動 |
| 認-中大-1-2-2 | 觀察自然現象特徵的變化 |
| 認-大-2-2-3 | 與他人討論自然現象的變化與生活的關係 |
| 認-中-3-1-1 | 參與討論解決問題的可能方法並實際執行 |
| 認-大-3-1-1 | 與同伴討論解決問題的方法,並與他人合作實際執行 |
| 認-大-3-1-2 | 與他人共同檢視問題解決的過程 |
| 美-中-2-2-1 | 運用各種視覺藝術素材與工具,進行創作 |
| 美-大-2-2-1 | 運用各種視覺藝術素材與工具的特性,進行創作 |

| | |
|---|---|
| 身-大-2-3-1 | 使用清潔工具清理環境 |
| 語-中大-1-1-1 | 合宜詮釋互動對象的表情和肢體動作 |
| 語-中大-1-7-2 | 知道能使用文字記錄與說明 |
| 社-中-1-5-1 | 參與和探訪社區中的人事物 |
| 社-大-1-5-1 | 探索社區中的人事物、活動、場所及其與自己的關係 |
| 社-中大-2-2-2 | 理解他人的感受和需要,展現同理或關懷的行動 |
| 社-大-3-6-1 | 樂於親近自然、愛護生命 |
| 情-中大-2-1-3 | 以符合社會文化的方式來表達自己的情緒 |
| 情-大-2-1-2 | 運用動作、表情、語言表達自己的情緒 |

 評量與成效

## 一、覺知辨識

　　方案前半段中，幼兒因為覺知到沙子的不同特質，及沙子與水、太陽之間的可能關係，而對沙子有了疑惑，啟動了進一步探索的動機。並從實驗中辨識並確認沙子與水、陽光的關係，這是建立覺知與辨識核心素養的過程。

　　在探索並解決貓大便的過程中，透過各種訊息，覺察到貓咪與人的關係是可以和平共處的，也能透過討論辨識餵食者的行為動機，使書信內容更顯得婉轉與和善。

## 二、表達溝通

　　方案活動是以幼兒為中心，幼兒在參與過程中是主動者角色，所以當他們在探討任何話題時，老師可能扮演引導者、協助者，讓幼兒覺察到話題的重點、問題的癥結、策略的可行性等。由幼兒透過與同儕及大人的互動表達出自己的想法，也同樣從互動中調整表達內容，不斷的切磋中，幼兒的表達與理解更加有重點，能力也逐漸提升。例如寫給餵食者的信、社區宣導的海報內容等，幼兒表現出來的是正向的溝通方式，而不是指責與怨懟，這些都是過程中逐漸累積的正向表達與溝通能力的表現。

## 三、關懷合作

　　幼兒雖然想要做出大的沙雕作品，但是卻發現如果有人相互幫忙會更好，於是與同儕形成合作小組，大家分工合作，一起策劃沙雕作品的內容及步驟並共同完成作品。

　　在稻草人製作、貓廁所的建置、清理大便的工作上，都無法以單一一人的力量完成，需要靠彼此互相協助。然而，在幼兒互動過程中，並不會那麼順利，幼兒容易以自我為中心，不易接納他人意見，但如果不協商、沒有人退讓，那麼工作結果就不理想。所以幼兒也在過程中漸漸學習與他人互動的技巧，有分享、有接納、有調整、有修正，他們在許多活動中提升與人互動的正向技巧。

　　解決貓大便問題時，許多方法效果不彰，幼兒面對的是比心理衝擊更大的挑戰──「與貓共處」及「清理大便」。能夠接納貓咪是生態環境中的一員，就表示幼兒已經發展出關懷生命的情感，同理貓咪的生理需求，也因此才會願意接納「清理大便」的工作，老師很訝異幼兒樂於接受並執行這樣的做法，儘管老師擔心部分家長會有疑慮，但幼兒卻信誓旦旦的告訴家長做這件事的好處。幼兒的心本來就柔軟，但是一件「清理大便」的任務，更能凸顯他們溫柔良善的心性品格。

## 四、推理賞析

　　在探索沙子特性中，透過實驗，幼兒能夠推論出沙子與水、陽光的關係。在製作沙雕作品前，幼兒欣賞別人的作品，從中發展出觀察、分析、判斷的核心素養，並做為調整出更佳做法的依據。

　　遇到「貓大便」的出現，幼兒必須透過對貓咪的了解來尋求解答，在有限的能力下，幼兒要從各種資訊中進一步吸取、推敲、整理出貓咪的特

性，才能規劃下一步的方向，如果對貓咪特性不夠了解，就較無法有效推理出可行的方向，探索歷程就會大大不同。但是資料並不會自己將貓大便移走，幼兒得自己動手，幼兒從資料訊息中去思考可能策略，如貓會跳，就將沙坑高高圍起；貓會抓，就找不容易抓牢的材料；貓怕人，那麼做個像真人的稻草人試試，貓喜歡在沙子裡大便，那就另外找一處角落蓋貓廁所，讓貓咪可以用。透過推理歷程，幼兒可以進一步掌握更為可行的方式，逐漸發展出更清晰的推理賞析素養。

## 五、想像創作

製作沙雕作品時，幼兒想做什麼？想要怎麼做？幼兒除了舊經驗之外，他們必須不斷從操作中嘗試、摸索，運用想像力才能創作的作品。而稻草人的設計製作更具有獨特性，因為幼兒須考量其特有的功能，例如要像人、能嚇走貓等，當中就是幼兒展現創意的好機會，圍沙坑、蓋貓廁所也不遑多讓，因為要考量的需求更多了，除了要具有防止貓進入沙坑的作用，還須注意其對整體環境的影響及美觀等問題，這些都是可以讓幼兒充分發揮想像與創作力。

## 六、自主管理

幼兒主動提出對於沙子的疑惑，並積極參與實驗與觀察，記錄整理出沙子的特徵等。對於自然界太陽與水的關係意見不同時，也能主動思考其中可能性，是幼兒能夠了解自己需求，知道自己的疑惑，並想要進一步解除心中困惑，了解自己所需所求，是自主管理的基本表現。

每個幼兒對於玩沙都是渴望的，想要大玩特玩。但是遇到無法如他們所願的麻煩事，他們就需要學習面對並解決，尤其是與他人互動衝突時，

就需要以正向的自主管理模式與他人互動，才能將問題解決。

　　雖然玩沙被迫中止，但是幼兒在解決麻煩事的過程中，仍然顯現出高昂的參與興趣。也許應該說，對幼兒而言，他們清楚體會到解決問題的過程才是真正有趣的經驗，所以在解決貓大便問題時，沒有幼兒抱怨「不能玩」，反倒熱衷積極的想要解決問題。這也是因為幼兒清楚知道自己的需求，並且能掌控自己的行為，且能將解決問題當成一種有意義且有趣的事情，這是最佳的自我管理素養的表現，這也為他們將來的自我實現紮下良好基礎。

 省思

## 一、 幼兒的初想，是否值得重視

　　喜歡問「為什麼？」是對世界充滿好奇的幼兒的專長之一。在玩沙當中，幼兒也提出許多「為什麼」的問題。老師需不需要去解決幼兒對沙子的疑惑呢？因為幼兒提出的「沙子顏色、沙子濕度、沙子形狀、沙子來源」等等問題，在大人眼裡實在是極為簡單的問題，老師該不該陪幼兒探究呢？思考後，老師決定引導孩子去探究他們對沙子的小問題。因為大人雖然無法為幼兒的「所有為什麼」逐一解答，但是卻可以為他們在解除疑惑、尋找答案的過程中提供示範性的引導。而且，老師若能重視幼兒的問題與發現，不僅可以延續及滿足幼兒對事物的好奇與興趣，也可以使幼兒感受到大人對他想法的支持，這種得到滿足與支持的感受，可能是他探究未知世界的動力，將幼兒「小小的為什麼」當作「大話題」來重視，幼兒獲得的絕對不是只有解決「為什麼」而已，更重要的是讓幼兒感受到支持

的力量，讓幼兒有機會學習怎麼探究事實的真相，這也是老師在幼兒玩沙沒多久之後，決定陪著他們一起探究與沙子相關疑惑的動機。

## 二、適當引導的必要性

幼兒對於玩沙反應熱烈，表達內容也很有趣。沙子既是全班有興趣接觸的題材，很自然的凝聚出一個進行方向。在分享時，發現幼兒較易堅持自己的基本想法，這讓老師思考，到底是話題無法讓幼兒有進一步說明的機會？還是幼兒對沙子的經驗較淺薄，以致無法深入解釋？但是老師相信，適當的引導，對幼兒的思維有提升與促動作用，所以老師還是嘗試引導幼兒去思考如何證明他們的看法，使幼兒逐漸釐清觀點。

例如幼兒發表「怎麼將濕沙子變乾沙」時，忽略了要觀察「水往哪裡去及水被太陽吸上去、壓下去」的重點，幼兒在討論時確實較易偏離主題，所以適時的將主題導回，使幼兒在相同話題下進行對話，能讓觀點有深化的空間。

## 三、協助建立正向習慣與態度

方案探究通常是一個步驟一個步驟慢慢來，反覆引導幼兒預測、觀察、驗證。然而，在這些過程初期，協助幼兒逐步建立起探究事物或是覺察問題真相的態度與習慣是很重要的時機。當幼兒輪流分享自己的經驗時，其他幼兒必須仔細傾聽別人的發現，重複不斷的提示，可以發現大部分幼兒能建立了方案中經常使用的「團體討論」的習慣。而看到他們逐漸建立起這樣的正向習慣，老師更加認定在融合「各路」好漢（混齡）之初，探究深入之前，協助他們建立未來可用的正向態度與習慣才是身為方案經營教師重要的「前期任務」。有了基礎後，幼兒遇到類似的問題，更

能清楚了解該如何面對。

例如在進行小團體討論過程中，有些組別各自堅持己見，互不相讓，存在許多人際互動的問題。小組設計與規劃沙雕步驟時，有些幼兒會較主導，未能表現出「輪流」、「分享」等團體合作需要的基本態度。此時老師特別有需要介入其中，讓每位幼兒都有參與機會，其目的除了強化每位組員對團體的共識外，也協助幼兒調整在團體中與人互動的態度與做法。

## 四、大人介入的多寡如何拿捏

幼兒一到海邊，大部分人都忘記原先的任務，所謂合作、輪流、步驟流程等，都拋到一邊了，也許是海邊沙灘太具吸引力。幼兒拿著自己的工具做著小小屬於自己的作品，剛開始老師稍微提醒，但發現幼兒並不領情，於是老師索性不提醒，此時，看到家長仍然不死心的拼命幫忙挖沙或催促，老師並沒有制止家長，因為即使家長介入，幼兒還是自玩自的，不受規範，面對這樣的情境，幼兒玩心大作，就讓幼兒滿足的玩個夠。但是回校後，老師必須讓幼兒有機會反思並說明自己的表現，若是幼兒每一件事都要大人在一旁提醒，幼兒將養成被動的依賴大人或外在協助，所以決定讓幼兒學習為自己的行為負責。既然幼兒沒能把握這麼好的場地執行計畫，也該讓他們自己發現、檢討，不是一味的提醒他們，這樣對幼兒的學習態度才有幫助，而且每一段檢討都可強化學習態度，也可成為另一個活動延續的起點。

## 五、善用機會進行品格、生命教育

原本探究的沙子竟然串起了幼兒與貓咪之間的連結，讓幼兒體會到人與貓的關係。到社區宣導「不亂餵食」、透過市長信箱、流浪動物之家等

單位的協助，但效果卻不可預期。在這種情況下，老師提出愛貓人士「掃大便」的做法，這個訊息有機會引導幼兒轉到另一個角度看待貓與人的關係。當無法改變貓大便問題，又需保障貓咪生存權時，「與貓共生」倒是個兩全其美的方法。幼兒也樂意加入「清理大便」的工作，其中幼兒也感受到當觀念轉個彎之後，大家都能互蒙其惠的道理。

幼兒提出要協助清理大便時，老師想到的除了要好好和幼兒討論這個工作的意義並避免沾染的可能性之外，一方面也擔心家長因注重幼兒的衛生與健康而不捨。怎麼讓家長理解老師的用意，讓老師深思許久，尤其有少部分家長疑惑的問：「大便要撿到什麼時候？」不難理解家長相當擔心幼兒在撿清理大便過程中弄髒或沾染細菌等。於是老師決定應該再度和幼兒討論這個工作的意義，也希望透過幼兒來影響家長的想法。而從幼兒與家長溝通後的回應讓老師安心不少：「媽媽說我好厲害；媽媽說撿大便是一件好事情，因為大家才不會聞大便味，去後院玩才不會踩到，而且保護南海，不然小孩會不健康。」這也使老師深刻的感受到品格教育絕對需要自小時候、自小地方培養起，因為自小養成的習慣更能長久與持續。

這池沙子將人與貓的關係成功的連結起來。如果不是因為沙坑貓大便，那麼長久以來的校園及流浪貓問題仍然維持「人們冷眼看待流浪貓」、「你走你路，我過我橋」的型態。所以當這個班的幼兒成功阻絕貓進入沙坑之後，校園其他各處仍是貓咪聚集的地方，此時老師認為更需要進一步探討貓和人的關係，讓幼兒了解「貓咪是自然中一員，他們的生命應該被尊重」的道理。而幼兒能夠從中體會貓與人的世界是能共融的，這是幼兒探究生命教育與品格教育的真實體驗。老師也很欣慰沒有略過小地方、小事件，也就是孩子小時候對生命與環境敏銳的體認與感受，因為這些體驗、感受所激盪出來的影響是未來人格的重要基礎。

## 六、對學習指標的省思

　　這個方案進行的時間相當久，因為過程中出現了解決貓大便問題的大轉折，使得原本幼兒與沙的關係，因加入「貓咪」而產生了三角關係，在三角關係中又發展出與社區、甚至於情感的連結，所以在運用指標時偶爾會出現「錯用」、「遺漏」等情況。

　　例如幼兒在討論沙坑貝殼從何處來的問題，並未實際做到「觀察」貝殼特徵，但是老師卻誤以為課程已達到「認-中大-1-2-2 觀察自然現象特徵的變化」的指標。類似的情形也在幼兒欣賞他人沙雕創作中發生，老師誤以為欣賞他人運用各種素材、工具等創作，就是達到「美-中-2-2-1 運用各種視覺藝術素材與工具，進行創作」的指標，忽略了該指標指的是「幼兒的親身行為」，而不是符合前半段就可以了。

　　另外，幼兒在與社區人士互動的過程中，除達到「社-中大-2-2-2 理解他人的感受和需要，展現同理或關懷的行動」之外，在過程中，也有許多情緒的表現，而情緒表現通常不如其他指標明顯、且容易對應。例如幼兒在面對有人餵食貓咪導致貓咪進入校園影響大家玩沙的憤怒，到討論餵食行為對錯後，能夠接納、理解餵食者的行為，這連續過程中，幼兒是透過對事件的參與或探討去辨識他人及自己的情緒，也在同理與接納的理性情緒中才能進一步以適當的形式表達及溝通。這些歷程中情緒的轉變都較易被忽略，因為老師較習慣觀察到「看得到」的行為，也較易忽略許多事件的轉折必定也包含情感的轉折在其中。如與社區人士互動過程中，「情-中大-1-2-1 從事件脈絡中辨識他人和擬人化物件的情緒；情-中大-2-2-1 適時地使用語言或非語言的形式表達生活環境中他人或擬人化物件的情緒；情-中大-4-1-1 運用等待或改變想法的策略調節自己的情緒」的表現，都是被老師遺漏的重要指標。

　　在運用指標時，確實會感覺到情緒指標較難達成，但經過自己反思

後，卻發現「情緒其實存在許多事情的轉折中」，或許不必刻意設計活動也能協助幼兒覺察、辨識、調整情緒呢！

 附錄

## 一、相關資源及場地

### (一) 書籍

1.《解開好開心——動物寫真集》（跨世紀文化）。
2.《貓》（理科出版社）。
3.《貓——神秘的小魔女》（閣林國際圖書）。
4.《動物們的夜生活》（人類文化）。
5.《貓咪日記》（大科學）。
6.《貓咪你好》（漢聲）。
7.《大家來大便》（漢聲）。
8.《野貓的研究》（小魯文化）。

### (二) 相關場地

1.安全沙岸海灘——三芝淺水灣。
2.學校附近社區。
3.侯硐貓村。

## 二、國語日報生命教育投稿刊登

# 7 和小花小草玩遊戲

陳幼君
廖育霈

## 壹　方案緣起

　　三月初春捎來訊息，草地、樹下，甚至水泥牆縫邊的小花小草紛紛展現活力，生機盎然的為大地點綴色彩。可惜這個時節它們還太小，這些「自己長出來的小花小草」儘管多麼努力的昂首，還是只能與綠色的草地融為一體，努力在扎根的泥土上繼續成長。我們把握時機「探索春」、「看春天」、「說春天」、「畫春天」，還當小小攝影師利用相機「拍春天」，捕捉春天的景象與感覺。在前後院運動探遊的時光裡，經常上演熟悉的鬼針草大戰、酢漿草拔河比賽、還有會黏在衣服上的「貼紙葉」（構樹葉）。互動中漸漸蔓延的花草遊戲，自然引領幼兒們進入小花小草世界裡，除了好玩有趣之外，已經有人開始對這些被統稱為「草」的植物產生好奇與疑問。老師見時機已成熟，「和小花小草做朋友」就從單純的把玩遊戲進入深入觀察與蒐集探索的階段，以期幼兒將有趣的體驗過程轉化為更有力的學習動機，在整個歷程中不僅要玩出智慧也要玩出領悟。這群由21位大班、7位中班幼兒所組成，喜愛與自然一起玩的班級，熱情的計畫要找出南海有趣的小花小草，前院、後院還有整個校園都將是我們探索的美妙天地。

## 貳　學習目標

　　老師預期幼兒與身邊花草互動探索旅程中，將能達到以下的目標：
1. 促進幼兒對自然環境的好奇與探索，提升觀察力。

2. 豐富幼兒的多元文化經驗。

3. 培養愛護環境與珍愛自然的情操。

4. 建立蒐集與整理資料的能力。

 主題概念網

透過團體討論，老師試圖蒐集幼兒對「南海的小花小草」想要探索的興趣與想法經初步分析，預設可能走的方向。

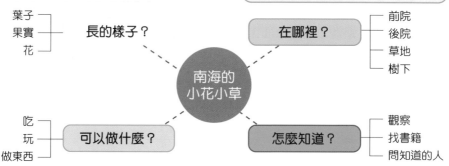

認-1-2　蒐集自然現象的訊息
認-2-2　整理自然現象訊息間的關係
社-3-6　關懷生活環境，尊重生命
美-1-1　體驗生活環境中愉悅的美感經驗
美-1-2　運用五官感受生活環境中各種形式的美

認-1-2　蒐集自然現象的訊息
認-2-2　整理自然現象訊息間的關係
語-2-2　以口語參與互動
社-3-6　關懷生活環境，尊重生命

葉子
果實 ── 長的樣子？
花

在哪裡？ ── 前院
後院
草地
樹下

南海的
小花小草

吃
玩 ── 可以做什麼？
做東西

怎麼知道？ ── 觀察
找書籍
問知道的人

身-2-1　安全應用身體操控動作，滿足自由活動及與他人合作的需求
身-3-1　應用組合及變化各種動作，享受肢體遊戲的樂趣
社-1-6　認識生活環境中文化的多元現象
社-3-6　關懷生活環境，尊重生命
美-1-2　運用五官感受生活環境中各種形式的美
美-2-1　發揮想像並進行個人獨特的創作

認-1-2　蒐集自然現象的訊息
認-2-2　整理自然現象訊息間的關係
語-1-5　理解圖畫書的內容與功能
語-2-1　以肢體語言表達
語-2-2　以口語參與互動

**肆** 探索過程

## 一、小花小草長的樣子

當幼兒樂於主動接觸、體驗花草遊戲之際，老師需隨時觀察周邊花草生長的情形和狀況，以利在較佳時機引導幼兒觀察、蒐集小花草特徵的訊息。

### (一) 它們是不一樣的植物

南海前院有一塊草地上是幼兒摘取酢漿草玩較勁拔河的大本營，這片草地除了酢漿草之外還有許多花草朋友隱藏其中。請幼兒來場眼力大考驗找出不一樣的植物，不論是熟悉的花草還是不知名的小草，都是找尋的對象。在分辨與計數不同小花小草物種數量的過程中，**老師不斷鼓勵幼兒將所看到的植物特徵用言語形容，並嘗試說明不一樣的地方**。「這種葉子像水滴」、「我知道這是酢漿草，因為有愛心形狀的葉子」、「酢漿草會開粉紅色的花」、「這種葉子是大片的，那種是細細的」、「這種有黃色的小花」、「這種水滴的葉子我在後院也看過」。剛開始大部分的幼兒只是站立低頭找尋，漸漸有人開始或蹲或跪在地上撥弄查看，因為這樣才有更多的發現。雖然叫不出它們的名字，但是用眼睛看它的葉子、看它的花、看它的樣子，就可以簡單地分出異同。幼兒在這片綠地發現了十種以上的小花草，在數算累積數量的過程中幼兒漸能自主地親近草地，喜歡和小花小草做朋友。

語-中-2-2-2　以清晰的口語表達想法

語-大-2-2-2　針對談話內容表達疑問或看法

## (二) 尋找神秘的植物朋友

● 根據三線索找植物

如何幫助幼兒認識身邊的小花草？其實它的葉子、花朵與果實就是分辨的最佳媒介，老師會鎖定某個植物為目標並給予一些提示，如：**根據老師提示：(1)它是一種植物；(2)它的身上有圓圓的果子；(3)會開白色的小花。幼兒如小偵探式的在後院找尋這被鎖定的植物朋友，在時間之內找一找這位被鎖定的植物朋友。**幼兒東跑西跑分散蒐尋，終於聽到一群幼兒的呼喊「這裡有一棵，有小果子，旁邊還有小白花」。大家檢視確認三項線索後，它的模樣已經揭曉。接著，又有的幼兒們在檸檬樹下、草地及花盆旁陸續發現這位神秘主角的蹤跡。有人嘀咕著說：「早就看過這種黑色果子」、「它也有綠色的果子」、「它的果實是葡萄嗎？」、「它叫什麼名字啊？」、「它可以做什麼？」老師揭曉這株開著小白花、會結黑紫色果實的植物，叫做「龍葵」，它還有個有趣的臺語名字叫「黑籽仔菜」。幼兒能猜測因為它外觀有黑黑的果子所以才叫這個名字。

　　認-幼-1-2-1　觀察動植物的特徵

## (三) 我們想看看它們從小到大的樣子

　　對幼兒來說會黏人的「鬼針草」和有黑色果子的「龍葵」已經是不陌生的朋友，如果它們還是矮矮小小、沒有開花、沒有結果子的「小時候」，幼兒可以分辨嗎？幼兒說「我們在後院看到的都是長大的」，有什麼方法可以看到它們小時候的樣子呢？「我們自己種一株，就去買它的種子」、「不用買啦，我們後院那裡有種子」。**幼兒商討後決定到院子尋找**

**這兩種植物的種子，帶回教室種植照顧就能觀察到它們「小時候」的樣子**。但是整株植物哪個部分才是「種子」呢？幼兒在討論中也提到，如果要去後院摘取種子，一定要先弄清楚鬼針草和龍葵種子的樣子。「刺刺黑黑的那個，就是鬼針草的種子」、「你要捏龍葵黑色的那種果實，綠色的捏不開還不能種」、「因為綠色的還沒有熟，等它變成黑色就是熟了」。幼兒能清楚說明分辨兩種不同顏色果實的方法（顏色與觸感）。之後我們到後院摘取這種「刺刺黑黑的鬼針草種子」和「捏得開的黑色龍葵漿果」，帶回教室小心翼翼的將細長

● 這裡有鬼針草的種子

● 鬼針草冒芽了

的黑色「鬼針草」和壓碎的黑色「龍葵」分別種在花盆裡。幼兒每天不忘問候與澆水，期待著冒出新芽的好消息。

經過兩個星期後，幼兒發現鬼針草悄悄的冒出了綠色嫩芽；再過一星期龍葵也冒芽了。幼兒分享看到種子冒芽的感覺和想法：「種子發芽上面會有小小的兩片，兩種都有」、「好想它快快長大」、「鬼針草的小葉是細細長長的，好多棵」、「龍葵的小葉子像小小的三角形有兩片」、「龍葵種子發芽我覺得很高興，比鬼針草發芽還高興，因為等好久了」、「很高興，龍葵終於發芽了」。從土裡冒出的小芽帶給幼兒無比的歡喜，由於**等待發芽的時間龍葵長過於鬼針草，幼兒的「高興程度」會有什麼不一樣嗎？老師引領幼兒探索辨識自己的情緒，從幼兒的口語分享中，可以感覺到他們對自己情緒變化的理解**。照顧與等待一顆種子的發芽，讓幼兒不僅

267

共享成長的喜悅，也有機會看到鬼針草和龍葵的小時候。

認-中大-1-2-1　觀察動植物的生長變化

情-中-1-1-2　辨別自己的同一種情緒有程度上的差異

情-大-1-1-2　辨識自己的同一種情緒在不同情境中會出現程度上的差異

認-小-2-2-2　比較動植物特徵的異同

| 老師的引導／幼兒的表現 | 學習指標 |
| --- | --- |
| (一) 它們是不一樣的植物<br>老師利用各種戶外活動的機會，鼓勵或引導幼兒尋找小花小草的蹤影，幼兒在常遊玩的花圃前找到不同花色的酢漿草，並觀察它與其它小花小草的不同。 | 語-中-2-2-2　以清晰的口語表達想法<br>語-大-2-2-2　針對談話內容表達疑問或看法 |
| (二) 尋找神秘的植物朋友<br>每到春天，南海前後院都可發現龍葵，由於多且明顯，老師安排活動，請幼兒依提示去尋找符合龍葵植物的三要件，藉此探遊機會引導幼兒注意觀察植物的特徵，也產生對小花草的興趣。 | 認-幼-1-2-1　觀察動植物的特徵 |
| (三) 我們想看看它們從小到大的樣子<br>幼兒對於辨識出鬼針草和龍葵深具信心，老師發現他們主要是依據其果實或花色來判斷，但是如果沒有果實也沒有花，還沒長大的時候，它們是什麼樣子呢？ | 認-小-2-2-2　比較動植物特徵的異同<br>認-中大-1-2-1　觀察動植物的生長變化<br>情-中-1-1-2　辨別自己的同一種情緒有程度上的差異<br>情-大-1-1-2　辨識自己的同一種情緒在不同情境中會出現程度上的差異 |

## 二、小花小草在哪裡

　　欣賞書籍《春天的小花草》的圖片，多位幼兒有相同的回應：「我在南海有看到上面的花」、「在後院水池石頭那裡有好多」、「咸豐草～他

寫錯名字了這是鬼針草」、「我知道咸豐草的外號叫鬼針草」。過程中老師請幼兒說說與這些小花草遊戲的經驗或印象，像是「後院山坡上有這種花」、「車前草的葉子像一朵花」、「這個黃色的花，有白白的可以吹，是蒲公英」、「那是我們在玩的酢漿草」。南海好玩的小花小草都出現在這本書裡面了嗎？「龍葵沒有」、「能貼在身上的葉子，我們叫它貼紙葉那種也沒有」。這時馬上有人提議：「那是我們發明的名字，我

● 我在南海看過這種花

們要知道它的名字」、「找出它真正的名字」。於是幼兒開始著手計畫，除了要找出好玩的小花小草之外，還要知道它們的名字。

## (一) 找出南海前、後院的小花小草

　　找出「南海的小花小草」這個計畫要如何實際進行呢？事前的準備考驗大家的規劃與合作能力。校園這麼大要從哪裡找？「要去有草的地方」、「前院和後院都有」、「這些都要去找」。怎麼開始找？「分頭找，每個人都往不一樣的地方」、「這樣會跑來跑去」、「兩人一隊」、「分一塊一塊，譬如前院分四隊」、「像分組那樣」。討論之後，將前院分區塊，以人數分隊的方法獲得大部分幼兒的認同，接著必須思索前院有哪些地方？要怎麼分出這些區域才會清楚？幼兒分別提供意見之後，依平常在前院遊玩發現花草的經驗，規劃了「小斜坡組」、「Ｓ坡道組」、「遊樂器材組」、「小通道組」、「腳踏車道組」和「操場草地組」，並依區域大小由三至五人來負責。

　　找到了小花草要怎麼讓人知道？怎麼帶回來？「告訴老師」、「用畫的」、「拓印」、「它們會跑來跑去不能拓啦！」、「照相，比較快」、

●草地組找到車前草

●好多車前草

●這種葉子能用來玩

●這裡也有一樣的葉子

●能貼在身上的構樹葉子

「像我們在拍春天那樣」。最後幼兒決定採用曾有的拍照舊經驗，當小組找到認為有趣的小花小草時，就請老師拍照帶回來完成第一階段的蒐集。

　　認-幼-1-2-1　　觀察動植物的特徵

　　社-中-2-2-1　　表達自己並願意聆聽他人想法

　　找完了前院，接著南海後院的小花小草成為探索的重點。幼兒依照前院分區塊的方法，將後院規劃為「小山丘組」、「小池塘組」、「大圈圈組」、「沙坑區組」、「爬網走道組」和「菜園組」。

　　和上次一樣，找到有趣的小花小草即請老師協助拍照。因為前院的經驗，這次分組進行的任務能較快完成，顯見幼兒的觀察力也在提升。

　　社-中-2-2-3　　依據活動的程序與他人共同進行活動

## （二）小花小草照片大歸納（Part Ⅰ）

在前後院尋蹤、拍照，總共蒐集了八十多張照片，鋪滿了教室的地板。幼兒很興奮，關注的欣賞，對話：「有好多貼紙葉」、「這是我那天照的照片，在水池的旁邊，是鬼針草的花」、「我有請老師照很像向日葵的花，在爬網下面，它不是向日葵」、「那天照的時候我發現這是會有屑屑的小葉子，我有用手去摸」、「有人拍跟我一樣的耶」。在分享中，老師詢問他們面對這麼多的照片如何挑選、要用什麼方法整理分類呢？

幼兒發現照片中有多張是長得一樣的葉子或顏色一樣的花，尤其是讓幼兒愛不釋手的「貼紙葉」重複性最高（貼紙葉是幼兒們在前期遊戲探遊過程中，發現「構樹的葉子」可以黏貼在衣服上，因為不知道其正式的名稱，因此為它取了暱稱）。它那似破洞般的葉片外觀頗顯眼，對大多數幼兒來說是最容易分辨，因此「貼紙葉」就成為幼兒初探分類的植物。

老師邀請覺得自己能分辨貼紙葉的幼

● 後院開小白花的咸豐草

● 這裡也有新發現

● 這一種植物拍過照了嗎？

兒，幫忙找出其照片並排列在白板上，有人覺得有些葉子怪怪的，不像是貼紙葉。為什麼它不是貼紙葉？「這葉子看起來滑滑的，因為貼紙葉不是那麼滑」「它長這個花不是貼紙葉有的」，幼兒以接力方式一步一步的檢

視並將覺得怪怪的照片挑出來後，剩下的就是大家都同意的「貼紙葉」了。

經過這段時間的探索，幼兒已經知道貼紙葉的哪些事呢？「有一點毛茸茸的」、「有粗粗的」、「看到它有毛，很多」、「毛長在邊邊」、「葉子有三個尖尖的地方」、「看到貼紙葉有些長得不一樣，有些尖尖的幾個，有些尖尖的很多」、「味道臭臭的」、「它可以黏在衣服上」、「那個名字是我們發明的」、「應該知道它真正的名字」。

幼兒對貼紙葉的外觀、特徵做出以上的說明，但是正確嗎？還有哪些沒有察覺到的？有哪些方法可以讓我們更加確認貼紙葉的事情？「去摸摸看，真的摸摸看」、「查電腦」、「去圖書館找找看，找植物的

● 幫忙找出一樣的花草

● 說出分類的原因

書」、「我帶小陳老師去看貼紙葉問她，她說這是構樹」。還有什麼人可能會知道貼紙葉──構樹的事？「應該很多，像賣種子的人」、「植物園裡的叔叔阿姨知道，因為植物園有很多植物」、「對呀！植物園裡有介紹小花小草」。

在討論過程中幼兒已能提出多種實際可執行的方法，如實際去看、去觸摸、使用電腦查詢、到圖書館找尋相關的書籍、問知道的人，甚至尋求專家的解答等。因為已經有幼兒捷足先登以問人的方法為我們的「貼紙葉」找出它真正的名字是「構樹」，於是我們打鐵趁熱去尋找照片中的主角「構樹」，實地去看看它出現的地方，摸摸、聞聞，驗證先前被幼兒列舉出關於貼紙葉（構樹）的事情是否為真。此外，校園外一棵大的構樹也

為幼兒帶來驚喜與疑惑。令人驚喜的是它長得比南海校園內的構樹大很多，高到摸不到葉子了。老師抱起幼兒摸摸大樹上的貼紙葉，「也是毛毛的耶」、「也是粗粗的」、「可是它的葉子沒有很多尖尖的」。令人疑惑的是幼兒在大構樹下發現細長狀的果實，「有點像車前草那一串」，有人猜「它是構樹的種子」，「這一長串它到底是什麼」、「為什麼南海的構樹都是小小的」又出現了幼兒想要追尋解答的疑問。

　　認-幼-1-2-1　觀察動植物的特徵

　　認-中大-2-2-1　依據特徵為自然現象分類並命名

　　語-大-2-2-2　針對談話內容表達疑問或看法

## (三) 小花小草照片大歸納（Part II）

　　幼兒接續上次挑出構樹（貼紙葉）照片的經驗，要把相同的小花小草放在一起，繼續進行整理分類的工作。上次是邀請自認對「貼紙葉」很熟悉的幼兒來挑照片，但這次每位幼兒都被邀請加入幫忙分類，並說明為什麼它們被分在一起。例如：「葉子長得一樣」、「花的顏色一樣」、「有像蒲公英的黃花」、「感覺一樣滑滑亮亮的」、「它們都是酢漿草」。幼兒依照葉子形狀或者花朵顏色進行分類，找出覺得是相同的類別。如：有愛心葉子的酢漿草、像水滴葉子的草、有白花的鬼針草等等。遇到模糊不清無法判別特徵及無法達成共識的小花小草照片則放一堆不加入分類。最後幼兒將所有的照片分為 14 類。

　　有人認為是一類的照片，總會有人認為不妥，會提出質疑或意見。如果遇到爭執不下，無法定論的照片，也被放到不加入分類的那一堆照片中，等待我們找到解決方法再來處理。

　　認-中大-2-2-1　依據特徵為自然現象分類並命名

　　認-中大-2-2-2　與他人討論自然現象特徵間的關係

　　語-中-2-2-3　在團體互動情境中開啟話題、依照輪次說話並延續對話

語-大-2-2-3　在團體互動情境中參與討論

| 老師的引導／幼兒的表現 | 學習指標 |
|---|---|
| (一) 找出南海前、後院的小花小草<br>師生討論「尋找南海的小花小草」計畫，幼兒決定將校園分成前院和後院兩大部分，再將前後院分別畫出區塊，以分組負責的方式去尋找目標中的小花草。 | 認-幼-1-2-1　觀察動植物的特徵<br>社-中-2-2-1　表達自己並願意聆聽他人想法<br>社-中-2-2-3　依據活動的程序與他人共同進行活動 |
| (二) 小花小草照片大歸納（Part I）<br>1.幼兒從照片中發現有許多一樣的花草，其中幼兒命名的「貼紙葉」是他們最熟悉的，植物分類就由此進行吧！<br>2.幼兒分享對貼紙葉的認識與想法，並檢視選取出來的照片是否符合，說明原因。<br>3.請幼兒思考有哪些方法可更加確認貼紙葉的事情？幼兒討論中提出一些可行方式。<br>4.師生到校園實際去觀察、觸摸「貼紙葉」，比對先前的認知是否正確，也提出比較後的疑惑。 | 認-幼-1-2-1　觀察動植物的特徵<br>認-中大-2-2-1　依據特徵為自然現象分類並命名<br>語-大-2-2-2　針對談話內容表達疑問或看法 |
| (三) 小花小草照片大歸納（Part II）<br>1.老師利用花草照片邀請幼兒進行分類並說明為什麼它們被分在一起？<br>2.幼兒針對他人的分類發表自己的想法，無法取得共識的照片則先不分類。 | 認-中大-2-2-1　依據特徵為自然現象分類並命名<br>認-中大-2-2-2　與他人討論自然現象特徵間的關係<br>語-中-2-2-3　在團體互動情境中開啟話題、依照輪次說話並延續對話<br>語-大-2-2-3　在團體互動情境中參與討論 |

## 三、我們要怎麼知道小花小草的事情？

　　幼兒將八十幾張植物照片依外觀、特徵等分類，但是，真的是如此

嗎？

　　老師再次提出：「如何確定我們的分類是正確的？」，他們除了想起上回確認「貼紙葉」的方法外，這回有更明確的說法，如：「回去問阿公，我阿公會種東西，他應該知道」、「可以每個人找找看植物的書，可以看圖，找找看有沒有和我們照片一樣的圖」、「要去邀請植物園的叔叔或阿姨幫我們解答，因為植物園也有一樣的植物」。進一步追問：「如果植物園的叔叔阿姨來了，要幫我們做什麼事情呢？」「問他這是什麼植物」、「請他幫我們檢查我們分的照片有沒有錯」、「問他，它原來的名字」、「我還想知道它有什麼用處」、「問它是不是可以玩的植物」。問人、查書及邀請植物園的專家來解惑將是一連串延續性的重要行動計畫。

## (一) 蒐集小花小草相關的書

　　幼兒已有直接接觸花草的探索經驗，如果能再加上書籍資料的相互印證，可開啟幼兒對小花小草有更多過去尚未察覺的面向。剛好幼兒們也意識到了需要書籍幫忙的時候，但是老師需要考慮的是要如何將「書」以自然且吸引幼兒的方式帶入。

### 1. 周末親子任務

　　老師設計了一份親子任務單，想請家長帶幼兒到圖書館借書來解決他們的疑惑。在執行任務前，老師希望幼兒能針對他們要解決的問題而找尋相關書籍。但是在偌大的圖書館中，要如何找到需要的書呢？「植物的書都可以找」、「不行！搞不好不是小花小草的植物」、「可以看圖啊，看有沒有跟我們拍的一樣的」、「可是可能是一樣的，但是在別的地方拍，看起來不一樣怎麼辦？」、「可以看字啊！找『花』，我認識『花』」、「還有『草』也可以找」、「我還認識『車前草』」、「可以問圖書館的人，小花小草的書在哪裡」。在討論中，幼兒歸納出找資料的方法可以找

圖片、看關鍵字或是詢問圖書管理員。但是紙上談兵並不代表幼兒真正能做到，所以老師在任務單中除了向家長說明近期幼兒們在小花小草的研究情形，也提及幼兒想藉由書籍解決 13 組照片中植物的問題。請家長周末帶著幼兒到圖書館借書，但為了讓幼兒實際體驗針對目標去蒐集資料，請家長要讓幼兒自主性的挑選和借閱，不要以大人的主觀判斷去左右幼兒，並請幼兒在任務單上記錄選擇這一本書的理由。

語-中大-1-4-2　知道能使用圖像記錄與說明

語-中大-1-7-2　知道能使用文字記錄與說明

社-大-1-5-1　探索社區中的人事物、活動、場所及其與自己的關係

### 2. 介紹自己從圖書館借回來的書

幼兒輪流介紹自己從圖書館借來的書，老師提醒幼兒分享時除了要說明為何借閱這本書？發現什麼？可以解決我們什麼問題？也提醒小聽眾們的工作是仔細聆聽和負責發問，「小花小草資料蒐集分享大會」要開始了，我們安排幼兒輪流擔任主持人與小助手。「蒲公英

●介紹自己借來的書

的花它會一直飛，飛到泥土，變成蒲公英。有時會到一些洞穴裡面，一些到泥土裡面，長出蒲公英。假如遇到風會把它送到別的地方。」、「我發現這本書裡面有我們玩的車前草的花，裡面有綠色花序、棕色花序，不同時期的花序圖片」、「這圖片的花，在學校裡有很多，我常常在後院看到」、「這一本書上面有寫構樹的字，我要介紹構樹，它會長綠綠果實再變紅色，紅色會掉下來變成種子，種子會再長出來」、「這裡面說鬼針草可以黏在布鞋上，它如果掉到地上自己會再長出來」。幼兒依據同儕報告

和書的內容，初步將書分為「我們可以用的書」和「我們用不到的書」兩類。如果是被幼兒判斷為「沒辦法幫忙我們解決白板上小花小草的問題」（例如「這本書有玫瑰花，我借這本書因為我喜歡玫瑰花」），則屬於目前用不到的書，可以請借書人先歸還；而可以用到的書則放置在角落，成立小花小草專書區，方便幼兒翻閱。

認-小-2-3-1 　依據生活物件的特性與功能歸類

語-中大-1-5-1 　知道知識類圖畫書的功能

語-中-2-2-2 　以清晰的口語表達想法

語-大-2-2-2 　針對談話內容表達疑問或看法

語-大-2-5-4 　運用訊息類文本解決問題

### 3. 找出需要的訊息與做記號

　　雖然幼兒們已經從圖書館中找到需要的書籍，也篩選出適合的書陳列在小花小草資料專區提供翻閱；但是對還不認識文字的幼兒，要如何從大部分都是文字介紹的圖鑑書籍中尋找適合的資料呢？幼兒們尋找回來的書大多是有各種植物資料，圖鑑或自然百科類的書籍，往往厚厚的一本書裡面，只有幾張可以幫助我們認識南海的小花小草。幼兒雖然好奇書中的內容，但是老師需要更進一步幫助幼兒再把資料整理得更聚焦。所以當有幼兒提出「如果找到我們要的圖片或資料就用紙夾起來」做記號，這真是個好主意。幼兒翻到有鬼針草的圖，就會在紙片上畫個鬼針草的圖樣做記號，「它的花瓣和鬼針草一模一樣」，然後夾在書頁裡。藉由這樣的過程，幼兒不但自己篩選訊息，也讓幼兒開始留意別人提供的資訊（有夾小紙片的頁面），從而比較起相同的小花小草在不同的書籍中有沒有不同的訊息。在這個歷程中，幼兒體驗如何從蒐集而來的眾多資料中看到重點，慢慢整理，去蕪存菁留下真正有用的資料。

　　資料整理得差不多之後，老師將夾紙片的頁面文字唸出來，請幼兒來

判斷這些訊息，是不是我們需要留下的呢？果然從這一堆夾小紙片的書中又分出兩種，一種是跟我們的小花小草沒有關係的內容，另一種則是正好符合我們的需要。藉由這樣的過程，幼兒不但了解「書」和我們生活之間的關係，也由書中提供的內容建構了有關小花小草的認知，如可以玩花草遊戲，有的可以吃、可以染布等。透過這樣資料蒐集、訊息整理和檢視的歷程，幼兒習得思考的能力，未來幼兒可實際運用這些歷程，豐富他們的學習內涵。

語-中大-1-4-2　知道能使用圖像記錄與說明

認-小-2-3-1　依據生活物件的特性與功能歸類

認-大-2-3-3　與他人討論生活物件與生活的關係（此處指幼兒討論書籍中的訊息，幫助我們認識小花小草哪些事情，例如食用或染布等。）

## (二) 邀請植物專家

幼兒認為想要認識校園的小花小草，除了找書，也可問知道的人。那麼，誰是知道的人呢？老師決定運用社區資源邀請目前任職於臺北植物園的吳叔叔親自到班上為孩子們解答有關小花小草的疑問。

其實，經過這段時日，幼兒已經針對校園中各種小花小草有過深淺不一的探索；他們也玩過不少花草遊戲，其中有書中介紹的、老師介紹的、當然也有幼兒自己發展出來的；他們甚至吃過小花小草的料理，也逐漸知道它們的名字，所以對於幼兒來說，最期待的是透過吳叔叔的幫忙，確認小花小草照片分類的正確性，還有解答一些平時幼兒在玩小花小草時所發現的問題。

### 1. 蒲公英？黃鵪菜？

吳叔叔帶給幼兒最大的衝擊就是，他們一直以來分類為「蒲公英」的

小花，其實是「黃鵪菜」。在幼兒的先前經驗中，有黃色的花朵，而且有球狀絨絮，一吹就飛散四處的小花草，就是蒲公英。但是吳叔叔提出一個判斷花草種類的要點，就是大小。吳叔叔說蒲公英的花相當於一個五十元的硬幣，幼兒在校園中看到的「蒲公英」其實是花朵只有小拇指甲蓋大小的黃鵪菜。在幼兒照回來的照片中沒有一張是蒲公英，所以幼兒注意到在辨識植物種類時，除了植物的顏色、外型，連大小都是必須關心的重點。因為校園中沒有找到蒲公英，以致未能及時讓幼兒做黃鵪菜和蒲公英的實物比較。不過這一點老師一直記在心裡，之後在南海圍牆外的人行道上，終於發現一株難得的蒲公英，我們也立即帶著幼兒去做觀察和比較。

## 2. 顏色一樣才是同一種？

幼兒進行植物照片分類時，最直覺的判斷就是依花的顏色來分類，顏色相同就會被歸在一類。就如一張紫花酢漿草被誤植到通泉草這一區，雖然它都是淡紫色，但是吳叔叔說花的形狀不同，其實是不同種類。幼兒疑惑的問「花的樣子一樣，顏色不一樣是不是同一種呢？」困擾幼兒的非洲鳳仙花有好多種顏色，顏色不一樣，怎麼能算同一種？吳叔叔舉了小狗的例子，一起出生的小狗也會有不一樣的顏色，所以顏色不一樣，不見得就不是同一種喔！非洲鳳仙花就是其中的例子。

## 3. 貼紙葉長得不一樣？

**幼兒在把玩貼紙葉（此時他們已經知道貼紙葉的正式名稱是構樹）時發現，葉子居然長得不一樣**，這與其他的小花小草真是太不一樣了。同一種小花小草的葉子形狀都是一樣的呀，怎麼同是構樹的葉子卻不相同？吳叔叔說構樹的葉子會因為年紀的大小而改變，就好像小朋友小時候也和現在長得不一樣是相同的道理。

## 4. 車前草的白白點點是什麼？

幼兒喜歡拔車前草來玩鬥草遊戲，但對車前草認識不多，只知道在玩鬥草的過程中常常掉下一些白白的、細細的小點點，幼兒很想知道那是什麼？吳叔叔說，我們拿來玩鬥草的其實是車前草的「一串花」，真正的名稱叫做「花序」。「花序」就是很多很多的花排在一起，至於掉下來的小白點就是車前草的種子啦！此後，幼兒在玩車前草花序鬥草時，都會特意在有土地的地方先將種子拍到土上，他們希望以後還能長出很多車前草，不會因為幼兒們的取用而消失。

社-大-3-6-1　樂於親近自然、愛護生
　　　　　　 命

● 專家叔叔和幼兒一起檢查分類

## 5. 長的方式

吳叔叔一邊幫幼兒檢視照片的分類，一邊解釋原因，同時也帶出辨識植物的方式。辨別植物的種類並不是只依靠一項條件，而要同時都考慮到許多特徵才能正確判斷。幼兒牽著吳叔叔的手一起逛校園，實地觀察與比較小花小草的特徵和特性。幼兒說：「我們不能只看顏色」、「要看顏色、它的形狀和大小」、「還有長的方法一不一樣」。在吳叔叔來之前，幼兒在分類小花小草時，多著重單向特徵，但是吳叔叔來過之後，**幼兒整理出觀察植物的小訣竅：(1)大小；(2)形狀；(3)顏色；(4)生長的方式**，下次辨認植物時要一次

● 酢漿草就像雨傘的樣子

看這四件事情，就比較不會認錯了。

　　認-中大-2-2-2　與他人討論自然現象特徵間的關係

## (三) 看得更仔細

　　經歷了先前不算短的探遊時間，幼兒們對於前、後院的小花小草有初步認識，在那裏找到它們也了然於心，但是為了精熟他們的經驗和學習的應用，老師選定幼兒花了很多時間在探索、討論把玩的構樹和車前草做為寫生畫的目標，至於如何在校園中找到目標，將其畫下來則是幼兒們的工作任務。在作品分享活動中，**幼兒呈現了他們在體驗與觀察下的發現與喜愛**！

　　認-中-1-2-3　以圖像或符號記錄自然現象的多項訊息

　　美-中大-2-2-2　運用線條、形狀或色彩，進行創作

● 為構樹來寫生　　　● 構樹寫生　　　● 變大的小花小草

| 老師的引導／幼兒的表現 | 學習指標 |
| --- | --- |
| (一) 蒐集小花小草相關的書<br>1. 周末親子任務：幼兒認為到圖書館可以找到書籍幫助我們了解南海的小花小草，在偌大的圖書館中，要如何找到需要的書呢？為了讓幼兒有實際針對目標蒐集資料的經驗，請家長讓幼兒以自己的角度完成研究小花小草資料借閱的任務。 | 語-中大-1-4-2　知道能使用圖像記錄與說明<br>語-中大-1-7-2　知道能使用文字記錄與說明<br>社-大-1-5-1　探索社區中的人事物、活動、場所及其與自己的關係 |

| 老師的引導／幼兒的表現 | 學習指標 |
|---|---|
| 2. 介紹自己從圖書館借回來的書：幼兒為大家介紹自己從圖書館借回來的書，並且將重點放在借這本書可以解決我們問題的關鍵點。<br><br>3. 找出需要的訊息與做記號：幼兒在翻閱小花小草專書時，如何從厚重的圖鑑中盡快找到自己想看的訊息？幼兒提出「卡紙片」的方法，留下我們真正用得上的資料。藉由這樣的過程，幼兒不但了解「書」和我們生活之間的關係，也由書中提供的內容建構了有關小花小草的資料庫。 | 認-小-2-3-1　依據生活物件的特性與功能歸類<br>語-中大-1-5-1　知道知識類圖畫書的功能<br>語-中-2-2-2　以清晰的口語表達想法<br>語-大-2-2-2　針對談話內容表達疑問或看法<br>語-大-2-5-4　運用訊息類文本解決問題<br>語-中大-1-4-2　知道能使用圖像記錄與說明<br>認-小-2-3-1　依據生活物件的特性與功能歸類<br>認-大-2-3-3　與他人討論生活物件與生活的關係（此處指幼兒討論書籍中的訊息，知道小花草食用或染布等） |
| (二) 邀請植物專家<br>幼兒先前困於小花小草照片分類的正確性時，提到邀請植物專家來解答，透過專家的幫忙，以幼兒聽得懂的言詞和比喻做解釋，澄清了照片分類的錯誤及正確辨識植物特徵的方式。 | 認-中大-2-2-2　與他人討論自然現象特徵間的關係 |
| (三) 看得更仔細<br>幼兒分別到戶外尋找車前草和構樹，仔細觀察並畫下它的樣子分享。 | 認-中-1-2-3　以圖像或符號記錄自然現象的多項訊息<br>美-中大-2-2-2　運用線條、形狀或色彩，進行創作 |

## 四、南海的小花小草可以做什麼？

　　幼兒們對小花小草的興趣始於花草遊戲，如鬼針草種子的投擲遊戲、酢漿草「拔河」遊戲等。他們大多不知道花草的正式名稱，頂多稱酢漿草為幸運草，可是這並不影響幼兒喜愛和小花小草玩遊戲，幼兒對它們的興趣越來越濃，對小花小草的事越來越感好奇。經由照片分類、蒐集資料、邀請專家……等陸續的活動，幼兒們對南海的小花小草不僅認識了名字，更知道它們除了可以玩，甚至還可以吃、可以畫畫、可以染布呢！

### (一) 葉子像水滴形狀的車前草

#### 1. 可以吃

　　有人提到車前草「很好吃」，這個說法勾起大家「好想吃吃看」的念頭。怎麼吃？吃葉子，還是吃花呢？部分先前中班已有舊經驗的幼兒提到曾經吃過車前草的葉子，於是大家到前後院去尋覓摘取車前草。

　　藉著清洗車前草的當下，老師請幼兒仔細的瞧一瞧，摸一摸、聞一聞，拿起葉片透過陽光看一看，是否有新發現？「我發現它前面和後面顏色不一

● 摘採車前草

樣」、「前面顏色比較綠，背面比較不綠」、「平常看到的葉子中間只有一條線，車前草有很多條線」、「有五條，我洗的時候有數過」、「它的柄下面有鬚鬚」、「葉子上很多條線最後黏在一起」。幼兒不僅注意到葉子的形狀也清楚的看到車前草葉片上的五條主葉脈，及露出葉柄上的筋脈條紋。對這又稱「五筋草」的朋友模樣又多些新的認識。老師將車前草裹了麵粉，炸的香香脆脆的，幼兒覺得好吃，也好奇為什麼這個小草可以吃？是誰發現的？

● 像水滴樣的車前草

其實車前草這名字由來有個故事，老師一邊講故事，一邊邀請幼兒扮演，將三國時代戰爭時士兵馬兒生病了，將軍無意間發現馬兒吃了車前草而痊癒的草藥故事劇情演出來。故事中有將軍、士兵和馬車，還有最重要的車前草，幼兒自然的形成小組，利用肢體扮演車前草的模樣，有人手拉手圍成圈當葉子，有人高舉雙手當挺直的花序，邊聽故事、邊演故事，非常有趣！

　　認-中-2-2-3　與他人討論動植物與生活的關係

　　語-中大-2-1-1　運用肢體動作表達經驗或故事

● 聞聞車前草的味道

● 車前草葉子有五條線

● 香脆的炸車前草

● 扮演車前草的故事

● 馬兒吃車前草病好了

● 組合成車前草的模樣

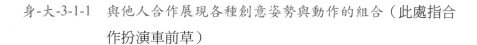

身-大-3-1-1　與他人合作展現各種創意姿勢與動作的組合（此處指合作扮演車前草）

## 2. 可以玩

### (1) 花序鬥草

幼兒玩鬥草遊戲真是樂此不疲，兩人比賽，用力一拉，看誰的花序被拉斷，誰的還能維持完整的花序模樣就算贏。藉此幼兒對車前草的特色及神奇構造有更多的認識和描述：「像仙人掌」、「有一根比較軟，一根比較硬」、「用手搓起來像電風扇」、「可以扭來扭去用來搔癢」、「線線

●鬥車前草

的地方有長白白的東西，是長長白白的，平常沒有看到」、「那中間是花，白白的是花」、「我拍拍它，會有小小像種子的東西跑出來，比種子還小」。我們決定來一場「鬥草大會」，幼兒躍躍欲試，分頭找他們認為不會被拔斷的「霸王車前草」——「要長長硬硬的」、「梗粗粗的」、「摸起來硬硬、拔不斷的」。幼兒實地到前院挑選摘取一根自己覺得很適合的車前草花序來進行鬥草大賽。兩兩一組對決，贏的可留下繼續奮戰，最後都沒有斷的就是鬥草高手。我們請冠軍分享尋找車前草和遊戲過程的訣竅，原來他的妙招就是「選長長硬硬的」，頗符合他們的經驗值。

●要選長長硬硬的花序

### (2) 葉子球

先前幼兒們因為想品嚐車前草料理，已經發現車前草葉子上有五條明

顯的「線」。老師利用這項特徵，將數片車前草葉子抽出裡面的線之後一把綁在一起，變成一顆葉子球，然後問幼兒葉子球可以怎麼玩。幼兒提議的玩法有：「可以大家輪流頂在頭上走路，看誰最厲害，都不會讓葉子球球掉下來」、「放在站起來的腳上走路，大家一起比賽，看誰可以最久」、「像毽子一樣踢」。這些古早味的玩法，再不讓幼兒玩玩體驗，就怕要失傳了。我們慶幸讓孩子有遊戲探索和享受樂趣的機會。看到他們專注的挑選製作「霸王草」贏的喜悅、輸的不怕，重頭再來，看到他們仔細小心的抽絲拔線完成葉子球，開心的表情真令人動容。

> 身-大-2-2-2　熟練手眼協調的精細動作（此處指幼兒互相將車前草花序套過彼此的花序）
>
> 身-中-3-2-1　把玩操作各種素材或器材，發展各種創新玩法
>
> 認-中-2-2-3　與他人討論動植物與生活的關係

## (二) 果實會變色的龍葵

在教室角落成立小花小草專書區後，幼兒找到一本名為《有一棵植物叫龍葵》的書，書中不但有許多龍葵細處的精緻描繪，還介紹許多功能，引起幼兒紛紛想嘗試看看。於是我們先試了書中介紹的「龍葵果實畫畫」，但是果實長什麼樣子呢？幼兒提出先前探遊的經驗「它是先紫色再變黑，有紫色的有黑色的」、「我還有看過綠色的！」顏色不同的種子有什麼不一樣？「綠色的很硬，我摸過」、「要畫畫的話，要拿黑色的，因為比較軟，才會有汁流出來」。書裡說的用這看起來黑黑的果實來畫畫，只要用手指按壓移動就可以輕易畫出漂亮的紫色線條，而移動的手指稍稍使力才能順利帶動果皮留下顏色，一個不夠再加一個。盡情作畫的當下，幼兒發現「沙沙的，用龍葵果實畫圖的時候，我有看到一顆一顆的」、「一顆一顆的就是我們上次種的種子」，用果實來作畫對幼兒來說真是一種特別又新鮮的經驗。幼兒也從其他書籍中得知綠色的果實是含有毒性

的，這也引發之後幼兒更進一步探討與花草遊戲時，須注意的安全問題。幼兒說「不認識的不要摘，搞不好有毒你不知道」、「玩完以後，要馬上去洗手才不會中毒」。

● 欣賞《有一棵植物叫龍葵》繪本

● 好想試試書中的果實畫

● 用手指壓龍葵果實畫線條

● 出現漂亮的紫色

● 線條上有一顆一顆的種子

在一本《野菜食譜》中，介紹了「龍葵粥」的料理方法，同時說明這是一道原住民節慶餐點。幼兒知道之後躍躍欲試，於是我們在為當月小壽星慶生時，烹煮並品嚐「龍葵粥」。幼兒向壽星表達祝福「天天開心」、「平平安安健健康康長大」，小壽星也表達她的快樂、感動，真是吉慶圓滿的「龍葵粥慶生會」。

　　身-中-1-3-4　覺察與辨別危險，保護自己的安全

　　美-中大-2-1-1　玩索各種藝術媒介，發揮想像並享受自我表現的樂趣

　　社-大-1-5-3　辨識生活環境中的危險，維護自身的安全

●按食譜烹煮龍葵粥　　　　　　●龍葵粥慶生會

## (三) 外號幸運草的酢漿草

　　幼兒對於酢漿草並不陌生，它的外觀特徵明顯好辨認，幼兒也常常摘取把玩。但是還有一些有關酢漿草有趣的事幼兒並不知道。吳叔叔曾介紹不同酢漿草有不同的生長方式，以及花是黃色，種子會爆開的黃花酢漿草。在校園桂花樹下我們發

●這裡有小片葉子的酢　●種子會像這樣爆開來
　漿草

現它的蹤跡，黑黑的小種子在爆開來時噴得很遠引起幼兒驚呼，這又是個大發現，回到教室仍興奮得說個不停，趁興老師讓幼兒以肢體扮演他們所見種子噴發出來的情形。在比較紫花和黃花酢漿草的差異時，幼兒以分組合作的方式，演出紫花酢漿草「在同一個地方長出來」，及黃花酢漿草「走一段路長一枝」的生長特性，很是有趣。

　　幼兒發現教室小陽臺上的花盆沒人種、沒人栽，自己就長出了一叢酢漿草，感覺好奇特噢！孩子體認到原來植物朋友也有風朋友、鳥朋友，很

多朋友來幫忙它們生長。幼兒從酢漿草的生長位置和葉片大小判斷，認出這一盆應該是紫花酢漿草。抽起酢漿草用溫水清洗後，每人分得一小片葉子和一小段莖嚐嚐看，有人說好酸、有人說甜甜的！這就是酢漿草沙拉，新鮮吧！小緁說：「我媽媽

● 這一棵是紫花酢醬草

● 嚐嚐看酢醬草葉子～好酸喔

住大陸湖南，他們叫這個是酸咪咪，因為吃起來酸酸的」，原來不同的地方，酢漿草有不一樣的暱稱。

> 語-大-2-1-1　運用肢體動作表達經驗或故事
> 語-大-2-5-4　運用訊息類文本解決問題
> 認-中大-1-2-2　觀察自然現象特徵的變化

## (四) 我們叫「貼紙葉」的構樹

　　嚴格來說，構樹其實不算是小草，只是生長在南海的構樹都只是「小苗」。這些構樹個頭矮小不說，連莖都還是綠色的，自然被幼兒納入想認識的小花小草之中。在這個方案中，小草和樹的差別並不是孩子們探索的重點，所以當看到學校旁邊有棵高大的構樹，幼兒也只當它是大朋友。

### 1. 構樹的果實不一樣

　　構樹的葉子因其表面絨毛的特性，會黏附在衣服上，所以幼兒在戶外極愛把玩，對其特徵也有很深入的覺察。「葉子還有它身上都有一點毛茸茸的」、「有時看到貼紙葉有些長得不一樣，有些尖尖的幾個，有些尖尖的很多」、「邊邊好像階梯」、「味道臭臭的」、「果實有的是圓圓的，

有的是長長的」，為什麼果實不一樣？幼兒又興起研究熱，查書、找資料、問人，最後終於有了答案，原來構樹分男生樹、女生樹兩種，果實長長的是男生，果實圓圓的是女生，多有趣呀！幼兒依此判定校外高高的大朋友（構樹）是男生喔！

語-大-2-5-4　運用訊息類文本解決問題

## 2. 和植物玩遊戲要注意什麼？

　　某日下午到戶外，幼兒發現許多片連莖帶葉的的構樹葉子被丟棄，是誰把貼紙葉丟得滿地都是，甚至連玩不到的莖部都被折斷了？幼兒合力撿拾並帶回教室，望著一堆殘枝斷葉，幼兒有些呆住，為什麼地上有這麼多構樹葉子呢？「是風吹的吧！」、「那是，手的力氣才能，不是風！」、「如果是風應該會吹得到處都是，可是那些貼紙葉都是一片一片疊好在那裡的」，幼兒接著說：「可能有人摘一摘就丟在地上」、「可能他摘錯了」、「感覺不黏就丟了」、「這樣很浪費」、「有的拔了就不再長了」。如果想要和植物做朋友玩遊戲，應該怎麼做呢？「要先想好要玩什麼，再確定你要用的植物是不是真的是那種」、「外面的不能隨便摘」、「要問主人可不可以摘」、「有些會有毒不要隨便摘」、「一直摘一直摘以後就沒有了，沒得玩了」、「摘很多，會死吧！」那麼，玩過之後該怎麼辦呢？「亂丟小朋友踩到會滑倒」、「不要丟在磁磚地上，要放回去土那邊，可以當小花小草的營養」、「像我們玩那個車前草，會有很小的種子飛出來，要先在草地上拍一拍，讓它長」。最後幼兒訂下要玩植物前需要想一想與注意的事：(1)要經過種植主人的同意；(2)要先想好要玩的遊戲（以免摘取後不知道要玩什麼）；(3)要確定那個植物是我們可以玩的、沒有毒的；(4)不能摘很多又丟掉不要；(5)要把玩過的再放回土地上。

　　這麼多被撿回連著柄的貼紙葉，要怎麼處理？「可以再利用」「可以玩，把葉子塞在褲子上當尾巴，然後有人來追、來拉」，這是不錯點子，

大家熱鬧的玩起刺激的「抓尾巴」遊戲，剩下的構樹葉子也成為幼兒玩拓印的素材，總算將這些被惡意摘下來丟棄的構樹葉子都利用到了。這件事也提醒幼兒在採集植物玩遊戲時千萬不要忘了「尊重」與「永續」兩層面的意義，在此後的探遊中，不難觀察到幼兒自主的尊重花草的行為，他們懂得把撿拾來的葉子放回樹下，也曾在玩車前草鬥草遊戲時將種子先拍到草地上，這才是珍惜、愛護植物應有的態度。

●連著柄的貼紙葉可以再利用

●適合玩抓尾巴的遊戲

社-中大-2-3-2　理解生活規範訂定的理由，並調整自己的行動

社-大-2-3-3　與他人共同訂定活動規則，遵守共同協議

社-大-3-6-1　樂於親近自然、愛護生命

身-中大-2-1-1　在合作遊戲的情境中練習動作的協調與敏捷

美-中-2-2-1　運用各種視覺藝術素材與工具，進行創作

## (五) 名字引人發笑的雞屎藤

　　幼兒玩花草遊戲其實有些來自幼兒的創意發想。如長長的雞屎藤，幼兒會兩人一組互相拔河比力氣。幼兒分享心得，覺得「它很難拔，都長在樹上，很緊」、「它很長很長」、「一條拔河容易斷，要兩條一起就不會斷了」。老師介紹這個植物叫「雞屎藤」，幼兒們聽到名字笑得東倒西

歪,趕緊聞聞手上的雞屎藤是不是有臭臭的味道。

有人提議可以拿它來做項鍊、皇冠,於是我們決定當月的慶生主題就是「花草裝扮」為當月五位小壽星慶生。在一個晴朗日子的後院,幼兒們分為五組,利用現場有的自然材料為小壽星裝扮,有的壽星有漂亮的項鍊,有的壽星有華麗的皇冠,這些雞屎藤和小花小草組成的裝扮好特別,一點都不輸給娃娃家現成裝扮服飾!

　　　身-中-3-2-1　把玩操作各種素材或器材,發展各種創新玩法

　　　身-大-3-2-1　與他人合作運用各種素材或器材,共同發展創新玩法

　　　美-中大-1-1-1　探索生活環境中事物的美,體驗各種美感經驗

## (六) 可以玩射擊遊戲的咸豐草

### 1. 鬼針草又叫咸豐草

南海後院的水池旁,有一叢茂密的咸豐草,季節到時開著漂亮的白花,迎風搖曳,南海的孩子會摘取它的種子玩射擊遊戲。因為鬼針草的種子會黏在對方的衣服上,有無窮的樂趣。這雖然是南海的孩子代代流傳的遊戲,但是「咸豐草」這名字並沒有被流傳下來,而被拿來玩射擊的是咸豐草的哪個部分,也沒有人知道,只覺得這個叫「鬼針草」的植物非常好玩,一丟就黏在衣服上了。幼兒表示:「我還是喜歡叫它鬼針草,比較記得住!」、「被鬼針草刺到會痛痛的,有一次從衣服刺進去,我覺得痛痛的」、「有時候很難拿下來」、「有黑黑的那種比較難拿,如果是綠綠的那種,一拿就拿下來了」。真的嗎?為什麼?幼兒查閱專書區的書,知道綠綠的鬼針草會慢慢變黑,變黑的比較刺,黏到衣服就不容易拿下來了,幼兒反覆將自己的體驗與書面資料做對照,引起更深入探究的興趣及翻閱查詢書籍的動機。

　　　語-大-2-5-4　運用訊息類文本解決問題

## 2. 還可以染布喔！

龍葵果實為幼兒帶來奇特的作畫經驗，也感受到顏色的神奇力量，當幼兒知道咸豐草可以染布，紛紛躍躍欲試，後院一大片的咸豐草正可滿足幼兒的需求，大家迫不及待的進行咸豐草染布計畫。

老師示範用不同的綁紮方法經過染料後呈現不同花紋，幼兒們好驚喜，非常期待自己動手的結果。畫好步驟設計圖後，利用工具依圖綁紮胚布頭巾、放入老師煮好的咸豐草汁中煮染，加入染媒劑、再放入清水沖洗，在老師的協助下，將綁紮好的布放入咸豐草汁裡煮 20 至 30 分鐘。煮好放涼的布巾最後放入加水稀釋過的染媒劑中，把顏色固定在布料上，放

● 到後院蒐集咸豐草

● 用剪刀將咸豐草剪成小段

● 用繩子綁紮棉布

● 熬煮咸豐草染液

● 我的方巾染出圓形花樣

置 20 至 30 分鐘，就可拿起用清水沖洗，花樣不同獨一無二的方巾大功告成，幼兒愛不釋手很珍惜，覺得植物朋友的功能可真不小呢！

認-大-2-3-3　與他人討論生活物件與生活間的關係

身-中大-1-2-1　覺察各種用具的安全操作技能

身-中大-2-2-1　敏捷使用各種素材、工具或器材

身-中-2-2-2　綜合運用抓、握、扭轉、揉、捏的精細動作

美-大-1-2-1　探索生活環境中事物的色彩、形體、質地的美，感受其中的差異

| 老師的引導／幼兒的表現 | 學習指標 |
|---|---|
| (一) 葉子像水滴形狀的車前草<br><br>1. 可以吃<br>部分幼兒因為先前中班的舊經驗，分享了車前草的美味，引起其他幼兒興致。是誰發現車前草可以吃的呢？老師一邊講著故事，一邊請幼兒以分組方式合作演出。<br>2. 可以玩<br>鬥草：討論分享什麼樣的車前草花序容易贏得比賽。<br>葉子球：將車前草葉子綁紮成球，幼兒們發揮創意，想想可以怎麼玩。 | 認-中-2-2-3　與他人討論動植物與生活的關係<br>語-中大-2-1-1　運用肢體動作表達經驗或故事<br>身-大-3-1-1　與他人合作展現各種創意姿勢與動作的組合（此處指合作扮演車前草）<br>身-大-2-2-2　熟練手眼協調的精細動作（此處指幼兒互相將車前草花序套過彼此的花序）<br>身-中-3-2-1　把玩操作各種素材或器材，發展各種創新玩法 |
| (二) 果實會變色的龍葵<br>介紹龍葵的特徵，其中拿果實來畫畫引起幼兒興趣。在採集果實時，知道青色果實帶有毒性，也提出「玩過小花小草應該要洗手」的方法保護自己。 | 美-中大-2-1-1　玩索各種藝術媒介，發揮想像並享受自我表現的樂趣<br>社-大-1-5-3　辨識生活環境中的危險，維護自身的安全 |

| 老師的引導／幼兒的表現 | 學習指標 |
|---|---|
| (三) 外號幸運草的酢漿草<br>幼兒注意到書中提到酢漿草的種子經碰觸會彈跳爆開，對此很好奇，於是我們遍尋校園，找到酢漿草的種子，體驗「種子爆開」是什麼意思。<br>放置教室窗臺的盆栽，長出許多酢漿草，幼兒觀察特徵，判斷是會開紫花的酢漿草。 | 語-大-2-1-1　運用肢體動作表達經驗或故事<br>語-大-2-5-4　運用訊息類文本解決問題<br>認-中大-1-2-2　觀察自然現象特徵的變化 |
| (四) 我們叫「貼紙葉」的構樹<br>1. 構樹的果實不一樣<br>校園旁巨大的構樹，明顯與南海裡的小型構樹不同。經幼兒查閱資料找到解答。<br>2. 和植物玩遊戲要注意什麼？<br>在戶外發現成堆被摘落的構樹樹葉及莖幹，老師和幼兒們討論這些構樹樹葉為什麼會出現在地上？幼兒們討論並約定玩小花小草遊戲應該要遵守的約定，及進行藝術創作。 | 語-大-2-5-4　運用訊息類文本解決問題<br>社-中大-2-3-2　理解生活規範訂定的理由，並調整自己的行動<br>社-大-2-3-3　與他人共同訂定活動規則，遵守共同協議<br>社-大-3-6-1　樂於親近自然、愛護生命<br>身-中大-2-1-1　在合作遊戲的情境中練習動作的協調與敏捷<br>美-中-2-2-1　運用各種視覺藝術素材與工具，進行創作 |
| (五) 名字引人發笑的雞屎藤<br>幼兒在戶外探遊時，老師從樹叢中拔出一條好長的植物（雞屎藤），問幼兒可以玩什麼？有人提議玩拔河，還有人說可以做項鍊。幼兒利用雞屎藤和其它自然素材為當月小壽星裝扮，五位壽星有五種造型，豐富又特別。 | 身-中-3-2-1　把玩操作各種素材或器材，發展各種創新玩法<br>身-大-3-2-1　與他人合作運用各種素材或器材，共同發展創新玩法<br>美-中大-1-1-1　探索生活環境中事物的美，體驗各種美感經驗 |
| (六) 可以玩射擊遊戲的咸豐草<br>1. 鬼針草又叫咸豐草<br>幼兒常摘鬼針草的種子彼此相互丟著玩，對於「咸豐草」這個學名反而沒有感覺，倒是對它綠色的種子、黑色的種子有不同的察覺。 | 語-大-2-5-4　運用訊息類文本解決問題<br>認-大-2-3-3　與他人討論生活物件與生活間的關係<br>身-中大-1-2-1　覺察各種用具 |

| 老師的引導／幼兒的表現 | 學習指標 |
|---|---|
| 2. 還可以染布喔！<br>咸豐草可做染布顏料？當漂亮的染色方巾完成時，幼兒對植物功能又進一步的認識。 | 的安全操作技能<br>身-中大-2-2-1　敏捷使用各種素材、工具或器材<br>身-中-2-2-2　綜合運用抓、握、扭轉、揉、捏的精細動作<br>美-大-1-2-1　探索生活環境中事物的色彩、形體、質地的美，感受其中的差異 |

## 五、如何介紹南海的小花小草？

　　幼兒們對園裡的小花小草植物朋友有過親密接觸後，很希望可以與他人分享這些好玩有趣又很厲害的小花小草。和誰分享？如何分享介紹呢？孩子們興致勃勃的準備進行另一計畫。

### (一) 母親節慶祝活動

　　幼兒第一個想要分享的人自然是自己的家人，適逢母親節到了，為了要幫媽媽慶祝母親節，幼兒的重頭戲就是與媽媽、阿嬤分享關於小花小草的事情，以及一起玩小花小草的遊戲。

　　幼兒們積極參與討論，提出了車前草、酢漿草的鬥草遊戲、雞屎藤的拔河遊戲，還有摘取各式各樣小花小草，為媽媽編花冠、也可自創玩法等……。這些都是幼兒平時玩慣的，透過與家人分享和互動的過程，除了讓幼兒向家人表達感謝之外，也幫助幼兒整理自己學習的歷程，以及對於小花小草的認識。

　　以往都是家人照顧孩子，母親節當日則是幼兒負責接待、牽著、引領家人在校園裡巡走。幼兒細述介紹他們的植物朋友，摘取小花小草玩遊

戲。參與的家長對於孩子的表現非常驚喜、感動也了解幼兒「玩中學、做中學」的道理。

　　身-中大-2-2-1　敏捷使用各種素材或器材

　　身-小-2-2-2　操作與運用抓、握、扭轉的精細動作

　　身-大-2-2-2　熟練手眼協調的精細動作

　　社-中大-3-3-2　尊敬長輩，喜愛與感謝家人

　　語-大-2-2-3　在團體互動情境中參與討論

## (二) 我們要做小花小草的書

　　教室陳列的「小花小草專書區」在幼兒的學習歷程中也占了重要角色，發揮一定的功能，幼兒直覺的認為我們也可出書，把我們好玩的事告訴更多人。大家集思廣益作一本書，你出一點意見，我說一點想法，很快就有一個大概的方向。內容要放小花小草：吃的事、玩的事、要注意的事、在南海哪裡可以找到、它長的樣子、摸起來的感覺和聞起來的味道。老師問要怎麼去作呢？「要分工合作」、「一組一組商量」、「可以讓人把照片放地上分一組一組的，看你想要的小花小草就當那一組」、「把你要講的事情畫下來，像玩鬥草，就畫兩隻手在拉花序這樣」。幼兒比手畫腳把過去的經驗表達出來，雖然已有共識要採用「分組」的方式，到底要怎麼分組比較適合？最後決議以小花小草的名字分組分工最清楚。但是文字的部分呢？文字說明部分則採幼兒敘述、老師協助記錄的方式完成。大家同心合力製作小花小草的小書。

　　語-中大-1-7-2　知道能使用文字記錄與說明

　　社-中-2-2-3　依據活動的程序與他人共同進行活動

　　社-大-2-2-3　考量自己與他人的能力和興趣，和他人分工合作

　　語-大-2-7-2　創作圖畫書

1. 龍葵組的幼兒未顧慮到畫畫的方向而各自從自己的方向畫了起來，

以至於產生有些畫面顛倒的狀況，怎麼辦？其他組幼兒發現龍葵組的圖案正好平均分派在畫紙的上下左右四塊，於是他們認為「對折沿著線可以翻來翻去」、「這兩張訂在一起貼在一張紙上」、「這樣就變成很特別的書」。

2. 接著在構樹、車前草、酢漿草的畫上，也發現同樣有方向不一致的狀況。但是這次如果也一樣用折的方法會影響畫面，所以幼兒產生另一種應變方法：「剪邊緣」、「剪下來再貼在同一個方向上」。

3. 書中要說明的文字應該要放在哪裡？「空白的地方」、「再加一張紙專門放字」、「看字幾號，貼在後面」、「字小的，貼在圖空白的地方」、「用有號碼、字貼在後面」、「這樣的方法方便，因為一翻就看到」。

4. 還有空白的地方？「要寫字」、「寫它長的樣子」，幼兒覺得除了照片外還要以文字說明植物長的樣子，這樣閱讀的人會更清楚。於

●仔細觀察車前草

●在小山丘上寫生

●車前草寫生之一

●車前草寫生之二

●車前草寫生之三

是幼兒腦力激盪，將這段期間與小花小草相處之後的認知與體驗以口語表達來詮釋它們的風姿與模樣。這是幼兒的真實感受與發現。

認-中-1-1-2　辨識兩個物體位置間上下、前後、裡外的關係

認-大-1-1-2　以自己為定點，辨識物體與自己位置間的上下、前後、左右的關係

語-中大-1-7-2　知道能使用文字記錄與說明

社-大-2-1-3　適時調整自己的想法與行動，嘗試完成規劃的目標

## (三) 小花小草歌舞劇

學期進入尾聲，畢業典禮即將到來，我們經過商量想將這學期玩的小花小草遊戲，利用肢體扮演情境故事呈現在典禮上。我們玩的小花小草哪些適合在舞臺表演？要呈現哪些構想？「玩咸豐草」、「演故事，玩遊戲」、「要拿綠綠的鬼針草」、「車前草鬥草、演兩人在拉」、「雞屎藤玩拔河、兩個連在一起演長長的雞屎藤、要有人演樹，雞屎藤要繞在上面」。經過幾天的構思與計畫安排，大家選定鬼針草、車前草、雞屎藤這三種小花草的遊戲為表演內容，劇中分別想要傳達三者的代表意義。如鬼針草在丟玩之際是要展現其沾黏的特性；展現車前草鬥草遊戲的樣子；長長的雞屎藤纏繞在樹上，互拉拔河中展現藤蔓的韌性；最後還要記得將玩

● 這是很長的雞屎藤

● 雞屎藤纏繞在樹上～小花小草歌舞排練

過的花草再埋入土裡好變成肥料的
永續意念。

原本幼兒認為「小草」的歌曲
可以當音樂，但是搭配時總讓人覺
得格格不入，因此另外挑三首配樂
讓幼兒欣賞，最後幼兒依劇情的感
覺找到適合音樂。表演時的舞臺服
裝及道具都是由幼兒一起動手幫忙

● 畢業典禮上的小花小草歌舞劇

製作，幼兒還合力完成了三張大幅大花大草的水彩布景。我們要將玩小花
小草的快樂與發現向大家分享並傳達尊重關懷與適當利用自然的觀念。

語-中大-2-1-1　運用肢體動作表達經驗或故事

身-大-3-1-1　與他人合作展現各種創意姿勢與動作的組合

美-中大-3-2-2　欣賞音樂創作，描述個人體驗到的特色

美-大-2-2-1　運用各種視覺藝術素材與工具的特性，進行創作

| 老師的引導／幼兒的表現 | 學習指標 |
| --- | --- |
| (一) 母親節慶祝活動<br>幼兒想要和他人分享他們的學習經驗。適逢母親節，幼兒邀請家人來園，向家人介紹植物朋友及各類玩法，藉此統整幼兒的學習概念。 | 身-中大-2-2-1　敏捷使用各種素材、工具或器材<br>身-小-2-2-2　操作與運用抓、握、扭轉的精細動作<br>身-大-2-2-2　熟練手眼協調的精細動作<br>社-中大-3-3-2　尊敬長輩，喜愛與感謝家人 |

| 老師的引導／幼兒的表現 | 學習指標 |
|---|---|
| **(二) 我們要做小花小草的書**<br><br>幼兒想將他們對南海小花小草的認識集結成一本書。從討論書要加入哪些內容？如何分組分工？遇到困難、問題如何解決？大家合作畫出了問題該怎麼辦？不會寫文字說明？說明的字要寫在哪裡？都是幼兒透過團體協商共同訂定和執行。 | 認-中-3-1-1　參與討論解決問題的可能方法並實際執行<br>社-中-2-2-3　依據活動的程序與他人共同進行活動<br>社-大-2-2-3　考量自己與他人的能力和興趣，和他人分工合作<br>認-中-1-1-2　辨識兩個物體位置間上下、前後、裡外的關係<br>認-大-1-1-2　以自己為定點，辨識物體與自己位置間的上下、前後、左右的關係<br>社-大-2-3-1　因應情境，表現合宜的生活禮儀<br>語-中大-1-7-2　知道能使用文字記錄與說明<br>語-大-2-7-2　創作圖畫書 |
| **(三) 小花小草歌舞劇**<br><br>師生討論畢業典禮的表演內容時，幼兒提出可以把我們知道的小花小草遊戲「演」給大家看，於是選出三個花草遊戲，以平時遊戲的經驗，編成簡單的劇情。此外，音樂挑選的部分，則在欣賞不同樂曲的曲風，再經由賞析分享感覺之後做組合搭配，終於完成這齣歌舞劇的配樂。 | 語-中大-2-1-1　運用肢體動作表達經驗或故事<br>身-大-3-1-1　與他人合作展現各種創意姿勢與動作的組合<br>美-中大-3-2-2　欣賞音樂創作，描述個人體驗到的特色<br>美-大-2-2-1　運用各種視覺藝術素材與工具特性，進行創作 |

伍 流程圖

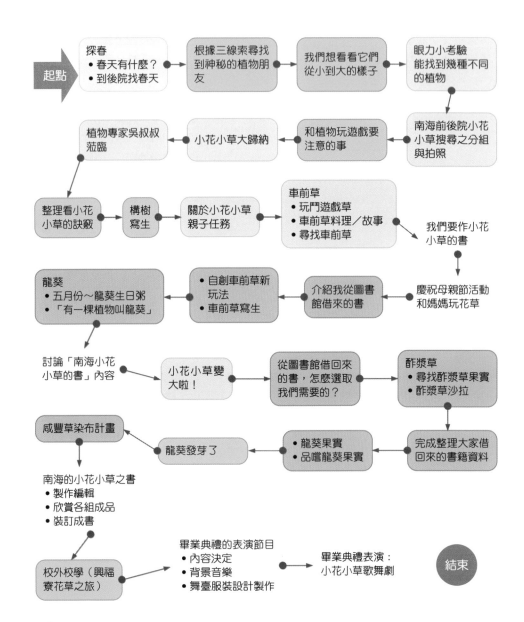

陸 主題事後網

語-中-2-2-2 能以清晰的口語表達想法
語-大-2-2-2 針對談話內容表達疑問或看法

認-幼-1-2-1 觀察動植物的特徵
認-小-2-2-2 比較動植物特徵間的異同

**長得不一樣**　　**尋找神祕禮物朋友**

語-大-1-1-3 懂得簡單的比喻
語-大-2-2-2 針對談話內容表達疑問或看法
認-小-2-2-2 比較動植物特徵的異同

認-中-1-2-3 以圖像或符號記錄自然現象的多項訊息
美-中大-2-2-2 運用線條、形狀或色彩,進行創作

認-中大-1-2-1 觀察動植物的生長變化
情-中-1-1-2 辨別自己的同一種情緒有程度上的差異
情-大-1-1-2 辨識自己的同一種情緒在不同情境中會出現程度上的差異

**邀請植物專家**　　**收集小花小草的書**

**從小到大的樣子**

語-中大-1-4-2 知道能使用圖像記錄與說明
語-中大-1-7-2 知道能使用文字記錄與說明
語-中-2-2-2 能以清晰的口語表達想法
語-大-2-2-2 針對談話內容表達疑問或看法
語-大-2-5-4 運用訊息類文本解決問題
認-中-1-2-3 以圖像或符號記錄自然現象的多項訊息
認-小-2-3-1 依據生活物件的特性與功能歸類
認-大-2-3-3 與他人討論生活物件與生活的關係

**小花小草長的樣子**

**再看仔細一點**

**想知道小花小草的書**

**小花小草在哪裡?**

**和小花小草玩遊戲**

認-幼-1-2-1 觀察動植物的特徵
社-中-2-2-1 表達自己並願意聆聽他人想法

身-中大-1-2-1 覺察各種用具的安全操作技能
身-中大-2-2-1 敏捷使用各種素材或器材
身-小-2-2-2 操作與運用抓、握、扭轉的精細動作
身-中-2-2-2 綜合運用抓、握、扭轉、揉、捏的精細動作
身-大-2-2-4 熟練手眼協調的精細動作
身-大-3-1-1 與他人合作展現各種創意姿勢與動作的組合
身-大-3-2-1 把玩操作各種素材或器材,發展各種創新玩法
身-大-3-2-1 與他人合作運用各種素材或器材,共同發展創新玩法
語-中大-1-7-2 知道能使用文字記錄與說明
語-大-2-5-4 運用訊息類文本解決問題
認-中-1-2-2 觀察自然現象特徵的變化
認-中-2-2-3 與他人討論植物與生活的關係
社-小-1-5-3 辨識生活環境中的危險,維護自身的安全
社-中大-2-3-2 理解生活規範訂定的理由,並調整自己的行動
社-大-2-3-3 與他人共同訂定活動規則,遵守共同協議
社-大-3-6-1 樂於親近自然、愛護生命
美-中-2-2-1 運用各種視覺藝術素材與工具,進行創作
美-中大-2-2-5 運用動作、玩物或口語進行扮演

**南海的前、後院**

認-幼-1-2-1 觀察動植物的特徵
認-中大-2-2-1 依據特徵為自然現象分類並命名
認-中大-2-2-2 與他人討論自然現象特徵間的關係
語-中-2-2-2 以清晰的口語表達想法
語-大-2-2-2 針對談話內容表達疑問或看法
語-中-2-2-3 在團體互動情境中開啟話題、依照輪次說話並延續對話
語-大-2-2-3 在團體互動情境中參與討論

**南海的小花小草有哪些?可以做什麼?**

**介紹南海的小花小草**

**照片大歸納**

身-中大-2-1-1 在合作遊戲的情境中練習動作的協調與敏捷
身-小-2-2-2 操作與運用抓、握、扭轉的精細動作
身-大-2-2-2 熟練手眼協調的精細動作
社-中大-3-3-2 尊敬長輩,喜愛與感謝家人

語-中大-2-1-1 運用肢體動作表達經驗或故事
美-中-2-2-5 運用動作、玩物或口語進行扮演
美-中大-3-2-2 欣賞音樂創作,描述個人體驗到的特色
身-大-3-1-1 與他人合作展現各種創意姿勢與動作的組合

語-中大-1-7-2 知道能使用文字記錄與說明
認-中-1-1-2 辨識兩個物體位置間上下、前後、裡外的關係
認-大-1-1-2 以自己為定點,辨識物與自己位置間的上下、前後、左右的關係
認-中-3-1-1 辨識與討論解決問題的可能方法並實際執行
社-中-2-2-3 依據活動的程序與他人共同進行活動
社-大-2-2-3 考量自己與他人的能力和興趣,和他人分工合作

**母親節活動**　　**小花小草歌舞劇**　　**南海的小花小草之書**

303

柒 評量與成效

在經歷了「和小花小草玩遊戲」方案後，幼兒們的總體評量成果：

## 一、覺知辨識

從幼兒在小花小草最初的體驗到最後的過程中可以看到他們在蒐集自然訊息，進而整理、理解自然訊息，到最後幼兒自行統整自然訊息中的關係與發現，這樣的歷程也看到幼兒在覺知辨識能力上的成長，例如在不同時間的遊戲探索之後，幼兒們發現，當太陽很大的時候，酢漿草的葉子總是呈現下垂狀，但是當陰天或是午後接近放學時間，酢漿草的葉子就是伸展開來的。

本方案歷程中，幼兒們也接觸了不少訊息類文本，為了解決他們的問題，而分別到圖書館蒐集大量訊息，並從中整理、篩選出可用的部分，考驗幼兒對於整體問題的了解之外，更看得出幼兒對於訊息類文本的理解程度，以及如何運用等。

## 二、表達溝通

幼兒在與花草遊戲的同時，自然也會觀察小花小草的特徵，而有他們獨特的想法，因此在花草遊戲過後，不論是在團體中的分享、同儕間的言語互動，或是小組中溝通協商的過程，都提供他們語言表達的機會，在過程中，可以看到幼兒對於語言運用與理解的能力。

幼兒們除了用語言表述對於小花小草的想法和感受，有些時候更以肢

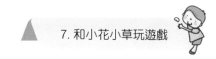

體展現他們的別具創意，特別是幼兒想描述小花小草在動態上的特徵，例如他們體驗、觸碰酢漿草種子時，四散爆發時的情況。

## 三、關懷合作

　　在進行「和小花小草玩遊戲」的方案課程中，老師其中之一的目標便是希望幼兒喜愛親近自然，而親近自然不用來自遠處山林，可以從幼兒的身邊開始，過程中當然有許多拔取小花小草遊戲的情況，這原是違背「禁止攀折花木」原則，但是在人類難以避免從自然取材以生活的現代，老師希望幼兒先從對身邊的環境感興趣，然後喜愛，自然便會衍生出關懷珍惜的情感。剛開始幼兒對於看中意的小花小草，都隨意的摘取，到了解它們，與它們產生感情，除了在玩遊戲前先將花序裡的種子拍落土地，玩遊戲後主動撿拾並堆放至樹下當作植物的養分，在之後更進一步討論出摘取花葉的原則，便可以理解幼兒喜愛親近自然之外，也同時在以他們能做到的方式愛護珍惜花草。

　　在幼兒的學習中，如何與同儕互助合作是不可或缺的一環。在這個方案中，幼兒要分組合作尋找出南海全園的小花小草，孩子們要協商園區的劃分和工作內容，這部分也只是讓幼兒初探所謂「分組合作」的意義，以觀察他們在小組中的狀況。到了課程的最後，幼兒們決定將他們對於小花小草的探索歷程中，有趣、想分享的事情整理成一本書。這次的分工合作幼兒們就要協商，並達成共識以完成目標，自然就能更細緻的觀察出幼兒們分組合作的能力。同時在這樣的歷程中，也可以呈現幼兒溝通與協商，以及自我調整的部分，而這樣的核心素養是屬於表達溝通，可見在統整性的課程下，教師可以藉由不同的教學歷程和活動模式，從不同的角度和多元的情境中，更詳實且全面的觀察幼兒的表現。

## 四、推理賞析

　　在前、後院尋找小花小草，拍下照片之後，幼兒們開始比較植物間特徵的異同，再以他們現階段對於小花小草的認識進行分類、命名，這樣的過程可以看出幼兒如何理解他們蒐集到的訊息，從而找出訊息間的關聯。例如原本幼兒將所有擁有白色絨球、黃色小花的植物，誤認為蒲公英，但是經過了課程活動的歷程，覺察光以外觀、顏色來判別植物是不足的，還需要有額外的判斷資訊才行。此外，在幼兒最後製作的書中，將想介紹的事情分類為「可以吃的」，「可以用的」、「可以玩的」等，也能說明分類的內容和種類，他們知道這些全部都是南海存在的小花小草，並且也找出小花小草與他們（人）之間的關係。

　　幼兒們在南海後院探遊的過程中，發現明顯被攀折後遺落在地上的構樹葉子和樹枝，幼兒們藉由一些線索，例如這些構樹樹葉還連著部分枝條，並且枝條斷折處顯得錯落不齊，同時因為葉子是一疊整齊堆疊的，認為如果是風吹落的，應該會四散各處，所以推論出這是有人故意攀折後放置在此的，老師也從類似這樣的觀察與和幼兒的對話中，觀察幼兒邏輯推理的成熟度。

## 五、想像創造

　　幼兒們從蒐集到的資料中得知，龍葵的紫色果實可以按壓出顏色和線條，引發他們想運用龍葵種子創作的慾望，以種子為畫筆是一項有趣的經驗，當探索到一個程度，幼兒發展出搭配不同素材作創作，便是他們想像力的延伸。最後畢業典禮上，幼兒們想呈現符合自己想法的舞臺，希望讓臺下遠遠的觀眾都能看得到，在如何呈現巨大化的花草上，幼兒們都有各自有不同的繪畫呈現。

在慶生會中，幼兒取用園內的自然素材，尋找適合的花草圍成頭冠，利用他們尋找的花葉草枝裝扮頭冠，可以看出幼兒如何運用各種小花小草的特徵，在頭冠上呈現幼兒的創意。

在老師講著車前草的故事，幼兒一邊以肢體發揮想像，一邊重現故事中的情景，例如扮演生病士兵或是苦惱的將軍，甚至非人物類的馬車和車前草等，所有故事中出現的人事物，都由幼兒們以肢體扮演。不同的角色扮演讓幼兒有機會表現個人的創意和動作，老師也更有機會了解個別孩子的核心素養發展。另外，在畢業典禮上，幼兒們將手牽在一起，認為這樣很適合扮演長長的雞屎藤，或是搭配音樂創作咸豐草種子沾黏的動作等，也都提供老師在不同情景中評量的機會。

## 六、自主管理

在幼兒與花草玩遊戲的過程中，可以看到他們在大、小肌肉發展的情況，例如幼兒們拿著雞屎藤玩拔河遊戲，就有雙手手臂抓握、大腿微蹲、身體傾斜但又須維持平衡並使勁的動作，有時也許還會有移動的動作，這樣複雜的一連串動作，同時也能看出幼兒協調身體的控制力。另外，車前草花序比力氣的遊戲，就需要幼兒能拔取有點難度的車前草花序，並圈成圈，或是穿過對方的車前草花序，在比力氣的過程中用手指捏住花序用力拉，都呈現幼兒精細動作的狀態。

幼兒們在無故被摘取的構樹葉事件後，經過討論，大家說出想法和觀感，達成玩花草遊戲的共識和規則，這些約定規則的理由也都經由幼兒辨證理解後才決定，在這之後，老師就能經由每次的花草遊戲以及與幼兒的談話中了解幼兒能否調整自己的想法和行為，以遵守同儕間的約定規則。

捌　省思

　　「和小花小草玩遊戲」這個方案，有極重的比例是在戶外探索這一部分。老師的主要目標不在背誦花草植物的名稱或特徵，而是藉由花草遊戲慢慢引領幼兒進入自然環境的探索，引發他們的好奇心，進而觀察小花小草的特徵、比較小花小草間的差異，並查閱相關的書籍，用小花小草進行遊戲，與之互動，如此一來，更能進一步引發幼兒對於環境的親近與愛惜。幼兒從過程中學習了與小花小草互動的方法，建構了與小花小草互動的能力，保有了學習的動機，從而自主地想了解更多關於這些小花小草的事情。

　　在「和小花小草玩遊戲」的方案前期，老師提供幼兒許多和小花小草親近的時間，介紹許多花草遊戲取代單方面知識的傳遞。此時幼兒的學習，「玩」（動手操作，直接經驗）比「知識」更重要，在「玩」的同時，幼兒就逐步增進大、小肌肉穩定與協調的能力，「玩」過之後的體驗分享或自創遊戲，在於累積幼兒表述情感或事件的經驗，同時也提供他們創意發想的機會。所以老師在安排「玩」這件事，並非任由幼兒自行玩樂而已，「玩」之前必須有所規劃，「玩」什麼？如何「玩」等，「玩」過之後更要引導幼兒分享，進而延續他們「玩」過之後的經驗。

　　幼兒「玩」到一個階段，就不再滿足於光是「玩」，於是老師必須適時提供新經驗，配合幼兒對小花小草「玩」出來的問題和疑問，引導幼兒開始以探詢專家、查閱書籍、參觀等方式，解決他們內心的好奇。幼兒由內而發的想知道「如何求得想知道的事情」，彼此討論、發想，老師從旁協助幼兒一一實踐他們的「探究」之路。老師提供機會將每一個幼兒提出的方法都試過，並且規劃其中適合深入的內容，而這些探詢而來的知識則

要經由幼兒實際的體驗來習得。所以老師將幼兒們蒐集整理出來的資料，轉化為可以體驗、操作的活動，又從這些一個一個有趣的活動中，將幼兒的學習經驗拓展延伸出去。

這樣的學習歷程讓小花小草在幼兒的生活中活靈活現，展現十足的生命力，也讓幼兒自然的產生喜愛與感情，萌發愛護環境與珍惜環境的情感。小花小草是幼兒們校園生活的一部分，就在他們身邊，往常可能不曾注意，現在幼兒體會它們的有趣和美好，便會希望它們長久的存在。有了這樣的情感基礎，老師便能引導幼兒思考與討論愛護環境的議題；之後幼兒遊戲時，雖然需要摘取花草，但是也發展出一套「永續」的規則，人與自然如何和平共存，此時已經在幼兒們的心中埋下了希望的種子。

課綱的精神在於培養幼兒核心素養的表現，而非注重知識的背誦或是技能的精熟，並且任何一項核心素養的表現都難以靠分割領域的學習來達成。此外許多較高層次的能力，都需要前期一段時間的累積和鋪陳。例如「親近自然、愛護生命、節約資源」，以「和小花小草玩遊戲」方案中，如果沒有前期和花草足夠的遊戲親近、累積探索經驗，幼兒只是被告知不得攀折花木，卻不明白原因，更難以發展出「我需要才適當取用」的觀念。所以老師在規劃課程時，最大的挑戰就在讓活動使幼兒產生能延伸的能力，因此老師要以統整的角度設計課程，並試著引領幼兒往較深層次的方向前進。

 可參考的資源

1. 校外教學：社區內的構樹群、臺北市植物園、興福寮自然農場。
2. 書籍資料：《都會野花野草圖鑑》、《有一棵植物叫龍葵》、《野草》、《野菜料理》。
3. 植物專家：在臺北市植物園任職的吳維修叔叔。

# 8 拓印真有趣

王珊斐

壹 方案緣起

　　開學之初，當幼兒對自己的班級成員與環境已漸漸熟悉後，老師將活動場域拉到教室外，藉此讓幼兒認識學校的學習環境。當介紹園內公共空間之一的自然觀察區，老師配合學習區裡提供的認識校園樹木活動，以平面海報介紹幼兒認識校園裡頗具特色的樹時，當下老師突然臨機一動──與其在室內玩設計好的活動，不如直接帶著幼兒用教室裡現有的蠟筆來玩玩畫樹皮的遊戲；藉由動手操作讓幼兒實際體驗，並觀察後續會產生什麼樣的火花。

　　幼兒探索校園後相互分享探索的結果，過程中，幼兒間的互動激發出許多想法。中班的小翃說「樟樹是一塊一塊的」，同樣是中班的樵樵也能清楚敘述自己仔細觀察後的發現：「凸起來的地方很難塗，會畫不到，凹下去的地方比較好畫」。大班阿鑫聯想到樵樵所指的凹凸部分「就像硬幣」，老師接著追問：「你是說凸起來的地方不容易畫嗎？」鼓勵阿鑫試著將自己的想法能夠說得更詳細，他立刻回應道：「我覺得是相反，凸起來的地方會更清楚，凹下去的地方會比較平」。

　　當時老師心裡的預設目標認為這個小小活動只是延伸性的初探，所以在這階段每個人不一定都要表達想法，且對大部分的幼兒來說（尤其是中班），此時適應「上學」比理解「上課內容」更重要。探索後簡單的分享歷程中，並非每個幼兒都有發表，但是這個歷程大家都有參與，即便是沒有發言的幼兒，對於同儕的發表內容，老師假設大家都有達到暫時性理解或是認同分享內容的共識。於是，暫以目前的討論經驗為基礎，做為方案發展的可能性方向參考。接下來，老師仍必須繼續提供他們更多的探索與操作經驗，才有發現、認識與欣賞生活周遭中所存在不同訊息的機會。

貳 學習目標

1. 發現並主動探索生活環境中的形與特徵。
2. 欣賞生活周遭中由不同線條、形狀與色彩構成的圖案之美。
3. 從自己或他人不同作品構圖中，編創具故事性的主題，賦予藝術作品有生命力的詮釋內容。

參 主題概念網

老師根據幼兒的興趣與引發的問題，而預先規劃方案未來可能的探究方向，因此產出了下列的概念網：

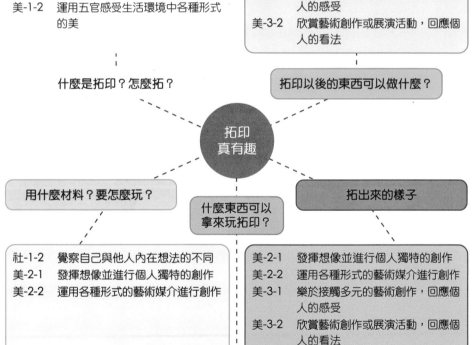

認-1-2 蒐集自然現象的訊息
認-2-2 整理自然現象訊息間的關係
語-1-4 理解生活環境中的圖像符號
語-2-5 運用圖像符號
美-1-2 運用五官感受生活環境中各種形式的美

認-3-1 與他人合作解決生活環境中的問題
語-2-4 看圖敘說
社-3-1 喜歡自己，肯定自己
美-3-1 樂於接觸多元的藝術創作，回應個人的感受
美-3-2 欣賞藝術創作或展演活動，回應個人的看法

什麼是拓印？怎麼拓？

拓印以後的東西可以做什麼？

拓印真有趣

用什麼材料？要怎麼玩？

什麼東西可以拿來玩拓印？

拓出來的樣子

社-1-2 覺察自己與他人內在想法的不同
美-2-1 發揮想像並進行個人獨特的創作
美-2-2 運用各種形式的藝術媒介進行創作

美-2-1 發揮想像並進行個人獨特的創作
美-2-2 運用各種形式的藝術媒介進行創作
美-3-1 樂於接觸多元的藝術創作，回應個人的感受
美-3-2 欣賞藝術創作或展演活動，回應個人的看法

認-1-2 蒐集自然現象的訊息
認-2-2 整理自然現象訊息間的關係
社-2-2 同理他人，並與他人互動
美-2-2 運用各種形式的藝術媒介進行創作

 **肆 探索過程**

從最初幾個幼兒對「畫」樹皮的經驗分享，知道幼兒有一些體驗與發現，但也顯現出有部分概念需要討論和釐清。老師思考如何提供幼兒有更多的機會，能夠從操作中累積經驗，包括：

1. 怎麼樣才能成功把東西的樣子拓印下來？和筆的粗細有沒有關係？
2. 什麼樣的東西可以用來玩拓印？學校裡和教室裡有哪些地方適合拓印？
3. 不同東西所拓印出來的樣子是什麼？
4. 可以用哪些方法把東西的紋路留下來？
5. 拓印後留下的圖案可以拿來做什麼？

● 用手觸摸樹皮是什麼感覺？再用蠟筆、紙將樹皮拓印下來！

接下來，將用圖文方式呈現，與幼兒一起探索「紋路之美」的學習歷程。

# 一、如何拓：成功拓印的方法？

## (一) 拓出來的紋路看不清楚，和筆的粗細有關係嗎？

　　幼兒從畫樹皮活動延伸出一個暫時性想法～他們認為樹皮的圖案不清楚是因為在畫的時候「**用的蠟筆太粗**」，所以他們決定選擇比較「細」的旋轉蠟筆和鉛筆，再去畫一次後院的樹皮。結果這次畫出來的樹皮仍然不太清楚，幼兒紛紛說出自己的發現：「*旋轉蠟筆前面是尖尖的，所以會畫出一條一條的*」、「*看起來亂亂的，看不出來樹皮的紋路*」、「*筆尖尖的會把紙刺破*」。老師也將前後兩次的作品放在一起，試著比較兩種不同粗細的筆所畫的樹皮，乍看之下，感覺好像都很像，似乎沒有多大差異。不過，再請幼兒仔細觀察與比較，當使用不同粗細的筆去畫相同的樹，所產出的成品是否有差別；大部分幼兒認為應該是用粗（胖）蠟筆畫的樹皮比較清楚。

　　產生這樣的假設後，老師再提供教室裡裝教具的滴水籃請幼兒使用不同粗細的蠟筆進行實驗，果真發現所使用的筆如果粗（胖）一點，比較容易將紋路拓出來。這個結果推翻了一開始幼兒以為「粗的筆不容易畫清楚樹皮」的想法。那麼，若要將東西表面的樣子畫清楚，是不是就用粗的筆就一定可以了呢？

　　在這個時間點，幼兒尚不清楚這樣的動作叫做「拓印」，他們很單純的以「畫圖案」來稱呼這樣的過程，老師也並未直接「指正」幼兒的說法是否「正確或是正式」。

　　認-中-3-1-1　參與討論解決問題的可能方法並實際執行

　　認-大-3-1-1　與同伴討論解決問題的方法，並與他人合作實際執行

　　認-大-3-1-2　與他人共同檢視問題解決的過程

## (二) 如何將東西的紋路拓清楚？

　　為了讓幼兒確定拓印物品的紋路清晰度和筆的粗細之間的關係，於是，除了之前拓樹皮和滴水籃的經驗之外，又再請幼兒兩人一組，利用教室裡現有的玩具教具進行拓印。如「創意馬賽克」，它有一個像網子的塑膠板，上面有許多一個一個的圓形小洞，可以鑲嵌彩色圓鈕，組合不同創意造型。幼兒嘗試以不同粗細的胖胖蠟筆、旋轉蠟筆和鉛筆，練習拓出玩具的紋路，並分享他們在拓紋路時的發現。幼兒分別說出所觀察到的作品圖案與自己的想法：「這個好糊喔！沒有成功」、「有洞洞就是成功，沒洞洞就是沒成功」、「這個好明顯喔！有成功」。觀察這次小組拓印的作品，幼兒認為「如果可以看清楚有洞洞的樣子，就是成功的拓印」。老師也從幼兒分享過程中，覺察到應該要先釐清「什麼是成功的拓印」；若幼兒對於「成功拓印」有了清楚的界定後，也才能夠幫助他們由實際操作裡去驗證自己的想法。

　　在實際的操作與討論後發現，幼兒認為要成功拓出紋路需要注意幾件事情，包括：「筆要拿平平的」或是「讓筆躺著畫」、「要很輕很輕的畫」、「用胖胖蠟筆是直的橫的都很清楚。鉛筆拿橫的清楚，直的就不清楚。旋轉蠟筆前面平平的，可以畫很清楚」，也就是成功拓出紋路的秘訣為：**「不能用很尖的筆來拓，可能要將筆橫著拿或是用有平平的部分來畫，才容易成功」**；而且如何判斷拓的紋路成功與否，必須要看「是不是能清楚的將自己想要物品的樣子拓出來，因為不同的物品會有不同的紋

● 比較與分享各組拓印的結果和發現

路」，不是只要有畫出圖案就算成功了。

認-中-3-1-1　參與討論解決問題的可能方法並實際執行

認-大-3-1-1　與同伴討論解決問題的方法，並與他人合作實際執行

語-中-2-2-2　以清晰的口語表達想法

語-大-2-2-2　針對談話內容表達疑問或看法

社-中大-1-2-1　覺察自己和他人有不同的想法、感受、需求

**(三) 請拓印小老師分組傳授拓印方法，並練習拓印的技巧**

　　雖然幼兒經過之前操作和分享討論的歷程，但仍有部分幼兒無法掌握拓印時的技巧或是要留意的部分，於是，老師邀請自願的幼兒擔任「拓印小老師」，分組傳授「拓印訣竅」。在「教」的方法上，有的小老師直接動手示範，請對方觀察後自己嘗試做做看，也有的小老師會用自己的手握

● 拓印小老師認真的傳授拓印秘訣

● 依照拓印小老師教的方法，到前院舞臺上自己試著拓拓看

著對方的手，帶著他實際拓印，感受「怎麼拓才會成功」，而老師則是希望藉由同儕間的互動，提升彼此的學習效果。

在模仿學習「拓印方法」後，大家便各自帶著學到的好方法，到學校前院舞臺上大展身手，嘗試將地板上的磁磚紋路拓下來。分享自己的經驗時，幼兒說：「凹凹凸凸的，有紋路，跟下面的地板一樣」、「我在畫的時候有看到一條有凹進去的線」、「白色正方形是在中間，旁邊有線，很難拓印，有些很容易拓，有些很難拓」、「在拓印的時候有發現正方形的痕跡」。從幼兒的分享發現他們已經察覺到磁磚上的「紋路」與「凹凸的感覺」，但似乎還是不太了解凹凸紋路與拓印紋路間的關係。因此，老師決定再提供幼兒更多實際動手操作的機會，希望能幫助他們獲得更多想法與經驗。

　　認-中大-1-3-1　觀察生活物件的特徵

　　社-中大-1-2-1　覺察自己和他人有不同的想法、感受、需求

## (四) 拓印的時候不能讓紙跑來跑去

有了拓印前院舞臺磁磚的好經驗後，幼兒對自己拓印的技巧信心大增，接下來挑戰穿堂的地板磁磚。在進行「拓」的動作之前，老師先讓幼兒用手去摸摸看，用眼睛觀察與比較磁磚的形狀，及感覺磁磚與磁磚間的間隔處。主要目的是期望幼兒透過感官與物品直接的接觸，進而獲得覺察、比較及預測的機會。老師也在幼兒進行拓印的過程中發現，雖然孩子多半知道拓印時要壓著紙張，但有半數以上的孩子會在過程中移動紙張位置，造成拓印的結果不理想。所以，原本預定的目標「預測與實際拓印的圖案是否雷同」先暫時擱下，將觀察到的現象在團體中提出討論、解決「在拓印過程中移動位置」所發生的狀況。

後來，幼兒在分享拓出來的作品時主動提出「拓印的時候，好像要緊緊壓住上方的紙張，不然圖案會很不清楚」，有人說：「我是用輕輕的，

然後紙壓著，再輕輕的畫」，也有人說：「首先一隻手放在紙的上面，兩隻腳再壓在紙的下面，然後用手輕輕的畫」。老師追問為什麼作品會拓不清楚，幼兒們認為：「換來換去，圖案連接起來就會卡在一起」、「這樣第一層圖案會和第二層圖案疊在一起」、「如果一直搬來搬去會疊在一起」、「如果要看得清楚，要把線畫出來」。累積前面幾次的拓印經驗，如果想要將圖案拓印成功時，必須要注意正確的姿勢和動作，就是「**兩隻腳跪著，一隻手扶著**」，還有「**紙不要移來移去，這樣會畫不好**」。

身-中大-1-1-1　覺察身體在穩定性及移動性動作表現上的協調性

身-中-2-2-2　綜合運用抓、握、扭轉、揉、捏的精細動作

身-大-2-2-2　熟練手眼協調的精細動作

社-中-2-2-1　表達自己並願意聆聽他人想法

社-大-2-2-1　聆聽他人並正向回應

| 老師的引導／幼兒的表現 | 學習指標 |
| --- | --- |
| (一) 拓出來的紋路看不清楚，和筆的粗細有關係嗎？<br>幼兒提出一個假設「因為筆太粗，所以會畫不清楚紋路」，於是老師提供細的蠟筆和鉛筆讓幼兒再去嘗試，並與第一次用胖蠟筆拓樹皮的作品做比較，觀察筆的粗細和紋路是否清楚兩者之間的關係。 | 認-中-3-1-1　參與討論解決問題的可能方法並實際執行<br>認-大-3-1-2　與他人共同檢視問題解決的過程 |
| (二) 如何將東西的紋路拓清楚？<br>讓幼兒採取小組同儕合作的方式，挑戰用三種不同粗細的筆進行拓印，並分享小組的作品。<br>從討論過程中，老師發現幼兒聚焦在拓出的圖案是否成功，於是先釐清如何判斷「拓印成功」的標準，原來，拓印成功與否和筆的粗細沒有絕對關係，應該是和拓的方法才有關係。 | 認-中-3-1-1　參與討論解決問題的可能方法並實際執行<br>認-大-3-1-1　與同伴討論解決問題的方法，並與他人合作實際執行<br>語-中-2-2-2　以清晰的口語表達想法<br>語-大-2-2-2　針對談話內容表達疑問或看法 |

| 老師的引導／幼兒的表現 | 學習指標 |
|---|---|
| | 社-中大-1-2-1　覺察自己和他人有不同的想法、感受、需求 |
| (三) 請拓印小老師分組傳授拓印方法，並練習拓印的技巧<br>先尋求班上的拓印小老師，並以同儕模仿學習的小組方式，分享自己成功拓印的方法，老師提供練習拓印的物品及場地，讓幼兒能夠透過操作去試驗自己從同儕中獲得的拓印方法。 | 社-中大-1-2-1　覺察自己和他人有不同的想法、感受、需求<br>認-中大-1-3-1　觀察生活物件的特徵 |
| (四) 拓印的時候不能讓紙跑來跑去<br>從幾次的拓印挑戰經驗裡，幼兒有一些新的發現，包括拓印物品的紋路、形狀和高低間的差距（凹凹凸凸的感覺），然後，老師再進一步要求幼兒必須運用身體感官進行觀察，接著再找不同地方去實際的拓拓看並分享經驗。幼兒延伸出另一個想法，就是拓印時的身體姿勢也會影響拓出來的圖案是否清楚。 | 身-中大-1-1-1　覺察身體在穩定性及移動性動作表現上的協調性<br>身-中-2-2-2　綜合運用抓、握、扭轉、揉、捏的精細動作<br>身-大-2-2-2　熟練手眼協調的精細動作<br>社-中-2-2-1　表達自己並願意聆聽他人想法<br>社-大-2-2-1　聆聽他人並正向回應 |

## 二、拓什麼：哪些地方和什麼東西可以拓印？

　　累積先前數次的拓印經驗後，發現若要讓物品上的紋路能夠清楚顯現，掌握的要訣在於能夠控制自己的動作，包括拿筆的方法和身體的姿勢。同時也認為如果想要在紙上拓出清楚的圖案，就必須先注意想要拓的圖案出現在哪裡，然後將紙放在圖案上塗，才不會把旁邊不想要的部分也「畫出來」。在討論中，老師為了觀察幼兒是否知道如何判斷「可以拓出圖案」的物品，便詢問幼兒：「學校還有哪些地方也適合拓印？」。幼兒踴躍的提出他們的想法～

T：草可以嗎？

C：不行，草軟劈啪的（註：幼兒形容草很軟）。

C：禮堂可以拓。

C：禮堂平平的不能拓。因為它滑滑的。

C：後院的小磚塊（草地旁的走道上）。

C：前院的地板，靠近樓梯的地板。

C：棉被櫃跟拖鞋下面。

C：爬網的牆壁（長城）（註：幼兒指的是後院的長城造型爬網）。

C：前院可以爬上去的那個的木頭。

C：從溜滑梯的樓梯上去有黑色的板子，有一個洞一個洞。

C：舞臺上斜斜的斜坡。

C：沙坑區的洗手臺的木頭。

C：藍色水龍頭的牆壁（烤肉區）。

C：紅色溜滑梯的旁邊有魚的圖案那個。

C：木頭（沒有溜滑梯的）的樓梯。

　　幼兒的熱烈回應，反映出他們對學校環境的觀察是細微的，能夠說出一些連老師都沒有發現，以及預想可能會出現紋路的地方。既然幼兒對校園中環境的紋路產生興趣，那麼就嘗試著運用先前學會的「成功拓印方法」，將這些地方的物品紋路或圖案蒐集起來。於是，從大家最喜歡也最熟悉的前院開始，而原本接下來的計畫是朝後院邁進，但因為遇到連續雨天無法到戶外活動，只好改為到教室、體能室、陶土室和禮堂這些室內的地點來尋找適合的拓印地點。蒐集紋路的過程採取分組方式進行，各小組拿著大張的圖畫紙和粗蠟筆，將他們找到的紋路拓下來帶回教室，老師協助幼兒透過單槍投影機放出各組的「圖案題目」，然後用猜謎遊戲的方式分享各小組的作品，讓大家一起猜猜看這些紋路是在什麼物品上蒐集到的。

● 分組蒐集不同的紋路，讓全班猜一猜是在校園中哪裡拓的呢？

　　第一次的猜，是先讓幼兒隨性的「亂猜」，而第二次的「猜」，老師則要求幼兒在猜的時候同時要提出理由：「為什麼你會認為這個紋路或是圖案是哪一個物品的」。因為老師希望幼兒不要胡亂猜，而是要從紋路與圖案提供的線索做為依據，加上自己與學校環境互動的舊經驗，經過思考與組織後才猜答案。

　　第一次，老師詢問幼兒「猜對」的方法，他們說：「看是什麼圖案，就想我在哪邊看過，看花紋」、「我在心裡想有什麼地方和看到的圖案很像，就猜猜看」。第二次的拓印猜謎，老師則請幼兒除了說出「是怎麼猜到答案的」之外，還有和大家分享自己「為什麼當時決定要拓這個圖案當成題目」。從幼兒的回應發現他們對於觀察生活周遭環境的敏銳度方面有更多的進步，他們都同意「先觀察圖案提供出來的線索再去猜」是猜對的最佳方法；而在選擇「題目」時的考量，每個幼兒關注的部分就略顯差異。他們說：「我有摸摸看，有粗粗的」、「看到中間有線，有凹凹凸凸的地方」、「我去摸，雖然有點滑，可是有一顆一顆的洞洞」、「我們本來想拓小椅子，後來不好拓就換大椅子，因為小椅子拓出來不清楚」。從

幼兒分享的想法清楚知道幼兒透過手去摸、眼睛去看和實際動手拓拓看的這些方法，當成判斷與確認選擇的物品是否能夠清楚呈現出紋路或圖案的依據。幼兒們從猜謎的活動中，不但獲得玩遊戲的樂趣，也同時越來越能掌握拓印的概念，並且能夠更加細心觀察環境中的形狀與線條等細微的變化！

　　認-中大-2-3-2　與他人討論生活物件特徵間的關係

　　認-中-3-1-1　參與討論解決問題的可能方法並實際執行

　　認-大-3-1-1　與同伴討論解決問題的方法，並與他人合作實際執行

・　美-中大-1-1-1　探索生活環境中事物的美，體驗各種美感經驗

　　美-中大-1-2-1　探索生活環境中事物的色彩、形體、質地的美，感受其中的差異

| 老師的引導／幼兒的表現 | 學習指標 |
|---|---|
| 一開始是為了讓幼兒體驗、操作並掌握如何拓印清楚的方法，所以老師提供許多拓印不同地方或是物品的機會。後來，讓幼兒自己提出他們的想法，到底還有哪裡有適合且可以拓印的地方，並藉此了解幼兒對環境的觀察力。老師將幼兒分組蒐集到的「題目」，不是採用分組分享的方法，而是以猜謎遊戲的形式進行，將活動遊戲化，提升幼兒的動機和興趣。<br>而且這樣的方式連續進行兩次，但是兩次的目標不同，第二次多了「事前的行動思考」和「事後的猜題理由」，重點在於提醒幼兒不是漫無目的的蒐集，而必須在動手拓印或是猜答案之前先經過思考。 | 認-中大-2-3-2　與他人討論生活物件特徵間的關係<br>認-中-3-1-1　參與討論解決問題的可能方法並實際執行<br>認-大-3-1-1　與同伴討論解決問題的方法，並與他人合作實際執行<br>美-中大-1-2-1　探索生活環境中事物的色彩、形體、質地的美，感受其中的差異 |

## 三、怎麼玩：如何將東西的圖案留下來？

**(一) 拓印是什麼？還有什麼方法可以玩拓印？**

與幼兒一同思考還可以有哪些方法可以玩拓印的時候，幼兒們提出許多類似「蓋印」的想法。例如：「就是拿一個拖鞋，塗顏色，再用紙捲筒滾過去，就會有圖案」，或是「就是拿一塊布，一片葉子，再蓋上去，敲敲敲，就會有葉子的樣子」，還有「就是把紙摺長方形，先畫一個圖案，合起來壓一下，就會變成兩個一樣的圖案」。再進一步詢問幼兒們「什麼是拓印」，他們認為「把你想要的圖案印下來」和「把圖案塗上顏料再蓋在紙上」都算是拓印，重點在於就是要達到「把東西的圖案留存下來」的目的。接下來，老師一方面和幼兒一起從書籍、網路等方式尋找相關資料，同時，一方面也提供幼兒不同的拓印經驗，動手玩拓印比知道什麼是拓印來得有趣多了，而且透過操作、直接獲得經驗更重要。

先從生活中最容易取材的菜瓜布、手和樹葉，來玩顏料和圖案組合變化的創意。每次完成後的作品，老師都會立即將幼兒「玩」的成果展示在教室的牆壁上，作品沒有作者姓名，只有編號（非幼兒的號碼），並且邀請幼兒分享大家的作品帶給自己的感受，從每幅作品呈現的畫面，透過語言詮釋自己的想法，不設定作品的主題與範圍，讓幼兒可以盡情的發揮自己的想像和創意。

認-中大-2-3-2　與他人討論生活物件特徵間的關係

認-中-3-1-1　參與討論解決問題的可能方法並實際執行

認-大-3-1-1　與同伴討論解決問題的方法，並與他人合作實際執行

**(二) 哇！原來菜瓜布也可以拿來畫畫阿！**

在開始玩「用菜瓜布作畫」之前，老師先讓幼兒觀察和觸摸菜瓜布，

並猜猜看如果用菜瓜布來畫畫的話，那麼在畫紙上會出現什麼樣的圖案或是感覺？幼兒猜說「毛茸茸的」、「會有一個一個洞洞」、「會是一點一點的」。當作品完成後，分享自己喜歡的作品是哪兩幅，並說出喜歡的原因。他們在分享「喜歡的原因」時，幾乎都是形容作品「像什麼」，或是直接說「因為我喜歡」，甚至還有幼兒不知道要如何去描述自己喜歡的原因。例如幼兒分享：「很像很好吃的棒棒糖」、「很像在玩水，ㄅㄨㄅㄨㄅㄨ，水要滿出來的感覺」、「很像一隻下巴刺刺尖尖的魚」、「像花瓣的中間，開花的感覺」、「像煙火」……。

但是也有部分幼兒，能夠說出作品所使用的顏色和畫法，他們說：「有全部塗滿」、「有換顏色」、「有紅紅一片一片」、「全部都是粉紅色」、「塗得很滿」……。老師從幼兒的作品和分享內容中覺察到兩件事，一是「幼兒在作畫時的方式」需要更深入的分享，才不會造成作品只是呈現出色塊而沒有構圖（因為有部分幼兒的作品是用菜瓜布沾顏料，把整張畫紙塗滿，所以作品就是一張有顏色的紙），同時會影響欣賞的人沒有線索可以發揮想像。另一則是「引導幼兒欣賞他人的作品並說出想法」

● 看得出來這些作品是用菜瓜布創作出來的嗎？

是需要一些時間和經驗的累積。所以，老師決定需要討論並分享作畫方式，同時藉此提醒幼兒「觀察工具特性」對於作品的影響。在分享時幼兒提到如果用菜瓜布來作畫，必須「用點、點、點的方式」、「用壓的」，不然「如果用刮刮刮的，會重疊，就像塗油漆的感覺」，幼兒的結論是「如果用菜瓜布來畫畫，畫出來的作品就要跟菜瓜布很像」，意思就是要能夠在作品上展現出所使用工具的特色。

美-中大-2-1-1 　玩索各種藝術媒介，發揮想像並享受自我表現的樂趣

美-中大-3-1-1 　樂於接觸視覺藝術、音樂或戲劇等創作表現，回應個人的感受

美-中-3-2-1 　欣賞視覺藝術創作，描述作品的內容

美-大-3-2-1 　欣賞視覺藝術創作，依個人偏好說明作品的內容與特色

## (三) 還有手和樹葉都可以用來作畫耶！

接下來，改為用手當成工具來進行創作，仍然讓幼兒練習在欣賞後分享自己對他人作品的想法，這次的描述出現更多更豐富的形容，包括「像一隻剛學會飛的鳥和一些熊的腳印」、「像樹的叢林」、「像走迷宮」、「像賽車在跑」、「像小小砲彈發射」、「像人在流眼淚」，雖然仍是以「像什麼」做為描述的依據，但是之前較多是形容像「物品」，而這回多了些「情境」的想像。

接著挑戰用樹葉來作畫，老師從旁觀察幼兒的創作歷程，發現他們在創作前開始會自己先思考主題與方向，而不是隨性的蓋。當幼兒在創作時，老師試著隨機詢問幼兒作品的名稱，他們也能夠清楚明確的說出自己的想法；其實，有些作品根本不用問也看得出來作者想要呈現的東西。所以，這次的分享不是從別人角度來欣賞作品，而是讓作者自己介紹，同儕可以隨時提供回饋，同時，也提供讓欣賞的人去思考「如何讓自己的想法透過畫作清楚的傳遞給他人」。

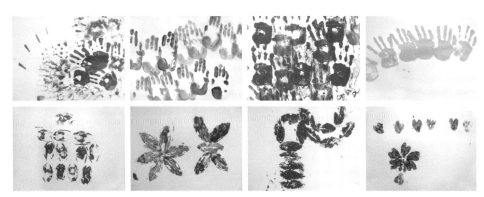

● 這些作品給你什麼感覺？可以知道作者想表現的是什麼嗎？

　　在一次又一次的分享中，幼兒累積了欣賞作品的經驗，獲得一些讓作品更清楚呈現的方法，也提供幼兒自我修正和調整的機會。從這些經驗裡，幼兒不是只停留在觀察生活環境中物品的形與特徵，還能夠運用生活中的物品進行創作。

美-中-2-2-1　運用各種視覺藝術素材與工具，進行創作

美-大-2-2-1　運用各種視覺藝術素材與工具的特性，進行創作

美-中大-2-2-2　運用線條、形狀或色彩，進行創作

美-中-3-2-1　欣賞視覺藝術創作，描述作品的內容

美-大-3-2-1　欣賞視覺藝術創作，依個人偏好說明作品的內容與特色

## (四) 尋找並蒐集生活裡更多有趣的紋路

　　幼兒們一邊觀察一邊玩，一邊找一邊蓋，從學校室內和室外的硬體設備上分別蒐集了一些紋路，後來，還把每天會用到的菜瓜布、自己的雙手、後院的落葉都拿來玩蓋印畫；教室的作品展示牆上，滿滿的都是幼兒在這段時間裡所累積的成果。但是，他們仍不滿足，於是提出更多可以玩拓蓋印的想法，包括「鞋子、紙捲、海綿、養樂多、金蔥、瓶蓋、泡泡紙、洗衣籃、雜誌架」……老師依照幼兒的想法安排以個人或小組合作方

式，使用生活中的各種物品，當成拓蓋印的工具。幼兒累積的經驗裡已經有「觀察」、「操作」、「體驗」、「感受」和「欣賞」的體驗，接下來，便朝著「創作」的方向邁進。

● 從生活中尋找並蒐集更多的蓋印圖案

認-中-3-1-1　參與討論解決問題的可能方法並實際執行

認-大-3-1-1　與同伴討論解決問題的方法，並與他人合作實際執行

| 老師的引導／幼兒的表現 | 學習指標 |
| --- | --- |
| (一) 拓印是什麼？還有什麼方法可以玩拓印？<br>和幼兒討論對於「拓印」的想法中，歸納出幼兒認為拓印的定義是「把你想要的圖案印下來」和「把圖案塗上顏料再蓋在紙上」，老師接著便提供幼兒更多的操作經驗，幼兒可以從中累積對於拓印的想法。 | 認-中大-2-3-2　與他人討論生活物件特徵間的關係 |
| (二) 哇！原來菜瓜布也可以拿來畫畫阿！<br>老師主動提供「菜瓜布」當成工具，老師並沒有設定創作主題，但是在大家完成作品後展示給大家欣賞，並且試著輪流分享自己的個人感受。<br>重點在於先提供幼兒玩媒材的經驗，並享受玩媒材和色彩的樂趣，再來讓幼兒練習「欣賞」作品，並可以依個人的主觀偏好說出自己的感受。<br>接著，老師從幼兒的作品中延伸討論關於「工具的特性」，鼓勵幼兒能夠在創作時，主動覺察不同工具的特性且能夠加以發揮並運用。 | 美-中大-2-1-1　玩索各種藝術媒介，發揮想像並享受自我表現的樂趣<br>美-中大-3-1-1　樂於接觸視覺藝術、音樂或戲劇等創作表現，回應個人的感受<br>美-中-3-2-1　欣賞視覺藝術創作，描述作品的內容<br>美-大-3-2-1　欣賞視覺藝術創作，依個人偏好說明作品的內容與特色<br>語-大-1-1-4　懂得簡單的比喻 |

| 老師的引導／幼兒的表現 | 學習指標 |
|---|---|
| (三) 還有手和樹葉都可以用來作畫耶！<br>用手和樹葉分別進行蓋印創作，在這兩次的過程中，老師觀察到幼兒逐漸覺察不同工具在運用時，必須能夠盡量在作品創作中展現工具的特性。所以，老師調整作品分享的型態，第一次仍是維持欣賞他人作品並說出個人觀感，第二次則是請作者自己說出創作的主題與當時的想法。同儕提供回饋或是建議，目的是讓幼兒了解作品不是隨便畫就好了，還必須能夠達到「如何讓自己的想法可以透過畫作清楚的傳遞給他人」的目的。 | 美-中-2-2-1　運用各種視覺藝術素材與工具，進行創作<br>美-大-2-2-1　運用各種視覺藝術素材與工具的特性，進行創作<br>美-中大-2-2-2　運用線條、形狀或色彩，進行創作<br>美-中-3-2-1　欣賞視覺藝術創作，描述作品的內容<br>美-大-3-2-1　欣賞視覺藝術創作，依個人偏好說明作品的內容與特色 |
| (四) 尋找並蒐集生活裡更多有趣的紋路<br>老師詢問幼兒還有哪些東西可以拿來玩拓印，幼兒提出的想法較先前更多元更多樣，表示這陣子他們對生活周遭所累積的觀察能力在逐步提升，接下來，準備再提供幼兒不同的新挑戰囉！ | 認-中-3-1-1　參與討論解決問題的可能方法並實際執行<br>認-大-3-1-1　與同伴討論解決問題的方法，並與他人合作實際執行 |

## 四、會怎樣：拓印後的樣子？

　　累積了幾次的拓印經驗，也透過分享和討論了解拓印成功的方法，幼兒們滿懷信心的想繼續找新的挑戰來證明他們的發現。這次，找到學校後院的圓形大水池（為了安全考量及環保節水因素，裡面並沒有放水），裡面貼滿了小方塊的彩色磁磚，並且拼組成螺旋狀的圖案，幼兒們非常興奮與期待，大家都躍躍欲試，認為自己這次一定可以將水池磁磚的圖案成功拓印出來。

　　此時，老師不急著讓幼兒拿著紙筆趕緊去拓印水池裡的磁磚，而是帶著幼兒趴在水池裡觀察磁磚，並用手仔細的觸摸，用眼睛去比較磁磚間的不同，甚至可以用身體其他部位去感受，然後畫下自己的預測：「如果去拓印水池裡的磁磚，你認為會拓印出什麼樣子的圖案」。有幼兒直接回答

說「是一格一格的」，也有人認為「是一粒一粒的」，還有人說「會是粗粗的感覺」。

老師對幼兒的回應持保留態度不提供答案，請幼兒先將自己預測的想法用圖畫記錄下來，然後分享自己的預測圖：「拓印出來會是一粒一粒還有方塊，印出來只有一種顏色」、「拓印出來會是一個框框裡面會有很多顏色」、「我覺得有正方形，旁邊有線，正方形是有排隊的」、「方方的，還有一粒一粒，用紫色的就會畫出紫色的，用紅色的就會畫出紅色，中間會有一格一格的，會排隊，排起來會圓形的」、「我覺得框框裡面和中間會有灰塵，但不會太多，磚塊凸起來不會有灰塵，旁邊凹下去會有灰塵，拿什麼筆就是什麼顏色」、「我覺得會有一塊一塊的和一粒一粒的，一排是正方形，一排是一粒一粒的」。整理幼兒們分享的預測圖，發現他們有幾種共同的想法，包括：

1. 形狀部分：(1)一個一個的正方形；(2)許多的圓形；(3)大塊的方形裡面有線條。

2. 顏色部分：(1)一個方塊裡會有許多不同顏色；(2)只會有一種顏色；(3)用什麼顏色的筆就會出現什麼顏色。

3. 排列的方式：(1)排列整齊的；(2)沒有依順序排列。

● 先研究一下磁磚的樣子

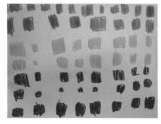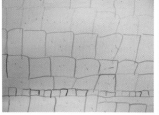

● 預測圖：猜猜看拓印出來的水池會是什麼樣子

　　接下來，就是驗證自己想法的關鍵時刻囉！老師讓幼兒直接到後院的彩色水池拓印磁磚，過程中，老師仍不直接提供幼兒正確的答案，而是讓他們透過自己的實際操作去發現結果，並比較自己的預測和驗證結果間的差異。回到教室後，幼兒們看著自己的兩張作品，一張是事前的預測圖，另一張則是實際的拓印結果，他們說出了自己在預測與驗證兩個前後歷程中的發現：

- 我覺得會是一格一格，畫出來也是一格一格；我覺得會有很多顏色，畫出來只有一種顏色。
- 本來覺得會是藍色，後來是紫色，是蠟筆的關係，有一粒一粒的，畫出來也有。
- 我以為會有灰塵，後來沒有，本來以為會有大小大小的方形，後來

發現只有一種正方形，然後點點是在線線裡面。

- 我發現線線是白色的，框框是一個一個正方形在排隊。

- 凹凸凹凸的，本來覺得線線是凸起來，框框是凹下去，後來是線線是凹進去，框框是凸起來的。

- 都是正方形，但我不知道為什麼會有顏色會變成只有一種顏色。

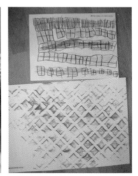

● 透過實地操作驗證自己的假設，然後比較預測圖和拓印的結果

　　在有了第一次的預測和驗證的經驗之後，老師相信幼兒自己心中必定產生某些屬於自己的暫時性結論；但是，也從幼兒的分享裡發現，其實有部分幼兒對於預測和實際驗證結果的差異感到不解。於是，老師決定再提供幼兒相同的經驗，讓他們再次體驗觀察、預測與驗證的歷程，從累積的經驗裡獲得更接近事實的想法，並提供幼兒自我修正思維的機會。以這次畫的預測圖和第一次的預測相較，可以看到原本在第一次大部分幼兒以為拓出來會有不同顏色或是其他形狀與排列方式的假設性想法，在第二次的預測圖裡已經有所改變，這回大部分幼兒的假設都傾向於單一顏色有排列的方塊。

　　在驗證自己的第二次假設時，老師請幼兒直接帶著自己的預測圖，一邊拓印，一邊請幼兒同時將事前假設和驗證結果進行比較。此時幼兒能夠更直接的發現其中的差異，並重新釐清兩次拓印磁磚的結果和兩次的預測

● 幼兒們比上次更專注的觀察，運用更多的感官去體會磁磚特性

● 第二次的預測圖，更多人發現拓印的秘密了

之間所產生的衝突點。原來「用什麼顏色的筆來拓印東西就會出現什麼顏色的形狀」，還有「要拓印的物品形狀就會是拓印後會看到的形狀」。

　　雖然剛開始大部分幼兒對於「預測圖」和「實際拓印圖」間的差異部分顯得有些不解，透過觀察、比較、預測、驗證的歷程，他們知道「用什麼顏色的筆去拓印，就會出現什麼顏色的圖案」，「拓印只會出現東西的紋路，而不會出現東西的顏色」。其實，出現「衝突」不一定是件壞事，

適時提供幼兒不同的經驗，從操作過程中逐漸修正自己的想法，從事實現象裡尋求並建構知識，這也就是學習。

　　認-中大-1-3-1　　觀察生活物件的特徵

　　認-中大-1-3-2　　以圖像或符號記錄生活物件的多項訊息

| 老師的引導／幼兒的表現 | 學習指標 |
|---|---|
| 期望幼兒從操作經驗中累積獲得的知識，來挑戰「拓得清楚」這項任務，並接著玩起「預測」和「驗證」的實驗遊戲。<br>幼兒累積了好幾次的拓印經驗，老師尋找校內的地點，以提供幼兒更複雜的挑戰，這次不是只有要將物品圖案清楚拓出來而已，磁磚上是有顏色的，所以，多了另一個觀察與思考的向度。<br>老師仍然要求幼兒要先用眼睛觀察、用手去觸摸並感覺，然後，請幼兒進行事前的預測，再透過實地驗證後，獲得一些不同的想法。 | 認-中大-1-3-1　觀察生活物件的特徵<br>認-中大-1-3-2　以圖像或符號記錄生活物件的多項訊息 |

## 五、要變什麼：拓印後的東西，可以怎麼玩？

　　在蒐集校園環境裡的拓印紋路與菜瓜布、手印、葉子的蓋印作品後，接下來就要思考如何整理這些累積的經驗，並計畫著如何加以運用。

### (一) 蒐集到這麼多的圖案和紋路，該怎麼辦？

　　老師將幼兒們之前蒐集到的圖案展示在教室地板上，他們一看到這麼壯觀的景象，先是發出哇～的驚呼聲，然後，老師便問：「這麼多的圖案，都是我們蒐集來的，現在可以用它們做什麼？」幼兒突然從興奮的心情轉為沈默，班上也突然安靜了好一陣子，表示幼兒暫時沒有任何的想法。這時，老師先選擇一張圖，用剪刀裁剪出形狀後就固定在牆面，幼兒發現好像是一棵樹的樣子。接下來，老師邀請不同的幼兒上前，選擇他們認為合

適的圖案或是紋路，用剪或是用撕的方式，拼組成房子、太陽、草、雲朵、人、樹、池塘、魚的形狀，最後合作完成一幅風景畫。老師原先預期的想法只是藉由大家腦力激盪的結果，讓單調重複的紋路圖，可以變成有主題性的作品，同時也期盼這樣的做法可以帶給幼兒新的創作經驗。

● 大家一起合作用拼組方式完成一幅大的風景畫

　　合作的大風景畫完成後，請幼兒分享他們對於作品的做法或是在欣賞時的感覺，他們說：「好像跟真的一樣」、「是用剪貼的」、「樹的上面很像樹」、「是把很像的東西拼上去」。接著邀請幼兒挑戰自己用相同的方法去設計並完成一幅畫。剛開始，他們對自己不太有信心，有人還說：「不行啦！東西太多了」，也有人說：「一個人沒有辦法啦」，但是有幼兒卻認為「那為什麼畫家就可以」。於是，試著引導幼兒回想我們一起完成拼組風景畫的歷程，幼兒逐漸發現其中的訣竅，也就是在製作的過程中必須留意選擇紋路、做法以及和自己想要做出的東西間的關係，包括：

「看顏色和形狀適不適合」、「怎麼剪也很重要」、「形狀和感覺比較重要」，幼兒也舉例說明自己選擇紋路時的考量，像是「魚已經選藍色，池塘如果又選藍色就會看不清楚」。

於是，詢問幼兒在自己生活經驗中是否曾看過類似的做法，幼兒回答說：「我在電視有看過」、「哥哥有借過一本書，是用這樣的方法在做」，甚至有人直接提議「這樣我們可以來開一個畫家店」。這一個想法，引起幼兒們的極大興致，之前原本對自己單獨挑戰拼貼畫這件事不太有把握的人，也很同意這個最終目標。最後，大家產生了共識，目標在自己設計作品畫面，並利用蒐集到的紋路，發揮創意拼組完成作品。

社-中-2-2-3　依據活動的程序與他人共同進行活動

社-大-2-2-3　考量自己與他人的能力和興趣，和他人分工合作

美-中大-2-1-1　玩索各種藝術媒介，發揮想像並享受自我表現的樂趣

美-中大-2-2-2　運用線條、形狀或色彩，進行創作

(二) 欣賞以類似的方式呈現的繪本，做為日後自行設計時的參考

因為大家的目標是要開畫展，老師便提供幼兒相關可參考的資源，先從繪本開始，有艾瑞卡爾的《一吋蟲》、《好寂寞的螢火蟲》和李歐里奧尼的《小黑魚》作品，然後請幼兒分享他們認為在做法上的發現。幼兒說：「拿一個空白的紙，先剪好要用的形狀，再把顏色弄上去」或是「先想好顏色，再去選要用的，才剪下來貼上去」。於是老師問：「如果是你們想要自己設計一幅畫，那要怎麼進行呢？」，有的幼兒認為要先畫設計圖，否則怕作品會來不及做完，無法順利開畫展；有的人則覺得應該要先蒐集紋路，這樣就可以從不同的紋路中尋找靈感，知道設計圖裡可以放什麼進去。經過全班的討論後，大部分的人建議可以蒐集更多拓印或蓋印的作品，提供更多樣化的內容，這樣也讓大家有更多的選擇。所以，我們又再次分工合作，在前後院、教室和體能室裡，用拓印的方式蒐集紋路，還

有運用生活中的物品（如蔬菜、魔鬼氈、姓名印章……）以蓋印的方式蒐集圖案。這回，雖然所蒐集的內容和過去累積的作品有重複，但是這次幼兒更能掌握拓或蓋的時候的技巧，所以老師改變陳列的方式將拓蓋印作品整齊的排在教室壁面上，便於後續幼兒在構思設計圖時，對於有哪些紋路或是圖案可供運用能夠一目了然。

語-大-1-5-3　辨認與欣賞創作者的圖像細節與風格

美-中-3-2-1　欣賞視覺藝術創作，描述作品的內容

美-大-3-2-1　欣賞視覺藝術創作，依個人偏好說明作品的內容與特色

認-中-3-1-1　參與討論解決問題的可能方法並實際執行

認-大-3-1-1　與同伴討論解決問題的方法，並與他人合作實際執行

社-中-2-1-3　調整自己的想法去行動

社-大-2-1-3　適時調整自己的想法與行動，嘗試完成規劃的目標

## (三) 小試身手，探探幼兒的想法

　　教室的作品展示牆面上，滿滿的都是幼兒辛苦蒐集而來的拓蓋印作品，老師隨意選擇其中一個圖案，並問道：「如果像這個有很多藍點點的圖案，可以用來變成什麼東西的圖案？」幼兒說「屋頂」、「人的衣服」。藉由引導與討論的方式，提供幼兒對於「從圖案紋路聯想與日常生活經驗」的對應。接著就讓幼兒試著將圖案紋路轉化成設計圖，觀察牆面上的所有紋路，然後可以先思考自己的構圖，選擇適合的紋路畫在設計圖上，或是看到自己喜歡的紋路，聯想這樣的紋路可以用在什麼樣的東西上面，就把這樣東西一起設計在自己的設計圖之中。

　　最後，請幼兒兩人一組，彼此分享自己的設計和構思，同時，也可以提供對方一些自己的建議。他們還說，因為大家都依照紋路的樣子畫在設計圖裡，從設計圖裡面可以很清楚看到什麼東西要用什麼圖案或紋路去呈現，例如房子的牆壁上畫了藍色的條紋，就知道對方打算選擇藍色條紋的

紋路當成房子牆壁的花紋，或是，太陽的形狀裡面有黃色圈圈的圖案，就
表示預計使用黃色圈圈圖案的紙剪成圓形貼上去當作太陽。

● 練習從各種紋路圖案裡選擇適合自己作品會用到的

  認-中-3-1-1  參與討論解決問題的可能方法並實際執行

  認-大-3-1-1  與同伴討論解決問題的方法，並與他人合作實際執行

  社-中-2-2-1  表達自己並願意聆聽他人想法

  社-大-2-2-1  聆聽他人並正向回應

## (四) 正式開始進入設計階段囉！

  經過前面的小小試驗活動，老師看到幼兒對於使用現有圖案紋路，進
而設計出自己想要的構圖有了初步的概念，才開始進行正式的設計圖。老
師建議幼兒可先觀察教室內已蒐集的紋路圖案，並請他們思考自己想要呈
現什麼畫面，再用蠟筆勾繪出輪廓，然後將想要使用的紋路圖案填在物品
裡。

  花了好幾天的時間在畫設計圖，完成構圖後，讓大家欣賞與分享彼此
的作品，幼兒們竟從中發現一些問題，包括：

● 先觀察不同的紋路圖案，並認真思考如何構圖

● 這是幼兒們的設計圖原稿

1. 底紙的選擇：要使用哪一種顏色才適合當成拼貼畫的底紙顏色呢？

2. 如何知道每種紋路圖案的需求量：若有好幾人都想用同一張的紋路
　 圖案，有可能會產生不敷使用的狀況。

3. 怎麼做出和設計圖一模一樣的作品：幼兒們決定要用和設計圖一樣
　 大小的紙來做，但是，好像還有操作時要注意的細節或是做法，不
　 如想像中那麼簡單！

　　以上這幾個問題，有的可以透過討論彼此交換意見獲得解決，有的則
必須讓幼兒實際動手做之後，再從過程中尋求解決之道。關於「底紙選
擇」的問題，老師選擇了幾種不同顏色的底紙，同時提供幾張拓蓋印的紋

路與圖案，幼兒相互比較底紙顏色與紋路顏色之後，發現「如果你選的圖畫紙跟圖案一樣，顏色就會看不清楚」，而且看起來都叫做粉紅色，但是仍有深淺之分。所以，如果大家都一起用白色圖畫紙當成底紙的話，只要圖案的顏色不要和圖畫紙太靠近就好。至於「紋路圖案需求量」這個問題，幼兒提出可以先統計有哪些紋路會有多少人要用，再決定需不需要再多拓印或蓋印，而我們也實際讓幼兒嘗試用他們提出的建議來進行統計。這件事進行兩天後，他們自己發現似乎「多此一舉」，因為這兩天都有人請假，一直無法順利知道每個所需要的紋路總數，而且統計紋路很複雜也很耗時。最後，大家同意不要繼續統計需要數量，而是改為直接先依設計圖進行拼貼創作，到時候如果紋路不夠再重新補充紋路或是圖案就好了。

　　而最後一個問題就是「如何依設計圖來製作出作品」，幼兒提出自己的想法「直接描著它」、「畫你所需要的大小」、「然後沿著線剪」。在這個討論過程中，老師發現其實有表達的幼兒大約清楚自己要如何進行，沒有發言的幼兒，有的還在思考，有的則是一臉問號。於是，仍依照大家規劃的預定進度，直接上場動手製作，從製作作品的歷程中觀察每個幼兒的狀況，發現他們的實際問題與需求，再來找出解決的方法。否則，幼兒們沒有實際動手操作的經驗，這些討論也只是憑空想像或是紙上談兵而已。

　　　認-中-3-1-1　　參與討論解決問題的可能方法並實際執行

　　　認-大-3-1-1　　與同伴討論解決問題的方法，並與他人合作實際執行

　　　美-中大-2-2-2　　運用線條、形狀或色彩，進行創作

## (五) 辛苦卻又收穫滿滿的創作歷程

　　在依據個人的設計圖進行創作的頭一天，老師就被幼兒們的專注態度和神情深深感動。因為每位幼兒都依據自己的設計圖找到需要的紋路圖案，剪下自己需要的大小後，趕緊再放回原處，讓下一個使用者可以方便

找到，而且還有的幼兒會去主動協助同儕，幫對方找可用的紋路。這次幼兒們的創作進度大部分是在尋找與設計圖上相符的紋路圖案，並剪下自己需要的約略大小，或是只有將比較大範圍或大區塊的剪下後貼上，對於較精細的部分還沒有時間做過多的處理。

在第一次旳拼貼創作後，有部分幼兒的進度已經產出半成品了，老師將這幾幅半成品和原本的設計圖放在一起，讓幼兒們欣賞和觀察，並詢問大家在製作過程中是否遇到困難。幼兒陸續說出自己在實際操作裡經驗到的狀況，包括「我忘了沒有粉紅色金蔥，我就換粉紅色點點的」、「我發現最後一個材料被用了，我就改變紋路」、「金蔥沒有了，我先去用別的」，從幼兒的分享發現他們會試著自己改變策略～「幼兒們對於紋路紙張不夠用的應變方式是換另一張紋路」，不會固著於原先的設計，卻依然能夠達到類似的效果。除了這些，老師同時觀察到另一個有趣的現象，就是有些幼兒會先在作品紙上畫出他要的圖案（例如身體的形狀），再將拓印紋路紙張上的圓圈圈形狀或其他紋路剪下後，一個一個再拼貼上去（有點像是撕貼畫的做法），也就是受限於每種紋路或是蓋印圖案的形狀。像中班的小琳就說「我把紙上的紋路剪下來」，而阿鑫立刻回應「你要先用鉛筆畫你要的圖案，先畫框，再剪下來」，還有澔澔提出「我有畫人和花，可是都不像」，小謙說「你可以先剪一個部位，像頭、身體這樣」，中班年紀最小的翔翔向大家求助「我不會剪雲」，阿鑫哥哥便教他先畫雲的形狀再剪下來，原本老師擔心幼兒在運用紋路時，會不斷出現需要大人介入才能處理的問題，但是沒想到藉由同儕間的互動與合作，就一起解決了。

認-中-3-1-1　參與討論解決問題的可能方法並實際執行

認-大-3-1-1　與同伴討論解決問題的方法，並與他人合作實際執行

認-大-3-1-2　與他人共同檢視問題解決的過程

美-中大-2-2-2　運用線條、形狀或色彩，進行創作

美-中-2-2-1　　運用各種視覺藝術素材與工具，進行創作

美-大-2-2-1　　運用各種視覺藝術素材與工具的特性，進行創作

● 幼兒依設計圖選擇自己要的紋路圖案進行拼貼創作

● 遇到困難請朋友來幫忙，大家都很願意彼此協助和合作

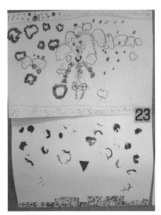  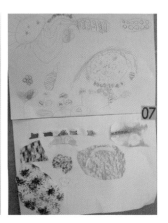

● 上面的是設計圖，下面的則是幼兒的拼貼作品

| 老師的引導／幼兒的表現 | 學習指標 |
| --- | --- |
| (一) 蒐集到這麼多的圖案和紋路，該怎麼辦？<br>老師引導幼兒先觀察不同的紋路，並嘗試思考如何運用這些圖案，但幼兒的反應不佳，所以，老師直接將圖案剪成幼兒生活中會看到的具體物並進行圖形的組合，同時鼓勵幼兒一起參與創作，引發幼兒的動機和興趣。<br>透過分享討論的形式，幼兒能夠了解作品完成的方式，且鼓勵幼兒發揮創意，期望能夠產生更多個人獨立創作的意願。 | 社-中-2-2-3　依據活動的程序與他人共同進行活動<br>美-中大-2-1-1　玩索各種藝術媒介，發揮想像並享受自我表現的樂趣<br>美-中大-2-2-2　運用線條、形狀或色彩，進行創作 |
| (二) 欣賞以類似的方式呈現的繪本，做為日後自行設計時的參考<br>老師主動分享以拼貼組合方式製作的繪本，提供幼兒能夠有更多對於運用紋路或圖案進行創作的概念或是想法。<br>從繪本延伸討論中，幼兒提出在做法上的兩種可能性，也因此討論到要進行創作時的程序，先畫設計圖還是先蒐集足夠的紋路圖案呢？ | 認-中-3-1-1　參與討論解決問題的可能方法並實際執行<br>認-大-3-1-1　與同伴討論解決問題的方法，並與他人合作實際執行<br>語-大-1-5-3　辨認與欣賞創作者的圖像細節與風格<br>社-中-2-1-3　調整自己的想法去行動<br>社-大-2-1-3　適時調整自己的想法與行動，嘗試完成規劃的目標<br>美-中-3-2-1　欣賞視覺藝術創作，描述作品的內容<br>美-大-3-2-1　欣賞視覺藝術創作，依個人偏好說明作品的內容與特色 |
| (三) 小試身手，探探幼兒的想法<br>幼兒先練習從觀察不同拓蓋印的紋路與圖案開始，然後進行聯想與設計，並透過同儕間的相互分享並提供建議，修正自己在運用紋路或圖案時的想法，藉此累積相關經驗，以準備下一階段的挑戰。<br>在這個過程中，幼兒發現自己和他人在觀察與想法上的不同，同時，從同儕與團體分享討論中獲得更多的新想法。 | 認-中-3-1-1　參與討論解決問題的可能方法並實際執行<br>認-大-3-1-1　與同伴討論解決問題的方法，並與他人合作實際執行<br>社-中-2-2-1　表達自己並願意聆聽他人想法<br>社-大-2-2-1　聆聽他人並正向回應 |

| 老師的引導／幼兒的表現 | 學習指標 |
|---|---|
| (四) 正式開始進入設計階段囉！<br>由於先前所提供的預設練習經驗，接著便直接讓幼兒進入正式的設計階段，老師提醒幼兒這回所做的設計是為了日後要進行拼貼的準備，所以，在構思時，要能夠「多想多預設」。<br>在回饋分享設計圖時，幼兒從中發現一些待解決的問題，包括底紙選擇、紋路需求量與如何依照設計圖來製作。透過討論的歷程，逐一獲得解決。 | 認-中-3-1-1　參與討論解決問題的可能方法並實際執行<br>認-大-3-1-1　與同伴討論解決問題的方法，並與他人合作實際執行<br>美-中大-2-2-2　運用線條、形狀或色彩，進行創作 |
| (五) 辛苦卻又收穫滿滿的創作歷程<br>老師提供時間和空間讓幼兒們自由的依照設計圖進行創作，從自己動手做的過程裡，老師觀察並發現部分幼兒遇到一些狀況都能夠主動思考解決之道，並自行尋求當下可處理的好方法。<br>於是，老師藉由中間半成品的分享過程，請不同幼兒分享自己使用的「好方法」，提供其他人做為參考。 | 認-中-3-1-1　參與討論解決問題的可能方法並實際執行<br>認-大-3-1-1　與同伴討論解決問題的方法，並與他人合作實際執行<br>認-大-3-1-2　與他人共同檢視問題解決的過程<br>美-中大-2-2-2　運用線條、形狀或色彩，進行創作<br>美-中-2-2-1　運用各種視覺藝術素材與工具，進行創作<br>美-大-2-2-1　運用各種視覺藝術素材與工具的特性，進行創作 |

## 六、怎麼看：這些作品要如何欣賞？

### (一) 終於完成作品，對於別人的作品，又要如何欣賞呢？而小畫家自己的創作想法呢？

　　花了好幾天的時間，大家終於陸續的完成自己的拼貼作品，接下來便是「分享與欣賞」，小畫家除了要分享自己的作品，還要嘗試去欣賞他人

的作品。

## 1. 要分享什麼?

　　剛開始是將成品展示給大家看,並詢問要如何向大家介紹自己的作品,幼兒們提出自己的想法,他們說:「要連設計圖一起看」、「說我做的是什麼東西」、「要介紹你是怎麼做的」、「還要說用了什麼紋路做了什麼東西」,老師接著問:「你們的意思是說每個人在介紹作品時,只要說我的作品有人、車、房子、雲、樹……,然後它們又分別是用哪些紋路去拼的,這樣就可以了?」幼兒似乎不太了解老師的問題,於是,老師轉換另一種方式來表達,直接利用幼兒現有的作品來舉例,例如小華和綺綺兩人的作品裡都有「人和樹」,那麼這兩人的作品都是在說一樣的事情嗎?會不會一個是說「有一個人在樹下休息」,而另一個則是說「一個人在樹下等櫻桃掉下來」,雖然看著相似的畫面,但是每個人可能會聯想到的是不同的事情,所以,每個畫家在做自己的作品時,其實都會有一些想法是想透過作品告訴人家的。

　　並沒有在一開始創作作品時就讓幼兒先編創情境故事,因為,當時的

● 「有一個人在櫻桃樹下要摘櫻桃,他用夾子夾,就把它帶回家做櫻桃蛋糕。」

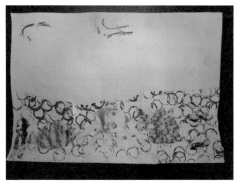

● 「有一隻魚從海的上面游到海的下面要去找水草吃,中間遇到鰻魚和章魚,他和他們打完招呼就走了。」

● 「有一個人在海邊散步，抬頭看到天上
的雲，然後遇到他的好朋友，就一起看
天空。」

● 「有一個人站在海邊餵羊吃草，這時
候，天空開始下雨了。」

● 「一個小女孩她去花園散步，在公園附
近她看到彩虹，她很高興，太陽也出來
了。」

● 「有一個人在看海，他看到一台飛機，
他後來就去近一點的地方，把飛機看清
楚。」

● 「有一個人在花園裡看一朵美麗的花，
還曬著太陽。」

● 小畫家們都自信滿滿的分享自己的作品

重點在於運用不同紋路圖案去創造拼組出畫面，目標在於「創作」，現在則讓幼兒對自己的作品進行「回應」與「詮釋」，透過語文的描述賦予作品另一種創意，呈現出有想像空間的情境。

幼兒試著用自己的話來介紹自己的作品，前四幅是大班幼兒的作品，而後面三幅則是中班幼兒的作品。

語-中大-2-5-1　以圖像表達情緒與情感

美-中-3-2-1　欣賞視覺藝術創作，描述作品的內容

美-大-3-2-1　欣賞視覺藝術創作，依個人偏好說明作品的內容與特色

## 2. 要欣賞什麼？

每個人陸續分享完自己的作品故事後，接著就是「欣賞」別人的作品

了，那麼要如何欣賞？又要欣賞什麼呢？幼兒很直接的認為「掛在牆壁上看」、「也可以記下來你喜歡哪一幅」、「小畫家去告訴別人你的故事是什麼」、「直接看圖案」，老師試著引導幼兒可以從「媒材的運用」或是「製作的方式」等角度進行比較或是回應，於是有幼兒回應「像在拼拼圖

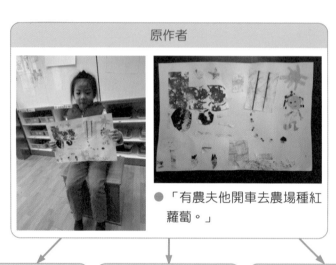

原作者

●「有農夫他開車去農場種紅蘿蔔。」

第一次

●「車子要載一個人去散步，晚上的時候它載他去看星星。」

第二次

●「有一個人他去買蔬菜，看到一個標誌說車子要往左邊走，然後就回家了。」

第三次

●「有一個人在家裡沒事就開著車去百貨公司，因為百貨公司沒有位置，就把車停在別的地方。」

一樣」、「每個人的感覺都不一樣」，在這些歷程裡老師期望提供幼兒的經驗有兩個：一是去覺察「雖然是相同的紋路或是圖案，但是每個人會聯想到的都不一樣」，二是學習尊重原創者，因為「每個作品都有自己原本的想法存在其中，可以從作者的角度去欣賞，也可以保留自己對不同作品的主觀想法，但不予批判」。

　　所以，老師決定嘗試讓幼兒在分享完自己的作品故事後，讓別人也對自己的作品「說一個故事」，目的在於讓幼兒體驗「原來相同的東西，每個人想到的與看到的重點會有差異，而且不一定每個人都一定要依照相同的想法看待同一件事情」。這是一個新的嘗試，對老師來說是過去未曾進行過的挑戰，但是，當我們將這樣的想法變成了遊戲，幼兒們的意願還頗高，用幼兒的話來說這個活動挑戰就是「要看著圖，講不一樣的故事」，透過欣賞他人的作品，並為其作品提出自己的解釋，我們連續玩了三次，每次都讓每幅畫有了新的詮釋，同時也增加了趣味性！

　　語-大-2-4-1　看圖片或圖畫書敘說有主題的故事

## (二) 開畫展，完成當小畫家的目標

　　先前在討論蒐集到的紋路圖案可以用來做什麼時，有幼兒提議「這樣我們可以來開一個畫家店」，引起全班幼兒的興趣，且讓大家有了共同努力的目標，要將每個人的作品變成一幅很棒的畫，並一起合作開畫展。由於幼兒已經依據各自的設計圖，運用拓印或是蓋印的方式，將蒐集到各種生活裡的紋路和圖案，以剪、貼、拼的方法組合成和設計圖一樣的作品。於是，便朝著開畫展的方向計畫接下來的工作。

　　大家討論關於：(1)作品呈現方式與內容；(2)畫展的流程與邀請的對象……等事項的細節。首先，完成的作品該如何呈現？要呈現什麼？幼兒提出他們的想法「告訴人家你的故事是什麼」、「還要把你的名字寫下來」，所以，作品下方會有一張小卡片，上面寫著小畫家的名字，還有作

品的故事內容，讓觀賞的人可以知道所欣賞的畫是誰做的，也可以了解作品創作的想法。再來，就是畫展當天的活動流程，幼兒認為要先說明我們為什麼會玩拓印，還有在玩拓印時學到的聰明，於是，花了一些時間透過活動照片和幼兒一起回顧學習的歷程，並且將內容分段、分工，每個人負責說一段話介紹照片，讓大家都必須參與。我們的介紹內容如下：「我們去認識自然觀察區的時候，玩了裡面介紹的『拓印樹皮』的遊戲。回到教室後，大家都覺得拓不成功，就想說是不是筆的關係。我們覺得比較細的筆才拓得清楚，所以我們就用鉛筆和旋轉蠟筆去拓拓看，可是拓完後，發現好像跟筆的粗細沒有關係。我們分兩個人或三個人一組，用旋轉蠟筆、胖胖蠟筆和鉛筆來試試看怎麼拓才會成功。後來，大家發現原來跟筆沒有關係，是跟拓的方法有關係。有一些小朋友對自己很有信心，很確定自己會教人家怎麼拓印，我們就分成七組，讓小老師教大家拓印的方法。我們就去前院舞臺拓拓看，自己是不是已經學會拓印的方法了。回來分享發現有的人不成功是因為紙會滑來滑去，拓出來的會重疊，看不清楚。我們又去一樓穿堂拓地磚，回來分享以後，發現原來拓印的時候要用腳和手固定紙，不能換位置或移動，不然紋路就會模糊（重疊、不清楚）。我們去教室外面拓走廊地板，大家就都成功了。我們想接受新挑戰，就先去用手摸摸看後院水池，用眼睛觀察磁磚的樣子。回到教室就把我們覺得拓印水池時會出現的圖案畫下來，還跟大家介紹自己預測的圖案。我們就去拓拓看水池是不是跟自己想的一樣。我們發現磁磚是因為凹凸才會有紋路，可是還是跟我們想的不太一樣。所以，我們又再去觀察一次，這一次很多人都猜對了，原來，就算磁磚是綠色的，如果我用的是藍色的筆，就會是藍色的顏色和圖案。接下來，又是新的挑戰，兩個人或是三個人一組，到前院找可以拓印的題目給大家猜。你看到這個紋路，猜猜看是在前院的哪裡拓的。我們又換了更多地方來出題目，有禮堂、體能室、陶土室、教室。大家好厲害，都猜對了耶！我們就開始想，拓印是什麼？還有什麼方法可以

拓印？也可以蓋印？接下來，就從菜瓜布開始玩吧！也欣賞了大家的作品，然後每個人都說說看自己喜歡的感覺。有的像孔雀開屏、像下巴刺刺尖尖的魚、像小謙的謙。原來還有手也可以拿來蓋耶！你知道我們撿葉子要做什麼嗎？哈哈！猜對了，就是要蓋印。還有很多東西可以拿來蓋或拓喔！你看，我們把這些紋路變成一幅大大的風景畫。我們也想做一幅自己的風景畫，但是剩下的紋路不夠大家一起用，所以，就又重新開始蒐集囉！就先來看看我們每個人的設計圖吧！要把設計圖變成作品，其實好難喔！我們花了好多好多的時間在練習。最後，這就是我們自己的作品喔！」從上面這一大段的文字裡，可以直接看出幼兒們在玩拓印到底經驗到什麼？又獲得什麼樣的生活體會？簡單來說，幼兒和生活環境間的互動是很細膩且微妙的，千萬不要忽略環境中的元素對幼兒美感經驗的影響力！

因此，畫展要邀請對象當然是自己的爸爸媽媽囉！幼兒們其實很想讓

● 畫展作品的呈現方式與展示區　　　　　　● 畫展前的場地布置

● 阿嬤們在看活動內容介紹　● 觀賞幼兒們詮釋他人作品　● 小畫家向家長介紹作品
　　　　　　　　　　　　　　的影片

家長看到自己的成長,所以,別無他選就是邀請家長參加。而第一個流程就是先介紹學習歷程的照(影)片,因為「就不會又要坐下來再看一次,才不用起來又坐下來,又要來來回回的」,然後,觀賞大家介紹他人作品故事的影片(幼兒說的故事都是別人的作品,也都是自己臨時看圖新編的故事呢!),最後再站起來四處欣賞大家的畫作,一邊進行下午茶時間,幼兒們堅持將下午茶擺在最後,並很認真的說「下午茶是最後做的事情」、「重要的是我們的畫展,不是來吃下午茶」、「吃下午茶也不行吵吵鬧鬧的,不然會吵到人家看畫」。終於,一切都拍板定案了,就等開畫展那一天的到來。

滿懷著興奮的心情,老師和幼兒們都開心迎接畫展的那一天下午。時候一到大家沒人賴床且趕緊吃完下午點心,就開始事前的場地布置工作,等待客人到來。當家長依邀請卡上的約定時間陸續進場,幼兒在準備區雖然略顯緊張,但是看得出來臉上也是充滿期待,希望自己的爸爸媽媽、阿公阿嬤可以看到自己的表現並獲得肯定。活動開始後,一切順利進行,每個人都很流暢的介紹大家的學習歷程,也很盡責的帶著客人到處欣賞不同的作品,還會幫忙介紹作品故事內容。活動結束後,家長也對於幼兒呈現出來的作品給予正面的鼓勵,他們沒有想到原來小孩也可以用這樣的形式呈現一幅畫,並給予不同的故事詮釋,讓平面的作品充滿生命力,這個玩拓印的方案活動,也以畫展的形式呈現幼兒學習歷程,肯定他們的努力與付出,讓方案圓滿落幕。

社-中-2-1-3　調整自己的想法去行動

社-大-2-1-3　適時調整自己的想法與行動,嘗試完成規劃的目標

| 老師的引導／幼兒的表現 | 學習指標 |
|---|---|
| (一) 終於完成作品，對於別人的作品，又要如何欣賞呢？而小畫家自己的創作想法呢？<br><br>1.要分享什麼？<br>因為每個畫家在做自己作品的時候，都會有一些想法是想透過作品告訴人家的，所以，請幼兒將自己的作品用一個簡單的事件來描述並向大家分享。<br><br>2.要欣賞什麼？<br>雖然看著相似的畫面，但是每個人可能會聯想到不同的事情，所以除了分享自己作品之外，也請幼兒練習「說別人的圖」。 | 語-中大-2-5-1　以圖像表達情緒與情感<br>美-中-3-2-1　欣賞視覺藝術創作，描述作品的內容<br>美-大-3-2-1　欣賞視覺藝術創作，依個人偏好說明作品的內容與特色<br>語-大-2-4-1　看圖片或圖畫書敘說有主題的故事 |
| (二) 開畫展，完成當小畫家的目標<br>終於要完成幼兒最初的想法，就是開一個畫展，藉這個機會和幼兒一同回顧整個學習歷程，透過照片呈現和語言的表達，簡要的描述幼兒自己的獲得，同時也讓老師了解在過程中對幼兒有產生意義的部分。 | 社-中-2-1-3　調整自己的想法去行動<br>社-大-2-1-3　適時調整自己的想法和行動，嘗試完成規劃的目標 |

# 伍 流程圖

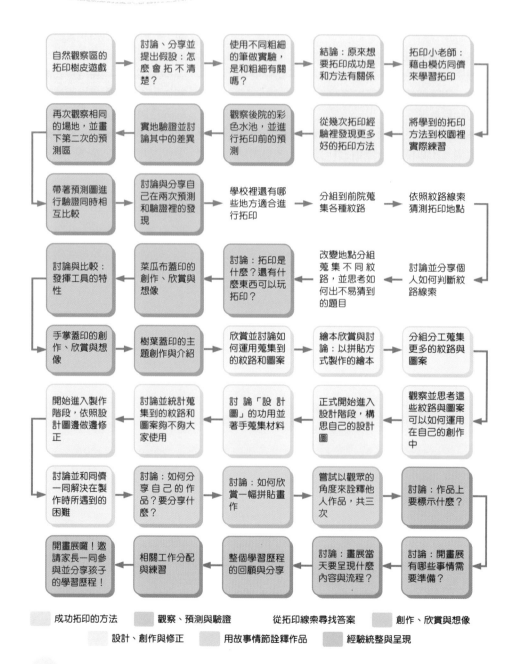

```
自然觀察區的          討論、分享並          使用不同粗細          結論:原來想          拓印小老師:
拓印樹皮遊戲    →    提出假設:怎    →    的筆做實驗,    →    要拓印成功是    →    藉由模仿同儕
                    麼會拓不清          是和粗細有關          和方法有關係          來學習拓印
                    楚?                嗎?
                                                                                    ↓
再次觀察相同          實地驗證並討          觀察後院的彩          從幾次拓印經          將學到的拓印
的場地,並畫    ←    論其中的差異    ←    色水池,並進    ←    驗裡發現更多    ←    方法到校園裡
下第二次的預                            行拓印前的預          好的拓印方法          實際練習
測區                                   測
  ↑
帶著預測圖進          討論與分享自          學校裡還有哪          分組到前院蒐          依照紋路線索
行驗證同時相    ←    己在兩次預測    ←    些地方適合進    →    集各種紋路    →    猜測拓印地點
互比較                和驗證裡的發          行拓印
                      現                                                            ↓
討論與比較:          菜瓜布蓋印的          討論:拓印是          改變地點分組          討論並分享個
發揮工具的特    ←    創作、欣賞與    ←    什麼?還有什    ←    蒐集不同紋    ←    人如何判斷紋
性                    想像                麼東西可以玩          路,並思考如          路線索
                                          拓印?                何出不易猜到
  ↑                                                            的題目
手掌蓋印的創          樹葉蓋印的主          欣賞並討論如          繪本欣賞與討          分組分工蒐集
作、欣賞與想    ←    題創作與介紹    ←    何運用蒐集到    ←    論:以拼貼方    ←    更多的紋路與
像                                        的紋路和圖案          式製作的繪本          圖案
                                                                                    ↓
開始進入製作          討論並統計蒐          討論「設計          正式開始進入          觀察並思考這
階段,依照設    ←    集到的紋路和    ←    圖」的功用並    ←    設計階段,構    ←    些紋路與圖案
計圖邊做邊修          圖案夠不夠大          著手蒐集材料          思自己的設計          可以如何運用
正                    家使用                                    圖                    在自己的創作
  ↑                                                                                  中
討論並和同儕          討論:如何分          討論:如何欣          嘗試以觀眾的          討論:作品上
一同解決在製    ←    享自己的作    ←    賞一幅拼貼畫    ←    角度來詮釋他    ←    要標示什麼?
作時所遇到的          品?要分享什          作                    人作品,共三
困難                  麼?                                      次
  ↑
開畫展囉!邀          相關工作分配          整個學習歷程          討論:畫展當          討論:開畫展
請家長一同參    ←    與練習          ←    的回顧與分享    ←    天要呈現什麼    ←    有哪些事情需
與並分享孩子                                                  內容與流程?          要準備?
的學習歷程!
```

▨ 成功拓印的方法　▨ 觀察、預測與驗證　從拓印線索尋找答案　▨ 創作、欣賞與想像

　　▨ 設計、創作與修正　　▨ 用故事情節詮釋作品　▨ 經驗統整與呈現

陸　主題事後網

認-中大-2-3-2　與他人討論生活物件特徵間的關係
認-中-3-1-1　參與討論解決問題的可能方法並實際執行
認-大-3-1-1　與同伴討論解決問題的方法，並與他人合作實際執行
認-大-3-1-2　與他人共同檢視問題解決的過程
美-大-1-2-1　探索生活環境中事物的色彩、形體、質地的美，感受其中的差異
美-中大-2-1-1　玩索各種藝術媒介，發揮想像並享受自我表現的樂趣
美-中-2-2-1　運用各種視覺藝術素材與工具，進行創作
美-大-2-2-1　運用各種視覺藝術素材與工具的特性，進行創作
美-中大-2-2-2　運用線條、形狀或色彩，進行創作
美-中大-3-1-1　樂於接觸視覺藝術、音樂或戲劇等創作表現，回應個人的感受
美-中-3-2-1　欣賞視覺藝術創作，描述作品的內容
美-大-3-2-1　欣賞視覺藝術創作，依個人偏好說明作品的內容與特色

認-中大-1-3-2　以圖像或符號記錄生活物件的多項訊息
認-中大-2-3-2　與他人討論生活物件特徵間的關係
認-中-3-1-1　參與討論解決問題的可能方法並實際執行
認-大-3-1-1　與同伴討論解決問題的方法，並與他人合作實際執行
認-大-3-1-2　與他人共同檢視問題解決的過程
語-中-1-5-3　辨認與欣賞創作者的圖像細節與風格
語-大-2-4-1　敘說一組圖片部分連貫的情節
語-大-2-4-1　看圖片或圖畫書敘說有主題的故事
語-中大-2-5-2　運用自創圖像符號表示空間、物件或記錄行動
語-大-2-5-3　運用圖像符號規劃行動
社-中-2-1-3　調整自己的想法去行動
社-中-2-2-3　依據活動的程序與他人共同進行活動
社-大-2-1-3　適時調整自己的想法與行動，嘗試完成規劃的目標
社-大-2-2-3　考量自己與他人的能力和興趣，和他人分工合作
美-中大-2-1-1　玩索各種藝術媒介，發揮想像並享受自我表現的樂趣
美-中-2-2-1　運用各種視覺藝術素材與工具，進行創作
美-大-2-2-1　運用各種視覺藝術素材與工具的特性，進行創作
美-中大-2-2-2　運用線條、形狀或色彩，進行創作
美-中-3-2-1　欣賞視覺藝術創作，描述作品的內容
美-大-3-2-1　欣賞視覺藝術創作，依個人偏好說明作品的內容與特色

什麼東西可以拿來玩拓印？

用什麼材料？要怎麼玩？

拓印以後的東西可以做什麼？

什麼是拓印？

**拓印真有趣**

拓印出來的樣子

如何成功的拓印？

猜一猜拓印後會產生什麼樣的紋路？

認-中大-1-3-1　觀察生活物件的特徵
認-中大-1-3-2　以圖像或符號記錄生活物件的多項訊息
認-中大-2-3-2　與他人討論生活物件特徵間的關係
認-中-3-1-1　參與討論解決問題的可能方法並實際執行
認-大-3-1-1　與同伴討論解決問題的方法，並與他人合作實際執行
美-中大-1-2-1　探索生活環境中事物的色彩、形體、質地的美，感受其中的差異

身-中大-1-1-1　覺察身體在穩定性及移動性動作表現上的協調性
身-中-2-2-2　綜合運用抓、握、扭轉、揉、捏的精細動作
身-大-2-2-2　熟練手眼協調的精細動作
語-中-2-2-2　以清晰的口語表達想法
語-大-2-2-2　針對談話內容表達疑問或看法
認-中大-1-2-2　觀察自然現象特徵的變化
認-中-3-1-1　參與討論解決問題的可能方法並實際執行
認-大-3-1-1　與同伴討論解決問題的方法，並與他人合作實際執行
社-大-1-1-1　覺察自己和他人有不同的想法、感受、需求
社-中-2-2-1　表達自己並願意聆聽他人想法
社-大-2-2-1　聆聽他人並正向回應
美-中大-1-1-1　探索生活環境中事物的美，體驗各種美感經驗
美-大-1-2-1　探索生活環境中事物的色彩、形體、質地的美，感受其中的差異

# 柒　評量與成效

　　雖然剛開始只是從學習區活動探索而延伸出的樹皮拓印活動，但是因為從幼兒在分享時的發現，展開了一連串探索「拓印」與「蓋印」的歷程。關於幼兒的學習成效方面，老師除了從方案中觀察幼兒的表現（主要內容均呈現在「肆、探索過程」）之外，依據課程大綱的六大核心素養，敘述幼兒在「拓印真有趣」方案裡的學習成長狀況。

## 一、覺知辨識

　　「拓印真有趣」初期的探究歷程中，讓幼兒先透過直接的感官接觸，能夠近距離觀察樹幹，發現「樹」皮有紋路，而且竟然可以把紋路變成在紙上的圖案。在分享的過程中，從大家的拓印作品看到一些問題，進而產生了比較異同、嘗試找出原因、然後尋求解決方法，最後獲得結論。這樣的經驗引發幼兒對於自然環境和生活環境中存在的物品產生興趣，不斷猜測到底會在拓印後出現什麼樣的紋路，而且一直躍躍欲試。各種玩拓印的想法從幼兒頭腦裡湧現，經過實際的體驗及累積不同的拓印經驗，最後，幼兒能夠透過感官和觀察物體外型所提供的有限線索，預測生活環境中可能會出現的紋路圖案。

　　另外，當累積許多類似經驗後，幼兒從蒐集生活中的紋路，轉至紋路圖案的應用，而且也接觸了一些使用類似方式創作的文本，幫助他們能夠拼組出一幅幅具有故事性的作品。

## 二、表達溝通

　　幼兒在體驗拓出不同的物品紋路，並運用不同物件玩蓋印的歷程，經常提供幼兒分享自己經驗與想法的機會，除了最常使用的口說語言之外，還有透過創作的作品或圖像呈現自己的想法或是感受。從不斷地分享、討論與操作的歷程中，幼兒選擇以不同的方式（語言、圖像），來表達自己的想法或是意見，也逐漸能夠相互傾聽與表達，且針對特定主題進行回應，進而獲得調整自己想法的能力。

　　像是進行磁磚拓印的預測時，老師會請幼兒先將自己的想法，用圖像表徵的方式記錄下來，然後，再請幼兒就自己的圖像做口語分享。還有，後來運用所蒐集到的各類紋路圖案，準備依照自己的設計進行創作，可是不斷遇到問題，花了好幾天的時間在畫設計圖，在完成構圖後，讓大家欣賞與分享彼此的作品，幼兒們從中竟發現一些問題，這幾個問題，有的可以透過討論獲得解決，有的則必須讓幼兒實際動手做之後，再從過程中逐步討論並尋求解決之道。

## 三、關懷合作

　　與其說方案的目的在於讓幼兒獲得解決問題的能力，我們更重視幼兒在歷程中有許多合作與關懷的機會，幼兒所遇到的第一個挑戰就是「如何成功的將圖案留下」。過程中，小老師必須能夠發現對方的需求，調整自己的「教」，讓對方能夠獲得「學」，的確是件不簡單的事。藉由小老師教拓印的小組方式，提供幼兒彼此相互學習的機會。

　　還有，拓印猜謎的遊戲也是一個需要藉由一起合作才能完成任務的活動，同組幼兒必須經過討論獲得共識並分工，有人找拓印物品，有人動手扶住紙張，有人負責拿筆拓印，幾次的小組合作經驗，幼兒也了解如何經

由協商獲得共識，並且分工合作以順利完成小組工作。

　　最後，在運用紋路圖案進行故事畫的部分，不同幼兒所採取的策略和方法均有所不同，且部分幼兒在發現有其他幼兒遇到使用圖案上的困難，會鼓勵對方不要放棄，並主動提供自己的經驗，或直接建議對方可以怎麼做，以幫助他能完成作品，藉由同儕間的互動溝通，一起合作解決面臨的困難。

## 四、推理賞析

　　幼兒不斷討論如何能夠「成功拓印」的方法，也從中獲得一些關於清楚拓印的想法。在預測後院水池拓印結果的挑戰裡，幼兒先透過感官的觀察，並結合之前的拓印經驗，試著從視覺和觸覺蒐集到的「彩色磁磚水池」模樣的訊息，然後去猜測「如果拿紙去拓印，會出現什麼樣的圖案？」請幼兒將自己的想法畫下來。這樣的活動提供幼兒「觀察」、「預測」、「驗證」、「討論與分享」、「再觀察」、「再次預測」，最終獲得「結論」。讓他們透過自己的實際操作去發現結果，並比較自己的預測和驗證結果間的差異。在驗證自己的第二次假設時，幼兒能夠更直接的發現其中的差異，並重新釐清兩次拓印磁磚的結果和兩次的預測之間所產生的衝突點，經過這樣的類似歷程，幼兒便能夠逐漸了解因與果之間的可能關係。

　　幼兒用不同媒介（菜瓜布、手掌、樹葉）在圖畫紙上蓋出看似不具象的作品，然後，彼此欣賞與分享自己對不同作品的想法，在幾次的經驗分享過程中，他們慢慢發現原來同一幅作品，每個人「看到的」、「想到的」、「以為的」都會有所不同。到了運用各種紋路進行故事畫，請不同幼兒詮釋他人作品時，他們會去觀察別人作品呈現出的內容與意義，試著尋找出作品特色，從這幾方面去表達自己對作品的想法。

## 五、想像創造

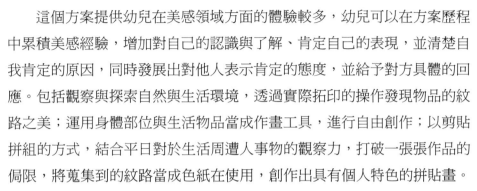

　　這個方案提供幼兒在美感領域方面的體驗較多，幼兒可以在方案歷程中累積美感經驗，增加對自己的認識與了解、肯定自己的表現，並清楚自我肯定的原因，同時發展出對他人表示肯定的態度，並給予對方具體的回應。包括觀察與探索自然與生活環境，透過實際拓印的操作發現物品的紋路之美；運用身體部位與生活物品當成作畫工具，進行自由創作；以剪貼拼組的方式，結合平日對於生活周遭人事物的觀察力，打破一張張作品的侷限，將蒐集到的紋路當成色紙在使用，創作出具有個人特色的拼貼畫。

　　最後，由幼兒給自己和他人的作品賦予生命與活力，以「編一個故事」的角度呈現作者在構思創作時的情境，同時，讓幼兒體驗同樣的作品但在不同人的角度進行欣賞時，會產生不同的想像空間與情境脈絡。例如小華和綺綺兩人的作品裡都有「人和樹」，這兩人的作品都是在說一樣的事情嗎？會不會有可能是「有一個人在樹下休息」，而另一個則是「一個人在樹下等櫻桃掉下來」。雖然看著相似的畫面，但是每個人可能會聯想到的是不同的事情，所以，每個畫家在做自己的作品時，都會有一些想法是期望透過作品告訴他人的。

　　這個方法，並沒有在一開始創作時就讓幼兒去編創情境故事，因為當時的重點在於運用不同紋路圖案去創造拼組出畫面，幼兒必須練習「創作」，現在則讓幼兒對自己的作品進行「回應」與「詮釋」，透過語文的描述賦予作品另一種創意，呈現出有想像空間的情境，嘗試把平面的作品用故事串出一個個不同的情節發展。

## 六、 自主管理

　　進行創作時，幼兒使用不同工具與素材來拓印或是蓋印，甚至到後期

的拼貼畫，會需要練習控制和協調小肌肉完成精細動作的活動，例如使用剪刀、畫設計圖、握筆進行紋路拓印、用菜瓜布和手掌及樹葉蓋印（用水彩筆塗上顏料後蓋印）……，偶爾還會需要用身體與四肢的協調性，像是在地板上拓印或是到學校各地方進行拓印時，必須同時將紙張壓好且能夠使用筆進行拓印的動作。一連串的動作和執行活動計畫的部分，對幼兒來說其實具有其複雜度與挑戰性，但是在歷程中，我們看到幼兒們逐步做到了，他們多面向的能力，也在整個歷程中逐漸累積與發展，老師和幼兒都獲得滿滿的成就感，獲得雙贏的最佳局面。

# 捌　省思

## 一、方案進行歷程中的省思

「欣賞」生活環境中美的事物看似是一件簡單的事情，但是對幼兒來說，如何欣賞、如何感受、如何具體說出自己喜歡的原因（不是只有說「很漂亮」、「很喜歡」、「畫得很好」而已），以及如何描述與形容自己看到他人作品時的感覺，都是一種新的經驗。

在生活中會看到許多形體和特徵（包括色彩、形狀、位置、高度……），它們所呈現的潛在意義及給人的感受都不一樣。在這次方案的學習歷程裡，有許多的經驗必須引導幼兒用自己的感官去「發現」、去「覺察」、去「體驗」、去「想像」。我們累積了拓印與蓋印的經驗，嘗試用不同素材去將環境物件的紋路留在紙上，用不同物件去沾顏料蓋在紙上，最後，把這些紋路透過幼兒的想像和創意，包括地磚的拓印紋路感覺很像房子的磚塊形狀，或是棉被櫃的透氣格紋路很像房子的屋頂，或者前院溜

滑梯上面站的地板紋路很像雲的感覺……，變成一幅具有濃厚個人創作風格的作品。

幼兒的學習歷程中，老師不斷觀察幼兒能力的變化與需求，也嘗試去挑戰幼兒的認知與想法，但是仍然發現有一些理解上的差距，幼兒受限於自身的發展，對於所蒐集的紋路圖案與設計圖中的物件形狀會混淆。例如幼兒蒐集到有很多圈圈的紋路，有人說感覺像是溫暖的毛衣，原本老師預期幼兒會在紙上畫出毛衣的形狀後剪下，上面就會有圓圈圈的圖案，但是有部分幼兒直覺是將一個一個圈圈剪下來當作「圓形」來使用，而無法跳脫圖案形狀的限制。

另外，在描述「感受」時，若作品呈現的只有單純的顏色和單一形狀，甚至只是將整張紙塗滿顏色，他們就容易進行聯想，且能夠提出很特別的形容。例如用菜瓜布作畫後，請幼兒欣賞彼此的作品，可以很快地從作品畫面看到「像」什麼，並說出自己的想法：「好像很好吃的棒棒糖」、「好像下巴尖尖刺刺的魚」、「好像夕陽」、「像煙火」、「像下雨」……。但是，若邀請幼兒依據他人有主題的拼貼作品來形容感受或是編一個故事時，就會比較需要老師更多的提示與引導。「拓印真有趣」的方案是一次特別的藝術體驗，讓幼兒從另一種角度發現生活中的美，或許，偶爾和幼兒一起停下腳步輕輕深呼吸，環顧四周環境，藉以放鬆每日緊張的心情，感受短暫的環境美感，也是不錯的經驗。

回頭反思這個方案的進行過程，老師發現有些轉折點，如果改變經驗提供的方式和內容，應該可以激發幼兒更多的創意和想像力，同時能夠幫助幼兒更快理解要做什麼以及可以怎麼做，也讓他們對自己即將要進行的活動有更清楚的目標方向。例如，將繪本欣賞的時間點提前，並提供更多類似做法的繪本，讓幼兒能夠進行欣賞與比較，豐富幼兒的經驗後，再來討論如何運用大家所蒐集到的紋路和圖案。在實際的做法上，老師或許應先提供繪本的賞析，讓幼兒有一些參考經驗和想法，並針對這些繪本的呈

現方式給幼兒的感受進行分享討論後（不一定是討論做法），才再將大家所蒐集到的紋路展示出來，或許，這樣幼兒後續所產出的想法會更多元，而不是由老師過度引導或直接提供拼組的做法。

## 二、課綱指標運用時的省思

在南海的方案課程中，強調的是「解決問題的歷程」，所以會重複出現以下類似的模式，發現問題→尋求解決的策略或方法→解決問題（執行和操作）→檢討策略或方法→發現新的問題→尋求解決的策略或方法→解決問題（執行和操作）→檢討策略或方法……。這是一種螺旋式的方式，在提供幼兒能夠深入的建構屬於自己對世界的想法。往往這樣的運作模式，會讓我們在運用課綱的指標時，不自覺的朝向選擇「認知」或是「語文」領域偏多，而且，若只從指標字面上的描述來看，就會陷入「有好多好多好像可以用，可是又覺得用得很心虛」的想法裡，容易留於只看到表面上運用的指標內容非常豐富（量很多），但是，卻沒有看到在課程中提供給幼兒的經驗是以哪些領域能力做為發展重點與方向。

所以，當方案的大致方向抵定之後，班上兩位老師就互相提醒彼此，必須更明確掌握經驗提供的方向，同時兼顧問題解決歷程的主要精神，讓幼兒在方案裡體驗到美感領域「探索與覺察」、「回應與賞析」及「表現與創作」不同層次的經驗，並能夠從中展現出個人的能力。

#  玖 可參考的資源

## 一、相關書籍

(一) 參考用書

    1.《拓印大自然》。

    2. 相關網路資源：拓印。

(二) 繪本

    1. 李歐里奧尼的《小黑魚》。

    2. 艾瑞卡爾的《一吋蟲》、《好寂寞的螢火蟲》。

## 二、可用之校內外資源

    1. 南海校園、教室。

    2. 動物園（動物腳印地磚）。

    3. 蘇荷美術館（拓印項鍊）。

    4. 新生活農場（樹葉拓印）。

國家圖書館出版品預行編目（CIP）資料

幼兒園教保活動課程大綱的實踐：以臺北市立南海實驗幼
兒園方案教學為例／幸曼玲等著.--二版.
--新北市：心理，2018.1
面； 公分.--（幼兒教育系列；51195）
ISBN 978-986-191-804-4（平裝）

1.學前教育　2.學前課程　3.課程綱要

523.23　　　　　　　　　　　　　　　106023571

幼兒教育系列 51195

# 幼兒園教保活動課程大綱的實踐
## 以臺北市立南海實驗幼兒園方案教學為例（第二版）

主　　編：幸曼玲
策　　劃：張衛族
作　　者：幸曼玲、張衛族、曾慧蓮、周慧茹、林娟伶、鄭玉玲、陳幼君、
　　　　　廖育霈、王珊斐
執行編輯：高碧嶸
總 編 輯：林敬堯
發 行 人：洪有義
出 版 者：心理出版社股份有限公司
地　　址：231026 新北市新店區光明街 288 號 7 樓
電　　話：(02) 29150566
傳　　真：(02) 29152928
郵撥帳號：19293172 心理出版社股份有限公司
網　　址：https://www.psy.com.tw
電子信箱：psychoco@ms15.hinet.net
排 版 者：龍虎電腦排版股份有限公司
印 刷 者：龍虎電腦排版股份有限公司
初版一刷：2014 年 6 月
二版一刷：2018 年 1 月
二版三刷：2021 年 9 月
I S B N：978-986-191-804-4
定　　價：新台幣 450 元